LES COULISSES

DU

BOULANGISME

X... du *Figaro*

LES COULISSES

DU

BOULANGISME

REVUES ET AUGMENTÉES

DE PLUSIEURS CHAPITRES INÉDITS

AVEC UNE PRÉFACE

DE

MERMEIX

Député de Paris

PARIS

CHEZ LÉOPOLD CERF

25, RUE NOTRE-DAME DE NAZARETH, 25

1890

PRÉFACE

A MES ÉLECTEURS

DU

VIIᵉ ARRONDISSEMENT

C'est à vous que je dédie cet ouvrage, qui n'est pas seulement un livre d'histoire sincère et impartiale, mais qui est encore un acte, un acte républicain.

A vous je dois des explications. Et à vous je vais les donner. Vous les comprendrez parce que vous êtes d'honnêtes gens qui n'avez pas intérêt à fermer les yeux à la vérité.

Vous savez quelles colères ont accueilli la publication des *Coulisses du Boulangisme*. Votre député a vu fondre sur lui la coalition des gueux et des niais. Pendant trois semaines il a été seul contre tout le monde. Comme on croyait qu'il allait être accablé, il n'avait presque plus d'amis.

Il a dû faire tête à la meute la plus vile qui ait jamais été déchaînée contre un homme. Des individus dont les moyens d'existence sont inavouables, des rebuts du suffrage universel, des ratés du journalisme, tous gens qui ne m'ont pas pardonné l'honneur que vous m'avez fait en m'envoyant à la Chambre alors qu'eux-mêmes continuaient à croupir dans leur paresse ou dans leur honte; c'est contre cela que j'ai eu à me défendre pendant plus d'un mois.

On a employé contre moi les armes les plus déloyales. Des coquins que vous connaissez, que vous méprisez et que je traîne en correctionnelle, après avoir vainement sollicité pour eux la cour d'assises, m'ont calomnié. Un homme avec qui je m'étais battu, sans qu'il eût aucun droit à cet honneur, a essayé de me porter comme un coup de couteau dans le dos en m'accusant d'avoir manqué dans le combat aux règles élémentaires de la loyauté. Cette odieuse accusation, vous le savez, a été contre le but où visait son auteur. On a vu le parti pris de se débarrasser de moi par n'importe quel moyen, et la réaction a commencé. La calomnie est tombée sous le mépris et sous la risée publique.

Cela s'est fait d'autant mieux et plus vite que mon diffamateur a refusé d'aller soutenir son mensonge devant un jury d'honneur ou devant les tribunaux ordinaires.

*
* *

J'ai connu encore, mes chers électeurs, d'autres tristesses plus grandes que celles que m'ont causées toutes ces méprisables vilenies.

J'ai vu des hommes auxquels j'apportais leur justification, les anciens membres du Comité national, les députés revisionnistes, se détourner de la vérité, repousser celui qui la leur apportait.

De ne plus être de leur groupe je ne le regrette pas, car je ne suis pas un homme de politique personnelle. Tandis qu'eux, qui en toute bonne foi se croient républicains, ne sont que des légitimistes d'une espèce particulière. Leur chef légitime, leur Comte de Chambord, c'est le général Boulanger. Ils ne comprennent pas la politique sans lui. Il n'y a pas de revision ni de socialisme en dehors de lui. Déjà cette tendance personnaliste s'était fait jour au moment des élections municipales. A Jersey, nous avions été seulement sept à ne pas voter l'excommunication des

revisionnistes indépendants, de ceux qui voulaient les mêmes choses que nous sans parer leur
boutonnière de l'œillet rouge. De ces sept, que
Laisant a appelés tristement « les sept sages de
la Grèce », j'étais.

Quand les *Coulisses du Boulangisme* ont révélé
l'intrigue orléaniste dans laquelle s'est perdu le
général Boulanger, l'esprit légitimiste des membres de l'ancien Comité national s'est réveillé. On
touchait au fétiche! Vite, exécutons l'impie! Ils
n'ont voulu rien entendre; je leur ai proposé de
faire une enquête, de leur fournir la preuve de
tout ce que j'avais déjà écrit. Ils ont refusé de
faire cette enquête. « Ne touchez pas à la Reine. »
« Ne touchez pas à Boulanger. » Que Boulanger
ait failli livrer la République à ses ennemis en
n'organisant pas son parti, en laissant le champ
libre à la Droite, ils ne veulent pas le savoir, ces
républicains ! « Ne touchez pas à la Reine ! »

Les malheureux! il faut les plaindre. La plupart sont de fort honnêtes gens qui ne savent pas
ce qu'ils font quand ils se solidarisent avec l'homme
qui a joué avec leur honneur et qui les aurait
déshonorés s'il avait eu le succès, car ce succès
aurait été, faute d'organisation républicaine boulangiste, un succès de Droite.

Tous sont seulement des fanatiques aveuglés.

Ils ont incarné l'idée dans un homme et aujour-
d'hui, comme des simples qu'ils sont, ils restent
avec l'homme après qu'il a trahi l'idée. Ils ne
s'en aperçoivent pas. L'idole est devant eux toujours la même d'apparence. Il ne se soucient pas
qu'elle soit creuse.

*
* *

Comment j'ai fait ce livre, je l'ai dit et écrit
partout.

Je n'avais rien été dans le boulangisme qu'un
tirailleur d'avant-garde qui a payé de sa personne.
Car, vous le savez, vous mes électeurs du VII⁰,
j'ai d'autres états de service que la plupart des
solennels personnages qui ont prétendu me
juger. Pendant dix-huit mois, presque tous les
mercredis de la célèbre neuvième chambre m'ont
été au moins en partie consacrés. J'ai comparu
trois fois en cour d'assises. J'ai été pour notre
cause traité comme un voleur, mis à Mazas. Que
l'un des autres en montre donc autant ! Et ces
coups, je les ai reçus sans dédommagement ! M. le
général Boulanger ne dira pas qu'il m'a donné de
l'argent, allez ! je l'en défie. Un de ses salariés
a écrit, dans un journal dont j'oublie toujours le
nom, que j'avais été appointé comme secrétaire
du Comité national.

Or, je n'ai jamais été secrétaire du Comité national et je n'ai jamais touché d'appointements. J'ai fait pour M. le général Boulanger les campagnes de l'Isère et de la Somme, et je n'ai pas reçu un centime. J'ai écrit des biographies de M. le général Boulanger et je n'ai pas reçu un centime. M. Dillon, qui subventionnait la *Cocarde*, m'a payé, en plusieurs fois, 1 600 francs d'appointements qui m'étaient dus. Les derniers versements qu'il m'a faits sont, je crois, du commencement de 1889. Voilà tous mes comptes avec le boulangisme. Je ne parle pas des 5 500 fr. de mon élection, de cette élection qui m'a coûté 14 000 francs.

Pour en revenir à ma situation dans le boulangisme, elle était donc bien modeste. Je n'étais d'aucun comité, de rien, je ne pouvais rien savoir.

Aussi croyais-je, bonnement, que M. le général Boulanger avait été là dupe et la victime du comte Dillon et de M. Arthur Meyer, de ce Meyer qui fut l'inventeur du boulangisme royaliste et l'empoisonneur du boulangisme démocratique et républicain.

J'étais dans cette illusion lorsque j'écrivis au général que je ne pensais pas qu'il avait travaillé contre la République.

*
* *

Alors, en effet, je ne possédais pas les renseignements qui me furent fournis un peu plus
tard. J'avais à peine écrit deux chapitres de mon
livre.

Quand je voulus poursuivre mon œuvre, l'enquête à laquelle je me livrai me fit découvrir la
culpabilité du général Boulanger.

Ce n'était pas M. Dillon seul, c'était lui-même
qui s'était compromis avec la Droite. Il avait pris
des engagements avec la Droite. Il avait fait parvenir des messages au comte de Paris ; il avait
vu le comte de Paris ; il avait reçu de l'argent
royaliste en échange d'engagements solennels de
servir les intérêts de la Monarchie. Et il avait tenu
cette parole, je ne saurais trop vous le répéter, à
vous mes électeurs, en n'armant pas son parti
républicain d'une forte organisation pour laquelle il avait des ressources très suffisantes.

Quand je connus tout cela, est-ce que mon devoir
n'était pas de vous le dire, de le dire à tous les
républicains qui s'étaient égarés derrière cet
homme qui s'était agité, mais que les royalistes
avaient mené !

Allons donc ! Le silence de ma part, à moi républicain, eût été de la complicité ; je n'ai pas

voulu être tardivement complice, et je vous ai prévenus.

Mes calomniateurs ont dit que j'avais abusé des secrets que l'on m'avait confiés. Or, je n'ai pas reçu une protestation.

Les très nombreux collaborateurs que j'ai eus m'ont donné, en sachant l'usage que j'entendais en faire, tous les renseignements que j'ai mis en œuvre. Croyez-vous que si je m'étais approprié un secret qui ne m'eût pas appartenu, celui auquel je l'aurais dérobé ne se serait pas élevé devant moi pour me traiter comme je l'aurais mérité?

Il n'y a qu'ignominie et invraisemblance dans toutes les accusations sous lesquelles on a cherché à m'écraser. L'événement l'a bien montré.

Mon crime, mes chers électeurs, a été de faire ce que beaucoup de mes détracteurs auraient fait s'ils en avaient eu l'idée. Mon crime, pour M. de Cassagnac, est d'avoir rendu un service à la République en disant aux républicains qu'ils avaient failli être victimes d'une trahison et en les mettant en garde contre l'homme qui les avait trompés.

Mon crime, devant les légitimistes du boulangisme, devant ces hommes pour qui Boulanger tient lieu de programme, de politique, de tout, c'est d'avoir dévêtu l'idole de ses oripeaux.

Eh bien, dans ces « crimes », je le dis hautement je récidiverai sans remords, car par tous
ces « crimes » j'ai été utile à notre cause. Sans
mes « crimes » vous seriez peut-être, au grand
dommage de la République, retombés dans votre
idolâtrie ; vous auriez peut-être, un jour, rendu
votre confiance à l'homme par lequel la démocratie aurait pu vaincre et qui, en se vendant aux
royalistes, a empêché notre triomphe.

Voilà ce qui n'arrivera plus. Et voilà ce qui me
rend fier de cette œuvre dont la République ti-
rera plus d'avantages que je n'ai reçu pour elle
d'outrages depuis deux mois.

Croyez, mes chers électeurs, au dévouement
de votre député.

MERMEIX.

Paris, 23 octobre 1890.

LES COULISSES

DU

BOULANGISME

LE COUP DE FORCE

Le 23 septembre 1889, M. Alfred Naquet arriva à Londres. La veille, la France avait voté et ses élections étaient favorables au gouvernement.

Le boulangisme était vaincu.

Dans cette grande épreuve, le vice-président du Comité républicain national avait couru auprès du général Boulanger pour lui dire que l'amitié et le dévouement de tous ceux qui avaient été ses soldats, ses compagnons dans la victoire, survivaient à la fortune.

On parla, dans ce moment de déception cruelle, des beaux jours lumineux où on avait pu sans présomption escompter le succès.

1

— Ah ! mon général, quel malheur que nous n'ayons rien fait le 28 janvier, dit M. Naquet !

— Oui... répondit, comme se parlant à lui-même, le général... on aurait pu. Mais souvenez-vous de ce que nous étions alors... Vainqueurs ! vainqueurs avec le suffrage universel. On croyait notre triomphe certain. Si nous avions fait quelque tentative violente, comme on m'y engageait, et si nous avions échoué, on aurait dit de nous : « Quels imbéciles ! Ils n'avaient qu'à attendre. En voulant aller trop vite, ils ont tout perdu. »

« Nous sommes battus et on dit : « Quels mala-
« droits : ils l'avaient si belle le 27 janvier ! » Cela prouve que les vaincus ont toujours tort ! D'ailleurs, vous le savez, ajouta-t-il, je suis l'ennemi des coups de force. J'ai toujours été contre la force. Napoléon III est mort de son coup d'État. Tenez, mon père était un vieux conservateur. Il ne tenait pas plus à un gouvernement qu'à un autre, mais jamais il n'a pu « avaler » l'Empire. On lui disait : « Mais la France
« est heureuse, elle a de la gloire, son agriculture et
« son industrie prospèrent. Tout va bien. »

« Et mon père, combien de fois l'ai-je entendu ! répondait : « Napoléon a fait le coup d'État. »

« Il venait chez nous des bonapartistes qui di-
saient : « Le pays est avec l'Empereur. » Et mon père, toujours : « Il a fait le 2 décembre. » Cela ne « pas-
« sait » pas, comme on dit.

« Pourtant mon père n'était pas un fanatique. Eh

bien ! je n'ai jamais oublié cette répugnance invincible d'un honnête bourgeois, indifférent à la politique, pour la force.

« Je me suis mis à la partager, cette répugnance,
et quand j'ai pu faire un coup de force, j'ai reculé,
persuadé qu'avec la violence je n'aurais rien fondé
de durable. »

M. Naquet ne fut pas étonné de ce langage. Depuis
trois ans qu'il connaissait le général Boulanger, il
l'avait toujours vu dans les mêmes dispositions.

Pendant le ministère Boulanger (1886-1887) M. Naquet avait beaucoup fréquenté le général.

On se souvient qu'il y eut entre M. Cambon, résident à Tunis, et le commandant de la division d'occupation qui était alors Boulanger, un conflit très
sérieux. M. Naquet, qui était mal avec M. Cambon,
prit parti contre celui-ci.

Le général fit remercier le sénateur de Vaucluse
et lui demanda conseil.

En ce temps-là, Tunis était le théâtre d'une triple
rivalité. Le résident, le général et le président du
tribunal, M. Pontois, étaient à couteaux tirés les uns
contre les autres. M. Naquet, instruit de la situation,
fit dire au général Boulanger qu'il valait mieux être
deux contre un qu'un seul contre deux et que la première chose à faire pour lui était de se réconcilier
avec M. Pontois.

L'avis ne fut pas perdu. M. Pontois a été élu député
comme boulangiste.

Quelque temps après, M. Naquet reçut la visite du commandant de la division de Tunisie. Ils se retrouvèrent bientôt encore chez M. Barbe, à Neuilly. Là, le général connut M. Lockroy.

L'AMITIÉ DE ROCHEFORT

Il devint ministre par l'influence de M. Clémenceau, son ancien camarade de collège, qui crut mettre un homme de paille au ministère de la guerre et qui, sans le savoir, introduisit ce jour-là le loup dans la bergerie.

Ce loup fut d'abord bien doux, trop doux même au gré de quelques-uns de ses amis radicaux. Le général Boulanger, content de vivre, content dans la haute situation à laquelle il était arrivé si vite, s'abandonna au penchant de son caractère aimable. Il n'écartait personne, accueillait bien indistinctement les hommes d'opinions les plus opposées.

Il cherchait à faire plaisir, à se créer des amitiés qui consolideraient sa position au ministère — car il ne songeait pas alors à monter plus haut.

A son cabinet, les députés de la droite étaient aussi bien reçus que les députés de l'extrême gauche. Cette affabilité faillit même lui coûter très cher, l'amitié de M. Rochefort.

Un jour, le général Riu et M. Hubbard se ren-

dirent chez le directeur de l'*Intransigeant* et lui dé-
noncèrent avec indignation les faveurs que le ministre
de la guerre « prodiguait aux réactionnaires plutôt
qu'aux républicains ».

M. Henri Rochefort écrivit aussitôt l'article qu'on
lui a tant reproché depuis et qui devait être le
commencement d'une campagne contre le général
Boulanger.

Grand émoi à l'extrême gauche. Eh quoi! Rochefort allait démolir le ministre de MM. Clémenceau,
Anatole de La Forge, Tony Révillon, Pelletan, Laisant, Laguerre, Eugène Mayer, Millerand, Pichon, le
meilleur radical du cabinet, un ministre de la guerre
qui allait à la *Lanterne*, ce qui ne s'était jamais vu !

M. Laguerre se dépêcha chez le directeur de l'*Intransigeant*. Il lui prouva qu'on avait surpris sa bonne
foi.

D'autres allèrent à la rescousse. M. Rochefort se
laissa convaincre.

Il ne poursuivit pas sa polémique contre Boulanger. Quelques jours plus tard même, le 20 janvier
1887, il le reçut à déjeuner chez lui, en compagnie de
MM. Clémenceau et Laguerre. C'est ainsi, par un
coup de poing en quelque sorte, que commença cette
longue amitié qui, devant la haute Cour, a été taxée
de complicité criminelle, du fameux journaliste et
du futur chef du Parti républicain national.

LE TENTATEUR NAQUET

En ce temps, les radicaux les plus « boulangistes »,
même M. Laguerre, même M. Laisant, n'avaient
qu'un désir : maintenir le général Boulanger à la tête
de l'armée.

Un seul homme allait plus loin, c'était M. Naquet.
Il n'avait pas cessé, depuis 1875, de demander la revision de la Constitution.

En 1886 et 1887, il était plus que jamais convaincu
de la nécessité de modifier l'organisation de la République. Le parlementarisme avait donné des
preuves d'impuissance qui écœuraient le pays.

En 1885, la majorité avait failli passer de gauche
à droite. M. Naquet ne pensait pas sans inquiétude
à ce qui arriverait en 1889, si la République se présentait devant le pays avec quatre années de plus,
quatre années stériles, et avec la même Constitution
et le même personnel, c'est-à-dire avec tout ce qu'il
fallait pour que l'avenir ressemblât au passé.

M. Naquet redoutait que cette perspective ne sé-
duisît pas les électeurs et que, pour obtenir le changement que la République leur refusait, ils ne s'adres-
sassent aux monarchistes.

Il fallait donc, coûte que coûte, que la réforme
constitutionnelle précédât les élections générales
de 1889.

En présence d'un nouvel état de choses républicain, le pays reprendrait confiance, retrouverait peut-être l'enthousiasme perdu et, en tout cas, ferait un nouveau crédit.

Mais comment arriver à la revision nécessaire au salut de la République ?

L'expérience avait prouvé qu'on ne l'obtiendrait point par les voies de droit.

Les Congrès tenus à Versailles avaient renoncé à ce principe de droit parlementaire qu'une assemblée est toujours maîtresse de son ordre du jour. On n'avait pu y discuter que les questions acceptées séparément par la Chambre et le Sénat. Dans ces conditions, on ne pouvait pas espérer que la revision, une revision sérieuse, fût jamais inscrite à l'ordre du jour du Congrès.

Quand on dirait au Sénat : « Voulez-vous délibérer à Versailles, sur ce point de savoir s'il y a lieu de convoquer une Assemblée constituante qui, naturellement, commencerait par vous supprimer ? » le Sénat répondrait : « Il n'y a pas lieu de reviser. »

Les corps politiques meurent d'accident, meurent de leurs propres fautes, mais ils ne se suicident pas volontairement comme les individus. Ils ne connaissent jamais la lassitude de vivre.

Puisque la réforme constitutionnelle ne s'obtiendrait pas légalement, il ne restait plus qu'à la chercher en dehors de la légalité, à l'imposer par un coup de force.

M. Naquet avait conclu à part lui depuis longtemps

à la nécessité d'un coup de force quand la popularité du général Boulanger se mit à grandir. Justement
ce général était républicain. Il vivait en camarade
avec les plus avancés des radicaux, il n'avait sans
doute jamais médité les problèmes constitutionnels;
mais jeune, audacieux, amoureux de gloire, il se
prêterait peut-être au rôle que M. Naquet entrevoyait
pour lui pour le bien de la République.

Dans le monde politique et dans le pays il était
soutenu par les républicains les plus ardents. Un coup
d'État fait contre le Parlement, par lui, ne soulèverait donc pas de résistance révolutionnaire, puisque
la partie la plus avancée de la démocratie lui était
favorable.

C'est avec les républicains radicaux socialistes
que cet Augereau aurait renouvelé Fructidor.

L'occasion semblait donc propice. M. Naquet ne
voulut pas la laisser s'échapper. Il vit le général Boulanger, le prépara à entendre la confidence de ses
projets en critiquant le régime parlementaire, « régime instable où nul n'était assuré du lendemain ».

LES DÉJEUNERS NAQUET

Ces conversations avaient lieu au ministère de la
guerre ou dans des déjeuners où, deux fois par mois,
le général et le « tentateur » Naquet se réunissaient.

Ces déjeuners se donnaient au café Anglais ou chez Durand. Le plus souvent, le ministre et le sénateur étaient en tête à tête.

Quelquefois, un ou deux autres convives se joignaient à eux. C'était M. Granet ou M. Lockroy. Un jour, ce fut M. Clémenceau, au café Anglais.

M. Naquet, avec prudence, reprit l'exposé de son projet. Il insinuait que peut-être... si on pouvait... si la nécessité en apparaissait... on pourrait entreprendre quelque chose... qui n'était pas dans la Constitution Wallon. M. Clémenceau ne mordit pas à l'appât. Il répondit même : « La République est bien malade et je n'aime certainement pas son régime. Mais les éventualités que vous considérez, Naquet, seraient effroyables. »

En sortant, le chef de l'extrême gauche dit au ministre : « Quelle idée Naquet a-t-il eue de m'inviter à dîner pour me raconter ces histoires-là ? Le savez-vous ? — Non, répondit le général. C'est la première fois que je l'entends parler ainsi. »

Ce siège, dont il était l'objet par M. Naquet, ne semblait pas l'amuser. Pendant leurs déjeuners, le général attirait la conversation sur des sujets qui n'avaient rien de politique. S'il travaillait beaucoup au ministère de la guerre, et malgré tout ce qu'on a dit il y a fait hautement son devoir, il aimait, dès qu'il était dehors, à rire, à « s'émanciper ».

A ce point de vue, il était resté très jeune officier.

Sa curiosité le promenait au hasard dans Paris, dans des lieux où on aurait été bien surpris de trouver un membre du gouvernement.

Il laissait donc parler M. Naquet en le regardant bien de son œil pénétrant; il répondait par des monosyllabes.

Puis de cette gravité il passait à des propos plus plaisants, contant des histoires, s'en faisant conter et riant comme un saint-cyrien aux gaudrioles de ces festins de garçon.

Une fois enfin, Naquet fut plus pressant, plus catégorique.

Le coup était faisable : il fallait se décider et ne pas perdre de temps.

Le général lui répondit :

« Je n'en ai pas l'air, peut-être, mais j'ai beaucoup réfléchi à tout ce que vous m'avez dit. Ce coup de force serait sans doute un bien. Mais souvenez-vous du prince Louis-Napoléon.

« Il était Président de la République, il tenait tout : le pouvoir exécutif, l'armée, la police, la magistrature, les préfets, tout en un mot. Il n'avait devant lui qu'une Chambre impopulaire. La France était avec lui, Paris aussi. Eh bien! malgré tout ces atouts, il y a eu une résistance de plusieurs jours. Louis-Napoléon a failli ne pas réussir.

« Moi, j'ai le ministère de la guerre, mais je ne suis pas le maître de tout le gouvernement. Je ne compte même pas sur tous les généraux. Il en est peut-être qui n'obéiraient pas. Pour les y décider, il suffirait d'un commencement de résistance du Président, du Sénat ou de la Chambre. Et cette résistance se produirait, soyez-en sûr.

« J'en viendrais à bout — soit. Mais alors ce serait la guerre civile — une chose affreuse, — mais il y a plus. Je fais le coup, supposons-le. Pendant quinze jours nous avons des précautions à prendre, des soulèvements à réprimer. L'armée est toute à cette tâche.

« Alors l'Allemagne nous attaque. Impossible de mobiliser au milieu d'une telle crise. Nous sommes envahis, vaincus, mutilés. Non, je ne veux pas exposer le pays à ce péril. Je ne veux pas de cette responsabilité. Je n'en veux pas. »

Cela se passait au restaurant Durand, trois jours après la chute du ministère Goblet dont faisait partie le général Boulanger.

M. Naquet, devant des considérations aussi graves qui ne s'étaient pas jusqu'alors présentées à son esprit, n'insista pas.

Il est impossible de ne pas louer sans réserve un tel langage inspiré seulement par des sentiments de l'ordre le plus élevé. Le général avait quelque mérite, dans les circonstances où on se trouvait (mai 1887), à ne se guider que par ces sentiments-là. Il était tombé du pouvoir, et malgré les désirs des radicaux, malgré les efforts de M. Clémenceau, de M. Rochefort, de M. Eugène Mayer; il avait peu d'espoir d'y remonter. La droite et les opportunistes ligués contre lui avec passion n'auraient pas accepté un cabinet dont il eût fait partie.

S'il n'avait pensé qu'à lui, il aurait pu sans peine, à Paris, prendre dans un coup de filet tous ces députés, tous ces sénateurs, tout ce gouvernement qui le traitait en suspect. Les faubourgs démocrates eussent applaudi à la « fructidorisation », et dans le gouvernement qui eût fait les élections pour la Constituante, « Augereau » aurait eu la première place.

Il est donc juste de reconnaître qu'il fit passer l'intérêt du pays avant son ambition.

AU 27 JANVIER

Dans la suite de son histoire il fut souvent sollicité d'agir violemment.

Toujours il s'y refusa. Il n'était pas, à ce point de vue, conspirateur.

Au 27 janvier il n'avait qu'à donner une secousse à l'arbre pour en faire tomber le fruit. Chez Durand, tout le monde l'excitait à l'action. Il accueillait fort mal ces avis :

« M. Floquet ne me parlerait pas autrement, » dit-il même à quelqu'un qui, plus vigoureusement que les autres, insistait pour qu'on marchât sur l'Élysée. Les conditions étaient exceptionnellement favorables. Chez Durand, l'élite de la Ligue et des Comités républicains plébiscitaires (Lenglé) et quelques anciens blanquistes, sous la conduite de M. Élie May, n'attendaient qu'un signal.

C'étaient des hommes résolus, fanatisés. Jetés dans cette foule qui célébrait le vainqueur, ils l'auraient entraînée. La police n'eût pas résisté. M. Clément, il est vrai, se promenait dans le voisinage de la Madeleine avec son écharpe dissimulée sous son pardessus et porteur d'un ordre d'arrêter le général, s'il servait de prétexte à une échauffourée. Mais M. Clément seul aurait été impuissant. Et il était seul. Les gardiens de la paix avaient tous voté pour l'ennemi du gouvernement. Ils se seraient volontiers laissé déborder par l'émeute qu'animaient des sentiments conformes à leurs propres désirs. Ils ne demandaient qu'à crier : « Vive Boulanger! »

Quant à la garde républicaine, elle était boulangiste. On l'a bien vu après la saisie de la cantine. Dans les casernes, le gouvernement avait fait une enquête par les soins des commissaires de la Sûreté générale. Par la teneur du rapport d'un seul de ces agents on peut juger des autres. M. Escourrou, commissaire spécial de la gare du Nord, avait été chargé d'étudier la caserne de la Pépinière. Il écrivit : « Les soldats, si on les fait sortir, crieront : « Vive Boulanger! »

Dans un régiment caserné aux environs de Paris, et qui avait reçu l'ordre de se tenir prêt à entrer en campagne, les officiers avaient décidé entre eux, au

mess, de n'obéir aux réquisitions de l'autorité civile
que si elles étaient signées.

Le gouvernement était donc abandonné de tous.
Le 28 janvier encore, dans les ministères, chacun
attendait la révolution : « Nous n'avions pas le
moyen de nous défendre, » a dit M. Lockroy.

On ne les attaqua pas. Le général, persuadé que le
temps travaillait pour lui, ne voulut rien brusquer.

Il ne se doutait pas que ce qui venait vers lui, dans
la nuit du temps, c'était un gendarme.

Il laissa ses amis découragés par la perte d'une si
belle occasion. M. Thiébaud, chez Durand, à minuit
et dix minutes, regarda sa montre et dit : « Ah !
depuis dix minutes, l'étoile est en décroissance. »
Par son inaction, le général permit donc à ses adversaires de reprendre haleine, de se remettre de leur
alarme.

Pendant qu'à la Chambre M. Paul de Jouvencel
faisait au ministère une interpellation de complai-
sance, sur les moyens de faire respecter les pouvoirs publics, que les sénateurs s'agitaient et demandaient déjà que « le factieux » leur fût livré,
Boulanger partit en villégiature.

Il prit le train en compagnie de Mme X... pour
Royat. Il resta trois ou quatre jours dans le voisinage de cette station, à l'hôtel de la Belle-Fermière.
Pendant ce temps, la police, comme toujours, le
surveilla étroitement.

Le général Boulanger ne montra pas seulement

dans ces deux circonstances, au 27 janvier et en juin
1887, au ministère de la guerre, sa répugnance pour
l'emploi de la force. En toutes circonstances, il la
témoignait.

Entre lui et M. Paul Déroulède, dont la vaillance
fut toujours impatiente, il y eut de continuels tiraillements. Déroulède aurait voulu tenir le gouvernement et le pays en haleine par des démonstrations
où sa Ligue si dévouée, si ardente, excellait. Sans
cesse le général s'opposait à ces velléités. Il croyait
à la légalité. Il voulait arriver paisiblement. Erreur
d'un homme qui n'avait pas suffisamment étudié
l'histoire. En politique on ne fonde rien que par la
force, quand on la fait intervenir au bon moment.

Elle est l'accoucheuse des partis.

Jamais un gouvernement n'en a remplacé un autre
sans une secousse et avec le consentement du pouvoir menacé.

C'est en vain que l'on dit : « Ote-toi de là que je
m'y mette »; celui auquel ce discours s'adresse ne
s'ôte pas de bonne grâce. Et en bonne équité on ne
peut pas trop lui en vouloir.

Il a fallu le 10 août pour que la République fût
établie en septembre 1792, le 18 brumaire pour qu'elle
succombât, l'invasion pour ramener les Bourbons,
des émeutes pour les chasser en 1830 et en 1848.

Le 2 décembre comme le 4 septembre ont été des
opérations césariennes, sans lesquelles ni le second
Empire ni la troisième République, que cependant

les événements portaient dans leurs flancs, ne seraient venus au monde.

Une seule fois un parti voulut arriver par la loi, c'est le parti royaliste qui avait la majorité dans l'Assemblée de 1871.

· Et cette Assemblée proclama la République parce qu'elle existait en fait. Tant il est vrai qu'on ne fait pas de révolution avec ces Parlements dont les majorités, recrutées dans la classe moyenne, sont toujours, sous les apparences d'opposition, conservatrices de ce qui est.

Le général Boulanger méconnut ces vérités. Il crut que le destin ferait pour lui ce qu'il avait refusé à Bonaparte, à Louis XVIII, à Louis-Philippe, à Napoléon III, aux vainqueurs de Septembre. Il espéra que la toute-puissance viendrait à lui sans qu'il se dérangeât.

Il a été victime de sa connaissance imparfaite des conditions du succès. Comme autrefois Marius, qui licenciait ses vétérans avec lesquels il pouvait jeter dans le Tibre les aristocrates romains et qui chercha vainement ensuite à exterminer avec des lois ceux qu'il aurait fait fuir devant son épée, le général se trompa en comptant sur les lois. Il lassa la fortune, il l'irrita en ne la prenant pas de force. Comme une femme dédaignée, elle s'est vengée cruellement.

HISTOIRE DU DUEL

Ses adversaires ont dit qu'il avait eu peur.

Non. Le général Boulanger, c'est une banalité de le dire, est brave. Dans les bagarres, il montrait un surprenant sang-froid. A Saint-Jean-d'Angély, quand un sieur Perrin tirait sur lui, en août 1888, il se levait dans son landau et, comme un soldat qui sent la poudre, il disait à M. Dillon :

— Nous allons donc un peu nous amuser!

Dans son duel avec M. Floquet, il se comporta avec une folle témérité.

Le matin, avant la rencontre, le comte Dillon vint chez lui et lui demanda :

— Tires-tu bien?

— Pas du tout. Depuis notre dernier assaut à Saint-Cyr, en 1858, je n'ai jamais touché un fleuret.

— Il faut te refaire la main, viens prendre une leçon.

Le général refusa. « Baste, ça n'avait pas d'importance. Il ne lui arriverait rien. »

Enfin M. Dillon le décida. On fit appeler M. Xavier Feuillant, le gentleman bien connu, qui est un bon tireur. Le général et lui s'alignèrent.

En le voyant en garde, M. Feuillant reconnut à qui il avait affaire.

— Vous ne savez rien, mon général.

— Non.

— Mais alors... vous ne pouvez pas parer.

— Non, je charge.

— Mais on se fait embrocher avec ce système-là...

— Ou on embroche.

— Essayez.

Ils ferraillèrent. A la première attaque, le général tombait sur l'épée de M. Feuillant.

— Mon général... vous voyez.

— Tant pis... Vous comprenez que je n'ai pas le temps d'apprendre la plus simple parade. Si je veux me mêler de faire de l'escrime, je serai ridicule... Je chargerai comme je vous ai fait tout à l'heure.

Il tint parole. Il attaqua comme un zouave, et, comme il s'était enferré sur le fleuret moucheté de M. Feuillant, il s'enferra sur l'épée pointue de M. Floquet.

Mais l'explication de la grande erreur dans laquelle tomba le général Boulanger, en s'exilant, n'est pas tout entière dans les considérations politiques du chef de parti. C'est dans un ordre d'idées plus intime qu'il faut la chercher, avec toute la délicatesse que comporte une pareille enquête.

« MONSIEUR LE MINISTRE »

Le général Boulanger avait tout près de cinquante ans quand il fit vers la toute-puissance cette ascension fantastique qui a fini par une si grande chute.

Pendant trente années, il avait vécu de la vie de garnison pauvre et monotone.

Dans son intérieur, il s'ennuyait. Mme la générale Boulanger est une femme d'une grande vertu, mais morose.

Les pratiques de sa piété janséniste étaient des distractions que son mari ne pouvait point partager. Il y avait réellement incompatibilité d'humeur et de goût entre cette pieuse femme, qui s'occupait avec persévérance de l'autre monde, et ce jeune officier ambitieux, qui pensait surtout à obtenir de l'avancement dans celui-ci.

Le général Boulanger, à son entrée dans la renommée, n'était donc nullement blasé sur les plaisirs de la vie.

Il en avait entendu parler. Mais s'il en ressentait l'ardente curiosité, il ne les connaissait guère par expérience.

A Paris, dans les premiers mois de son ministère, il fut comme le classique « Monsieur le Ministre ». Il mena la vie de garçon, sans hypocrisie, et même avec quelque imprudence. Il s'amusait à droite et à gauche. Il eut des bonnes fortunes nombreuses, comme tous les hommes en vue. On raconte même de lui des escapades que la jalousie de sa femme rendait quelquefois périlleuses.

Mais on peut dire qu'il ne connaissait pas encore les femmes en 1887, car celle dont il a été question

devant la haute Cour, et qui paraît avoir été une
vieille camarade comme beaucoup d'hommes en ont
eu, n'avait pu que très imparfaitement réaliser à ses
yeux l'idéal féminin.

Lui-même, d'ailleurs, dans la correspondance
qu'il entretenait avec elle et qu'on a fait circuler,
montre bien que s'il lui portait quelque intérêt, il la
tenait pour une personne de peu d'importance, avec
laquelle il n'était pas nécessaire de se mettre en
grande tenue.

MADAME X...

Mais, après beaucoup d'aventures, il connut
Mme X..., et, cette fois, comme on dit, il trouva son
maître. Mme X... prit une très grande influence sur
lui. Elle contrastait par l'allure, par le nom qu'elle
porte, par l'instruction et l'éducation, avec les
femmes qu'il avait rencontrées jusqu'alors.

Il l'aima avec une fidélité et une constance qui
étonnèrent ses amis. A partir du moment où il la
connut, il changea ses habitudes. Comme une ai-
guille aimantée qui a trouvé le Nord, il se fixa.

Il se rangea, si on peut ainsi dire.

Pour Mme X..., avant de sacrifier son ambition, il
sacrifia ses habitudes.

Nous avons déjà vu qu'après le 27 janvier, au lieu

de commencer l'action énergique que Paris avait préparée par son vote, qu'il ne demandait qu'à continuer et que la France attendait avec impatience, le général alla en villégiature avec Mme X...

Ce n'était pas la première fois qu'il oubliait tout pour passer quelques heures seul avec elle.

Après la constitution du ministère Rouvier-Ferron (mai 1887), il y eut, à l'occasion d'un bal à l'Opéra ou d'une fête au Cercle militaire, une soirée tumultueuse sur le boulevard. Le nouveau cabinet, que M. Henri Rochefort avait appelé « le ministère allemand », était fort impopulaire. Les Parisiens réclamaient le retour au pouvoir du général Boulanger.

Le soir de la fête, le général Ferron se promenait en civil autour de l'Opéra. La foule chantait : « C'est Boulange », sur l'air de : *C'est ta poire*, de M. Jules Jouy.

L'attitude était très hostile. Une émeute possible. Le ministre de la guerre rencontra, dit-on, M. Rouvier, son président de Conseil, qui lui dit : « Ça va mal. Si Boulanger voulait, il nous ennuierait bien avec ces gens-là. Avec rien on les entraînerait. »

Les deux ministres continuèrent leur promenade jusqu'à ce qu'ils rencontrassent le préfet de police. Ils lui firent part de leurs inquiétudes.

— Il n'y a pas de danger, répondit le préfet, le général Boulanger est au Havre en compagnie d'une dame.

* *
*

Plus tard, quand le général était à Clermont-Fer-

rand, les déplacements fréquents, dont on lui a fait
un reproche d'une sévérité si injuste, avaient pour
but, non pas une conspiration à ourdir, mais le plus
souvent une visite à faire à Mme X... C'est elle qu'il
venait voir à Paris, à la fin de 1887 et au commencement de 1888.

Pendant même qu'il était aux arrêts à Clermont-
Ferrand, on assure qu'il eut l'imprudence, trois fois,
de rompre ses arrêts pour aller la rejoindre à Royat
où elle s'était établie.

Son affection pour elle ne connaissait donc pas
d'obstacles. Mais Mme X... devait finir par en être un
— et très grand — à sa fortune. Quand il fut revenu
à Paris et jeté en plein torrent politique, leurs relations continuèrent avec une très grande discrétion.

Le général allait mystérieusement rue de Berry.
Personne n'en savait rien que la police, bien entendu,
et ses très intimes amis. Il s'y rendait aux heures où
nul devoir ne l'appelait ailleurs. Le public ne soupçonnait rien de cette intimité qui ne regardait personne et qui n'appartient à l'histoire que par l'influence qu'elle a exercée sur les décisions capitales
du général Boulanger.

En ce temps, Mme X... voulait et espérait devenir
la femme du général. Elle l'avait décidé à demander
à Rome l'annulation de son mariage, — car la générale Boulanger, fervente chrétienne, n'aurait pas
consenti au seul divorce civil. — Elle était donc en
quelque sorte fiancée ; et elle se tenait dans l'ombre

la plus discrète, ainsi qu'il convenait à sa situation.

Elle sortit pour la première fois de cette ombre dans une circonstance où elle aurait eu mauvaise grâce à ne s'inspirer que de la prudence et des convenances mondaines.

*
* *

Le général Boulanger venait d'être blessé par M. Floquet le 13 juillet 1888.

M. Dillon alla aussitôt chez Mme Boulanger, à Versailles, pour lui annoncer l'accident.

Il y mit toutes les précautions d'usage.

— Madame, dit-il, n'avez-vous pas lu les journaux?

— Non, Monsieur.

— Aucun, Madame? Ils contiennent le récit d'un fait qui vous intéresse grandement...

— Monsieur, je ne lis que le *Soleil*. Il ne contenait rien ce matin qui m'intéressât.

— Madame, je dois donc vous dire... un petit accident est arrivé au général... il est couché chez moi... et je suis venu me mettre à votre disposition pour vous conduire auprès de lui...

— Monsieur, interrompit la générale, je n'ai rien à faire auprès de mon mari... ma visite ne lui ferait sans doute aucun plaisir... Mais, comme épouse et comme chrétienne, je lui dois mes secours... Je lui enverrai mon médecin, le docteur Carpentier-Méricourt. Je vous prie de le recevoir.

M. Dillon se retira.

Pendant qu'il faisait cette démarche, Mme X..., qui avait attendu le résultat du duel en voiture, sur le boulevard d'Argenson, près de la villa Dillon, demandait à voir le blessé. Elle y parvint. Elle le soigna, lui tint compagnie.

L'affection du général s'augmenta de reconnaissance pour ces douces attentions. Guéri, il ressentit pour sa femme plus d'éloignement et pour Mme X... plus de tendresse.

Après la triple élection, c'est avec cette dernière qu'il partit en voyage. Malgré le mystère dont il s'entoura, la liaison devint ainsi publique. Elle fut affichée et commença à préoccuper les boulangistes, qui voyaient apparaître dans leur cause un facteur nouveau, qu'ils ne connaissaient point et qui leur échappait.

Les républicains échangèrent entre eux des impressions, — ils ne pouvaient pas faire autre chose.

Quant aux royalistes, M. Dillon voulut les rassurer en leur disant : « Mme X... a de bons sentiments. J'ai vu chez elle le portrait du duc de Chartres. »

* *

M. Paul Déroulède a demandé un jour à Jersey, à Mme X..., si elle était une amoureuse ou une ambitieuse. Elle répondit qu'elle était à la fois l'une et l'autre.

Mais il paraît certain qu'elle a surtout été amoureuse, et amoureuse égoïste.

Elle a aimé le général pour elle-même et elle n'a pas aimé sa gloire par-dessus tout.

Il y a dans le *Gendre de M. Poirier*, d'Augier, une très belle scène.

La marquise de Presles, après avoir obtenu de son mari la promesse qu'il ne se battrait pas pour sa maîtresse, s'écrie : « Maintenant, va te battre. » Il lui suffit qu'il ait cédé. Elle ne voudrait pas que l'homme qu'elle aime restât sous un affront. Elle le préfère exposé à un danger que froissé par une humiliation.

Dans la vie du général Boulanger Mme X... aurait dû jouer les marquises de Presles. Elle le pouvait. Si elle avait été ambitieuse pour l'homme qu'elle aimait, comme les grandes amoureuses le sont, elle l'aurait préféré en prison qu'en exil auprès d'elle. Elle lui aurait dit : « Restez, ou je ne vous suivrai pas. » Et le général serait resté, et la face des choses aurait changé.

Mais, au contraire, Mme X..., sans peut-être pousser directement au départ, le prépara, y excita par ses alarmes, tout au moins s'y résigna.

* *

Quand elle revint avec le général Boulanger, en octobre 1888, du Maroc, le Vatican avait repoussé la demande en annulation de mariage. Le général demanda alors le divorce. Ses alliés de droite voulurent qu'il renonçât à cette instance offensante pour leurs croyances religieuses.

Malgré l'intérêt qu'il avait à ne pas mécontenter ses bailleurs de subsides, il passa outre, tant était grand son désir de complaire à Mme X...; mais ce fut en vain, le divorce étant impossible. En effet, appelé avec Mme Boulanger dans le cabinet du juge, quand il formula son grief : « Madame ne veut pas réintégrer le domicile conjugal », sa femme répondit : « Donnez-moi votre bras, Monsieur, et rentrons. »

Il n'y eut donc pas moyen de dissoudre ce mariage. Ce qui n'empêcha pas Dillon de dire au comité de la droite : « Il vient de vous faire un grand sacrifice en renonçant à son divorce ; voyez comme il vous est fidèle. »

Mme X..., qui s'était résignée à vivre loin du général, dans l'effacement, aussi longtemps qu'elle avait pu espérer devenir sa femme, prit d'autres sentiments quand son rêve d'union régulière fut dissipé.

Puisqu'elle ne pouvait pas avoir le général pour mari, elle l'aurait autrement et tout à fait.

Elle sut les démarches faites par les royalistes auprès de M. Dillon pour empêcher le divorce. Elle craignit qu'on ne détachât d'elle son ami, qu'on ne le lui enlevât.

Elle désira donc se rapprocher de lui, ne pas le perdre de vue. Elle voulut autant que possible vivre avec lui. Ce sont là des sentiments que beaucoup de femmes auraient éprouvés. Pour les avoir connus, Mme X... n'est pas condamnable. Ils sont humains. Mais dans la situation exceptionnelle où se trouvait le général Boulanger, il aurait fallu auprès de lui un conseiller qui ne s'inspirât pas de sentiments ordinaires.

Il est possible que Mme X... ne lui ait pas demandé de partir, de s'exiler. Mais elle ne s'opposa certainement pas au départ.

En elle-même, ce projet dut la réjouir. Car hors de France, en exil, c'était la vie commune avec des tristesses communes, il est vrai ; mais tout était préférable à l'existence qu'ils menaient à Paris, séparés l'un de l'autre, obligés de ne se voir qu'en cachette et en butte, elle, à la défiance soupçonneuse des politiques du boulangisme.

Il est certain que le général ne rencontra pas dans son intimité ce guide éclairé, énergique, qui l'aurait retenu à son poste, qui l'aurait empêché de se dérober, qui l'aurait contraint à ne pas lâcher ses ennemis, à accepter avec eux le corps-à-corps auquel ils le provoquaient et dans lequel ils auraient immanquablement été vaincus.

Le retenir à son poste ! C'est ce qui était nécessaire, car l'idée de l'abandonner vint de lui.

L'HOMME

A un très haut degré, il a le courage militaire ; il a moins l'énergie calme et patiente d'un homme d'État. Le général, si vaillant au combat, l'épée à la main, fut moins sûr de lui quand il envisagea la perspective d'un long emprisonnement.

Pour résister à la cellule, pour n'y être pas déprimé par l'isolement, il faut une concentration sur soi-même à laquelle le métier, tantôt oisif, tantôt agité, des armes ne prépare point.

Le général Boulanger serait volontiers sorti du somptueux hôtel de la rue Dumont-d'Urville pour aller charger à la tête d'un régiment. Mais quitter ce luxe nouveau pour lui dans lequel il vivait, pour les murs d'une prison... à quoi bon ? Pourquoi faire ce sacrifice ?

N'était-il donc pas certain du succès ? Il avait foi dans son étoile. D'un aventurier il n'avait que ce trait : la croyance superstitieuse, invincible dans sa destinée.

Puisque tout devait arriver, pourquoi livrer sa liberté et se soumettre aux ennuis d'une instruction, d'un débat contradictoire fatigant ?

Assez longtemps il avait connu les privations de la vie médiocre.

Aujourd'hui qu'il vivait dans un mobilier de 50 000 francs, qu'il avait autant d'argent qu'il en voulait, tous les bonheurs, il se laisserait sottement fourrer à Mazas ?

Le mieux était de rester chez soi et d'attendre.

Ainsi raisonnait ce conspirateur qui ne conspirait pas, cet aventurier qui ne voulut jamais rien aventurer.

* *
*

Il a échoué. L'Histoire lui trouvera des excuses.

Elle les lui trouvera dans le grand enthousiasme qu'il excita, dans les dévouements si grands de ceux l'entouraient.

Quand on remue la France aussi profondément qu'il l'a remuée, quand on inspire assez d'enthousiasme pour qu'une honnête femme qui vous connaît à peine mette au service de votre cause une fortune, — et c'est ce qu'a fait Mme d'Uzès; — quand les pièces de vingt sous des pauvres se mêlent aux millions des riches dans votre coffre; celui qui inspire tous ces sacrifices et tous ces dévouements peut croire qu'il est un être d'un génie et d'une chance exceptionnels.

Cette croyance, autour de lui presque tout le monde l'eut ; comment le général aurait-il évité l'erreur commune ?

Tout le monde se trompa sur son compte. Il put bien se tromper lui-même.

On lui avait assigné un rôle énorme, écrasant, un rôle de Bonaparte. Il a succombé malgré toutes ses grandes qualités. Mal préparé à la politique, il fit cependant assez bonne figure. Il avait une grande puissance de séduction personnelle.

Aucun homme n'eut plus que lui naturellement l'art de se commander et de plaire.

Il entrait dans de violentes fureurs et il se calmait

2.

subitement, s'il le fallait, pour prendre le visage le plus doux du monde.

Il ne savait rien refuser.

**

Avec chacun, avec le plus pauvre homme comme avec le plus superbe, il était le même, gai, bonhomme et sans affectation. Tous ceux qui le voyaient étaient conquis. Il avait la poignée de main infatigable. Il en a donné des centaines de milliers, et il en aurait donné des millions de l'air le plus content du monde. Sous ce rapport il était bien le type de « l'homme populaire ».

On lui fera justement encore un mérite de la facilité avec laquelle il s'assimilait les idées les plus nouvelles pour lui. Il comprenait tout, vite et bien.

S'il eut une trop présomptueuse confiance dans les faveurs et la fidélité de la fortune, il n'était pas ce que l'on appelle un « vaniteux ».

Ses écrits, ses discours, il ne s'en cachait pas, étaient l'œuvre de celui-ci ou d'un autre. Mais il les revoyait avec attention. Souvent il y introduisait des changements. Il se laissait conseiller, il ne se laissait pas mener. C'était un homme qui ne prétendait pas avoir la science infuse; ce n'était point un soliveau.

En 1888 il avait 49 ans, c'était un jeune général. A cet âge, les politiques sont déjà vieux. Il était bien tard pour qu'il commençât à apprendre un nouveau métier. Il n'est pas étonnant qu'il ait commis des

gaucheries. Les alliances où les événements l'avaient
entraîné l'obligèrent à faire un jeu de bascule, à os-
ciller entre les partis les plus contraires. Un faux
pas à gauche et il était précipité ; un faux pas à droite
et il s'abîmait. Sentier périlleux où il fallait être pru-
dent, circonspect, défiant, où il fallait tour à tour
feindre et dissimuler.

Il le comprit. Mais dans la composition de son
personnage, il ne sut pas garder la juste mesure. Il
se défia de ses amis républicains et de ses amis
royalistes ; il avait avec tous une égale dissimulation,
comme s'il avait eu l'intention de les tromper les
uns et les autres. Ce fut un grand tort.

S'il n'avait pas l'intention de renverser la République, il avait le devoir de dire aux principaux républicains de son Comité : « Les royalistes me donnent tant de millions à telles conditions, je les prends,
pour les faire servir à notre cause. Mais jamais je ne
restaurerai. »

Ceux qui auraient consenti à s'associer à l'opération ainsi expliquée ne pourraient pas se plaindre.
Les autres n'eussent pas été engagés malgré eux.

Quant aux royalistes, maintenant qu'apparaît
l'arrière-pensée du général de ne pas tenir les engagements qu'il prenait vis-à-vis d'eux, ils l'accusent de
déloyauté.

Certes, c'est une formidable somme qu'ils ont jetée
dans la caisse de M. Dillon. Mais cet argent ne valait
pas l'honneur des républicains qui avaient honnête-

meǹt et en toute confiance dans sa sincérité républicaine suivi le général Boulanger.

A coup sûr, ce n'est pas une sublime action que
celle de se faire donner plusieurs millions par des
gens, en leur montrant un trône et en se disant :
« Quand vous voudrez vous asseoir dessus, je vous
enverrai un coup de canon. »

Mais c'eût été une action infâme que de faire servir à la monarchie les efforts de tant de républicains.
Après le succès, le général Boulanger se serait trouvé
dans cette alternative : ou livrer par trahison la République, ou brûler la politesse aux royalistes qui
l'avaient subventionné.

Il s'en fût tenu certainement au second terme.
C'eût été une tromperie blâmable, mais préférable,
au point de vue moral, à la trahison que les monarchistes voulaient acheter de lui.

* *

En résumé, de l'avortement de l'entreprise boulangiste il sort une leçon. C'est que, dans la politique
populaire, la plus grande habileté est d'être simple.
Le général s'est perdu dans l'intrigue compliquée
qu'il dut ourdir pour se procurer des moyens d'action.

Enfin, comme on s'était trompé sur son personnage, il ne fit pas ce qu'on s'était promis de lui.

Aventurier, il recula devant l'entreprise aventureuse par laquelle seule il pouvait réussir.

Favori du peuple, il se laissa accaparer par les

agents royalistes, comme le comte Dillon et M. Arthur Meyer.

On l'amena à tenter cette absurdité de faire concourir au même but des forces toujours contraires : les grands mouvements démocratiques, généreux et enthousiastes, et les procédés tortueux et égoïstes des cabales aristocratiques.

Conspirateur, il s'arrêta juste au moment où la conspiration devenait utile.

L'ERREUR DES RÉPUBLICAINS

Le général Boulanger était républicain.

Mais pour son malheur il fut poussé par les républicains eux-mêmes à chercher des forces à droite.

C'est eux — les républicains parlementaires — qui l'ont réduit à cette extrémité de prendre pour se défendre l'argent et les soldats de leurs adversaires.

Ministre de la guerre, il fut la victime des opportunistes qui poursuivaient en lui l'ami de M. Clémenceau et l'exécuteur de la loi contre les Princes.

Mais il avait les radicaux.? C'est eux qui l'avaient poussé au pouvoir.

Ils s'efforcèrent de l'y maintenir après la chute du cabinet Goblet-Dauphin. On a raconté à ce sujet une anecdote fort piquante :

Quand on sut, que M. le général Ferron avait été

appelé à Paris pour recevoir l'offre du portefeuille,
de la guerre, M. Clémenceau, qui connaissait M. Ferron et qui avait contribué à le faire nommer divi-
sionnaire par le général Boulanger, dépêcha au-
devant de lui, à la gare, M. le commandant Peigné,
un des officiers d'ordonnance de Boulanger. Amené
chez M. Clémenceau, M. le général Ferron prit, à
ce qu'on a conté, l'engagement de refuser d'entrer
dans le ministère.

Mais, quelques heures plus tard, sollicité par
M. Grévy, il oubliait cet engagement et acceptait
d'être le successeur du général Boulanger, le collaborateur de M. Rouvier.

Le même jour, à la Chambre, M. Laguerre arrivait
avec M. Clémenceau quand le nouveau ministre de
la guerre s'approcha, la main tendue, du chef de
l'extrême gauche.

M. Clémenceau mit sa main dans son dos, et dit :

Albe vous a nommé, je ne vous connais plus.

— Mais vous ne savez pas ce qui s'est passé,
répondit M. Ferron.

— Je sais que vous m'aviez donné votre parole
d'honneur de ne pas accepter le ministère et que
vous voilà ministre.

— Mais...

— Vingt fois je vous ai entendu dire que les Ton-
kinois étaient des misérables, et vous êtes leur
associé...

— Mais j'évacuerai le Tonkin, je vous le promets, répliqua M. le général Ferron, pendant que M. Clémenceau, après cette scène, entrait dans la salle des séances.

Cette sympathie des radicaux ne résista pas longtemps à l'envie. Les meilleurs amis du général Boulanger, ceux qu'il considérait comme tels, lui tournèrent le dos, quand sa popularité commença à leur porter ombrage. En novembre et décembre 1887, on ne pouvait pas constituer sans lui de ministère antiferryste, et, comme les radicaux se défiaient de lui, ce ministère ne fut pas formé à cause de lui.

Il vécut pendant deux jours dans des conciliabules d'extrême gauche tenus en vue d'empêcher l'élection de M. Ferry, et dans ces conciliabules il reconnut une malveillance des radicaux toute nouvelle pour lui et leur impuissance à réaliser leurs propres desseins.

* *

Au milieu de ce désarroi, les droites viennent à lui. Il ne les a pas sollicitées. C'est elles qui se présentent. « Elles empêcheront Ferry de passer, à condition que le général devienne leur instrument. »

« Tout plutôt que Ferry. » Et il promet tout ce qu'on lui demande.

Après l'élection de M. Carnot, il fait pressentir les chefs du parti radical, « les ministrables ».

Il n'a qu'une ambition : « Redevenir ministre de la guerre. »

Il s'informe : « Le rappellera-t-on.au ministère? »
M. de Freycinet hésite, M. Goblet dit non.

Pour comble de disgrâce, le chef de l'extrême
gauche, M. Clémenceau, l'a abandonné dans les événements de novembre, en refusant de constituer
avec lui un cabinet.

Haï par les opportunistes, soupçonné par les radicaux, il est donc perdu.

Il lui reste à peine quelques députés et quelques
journalistes, les plus puissants journalistes, il est
vrai.

Mais si grands que soient le talent et le prestige
de Rochefort, leur action ne s'étend pas au delà des
centres démocratiques des faubourgs, des grandes
villes socialistes.

Avec ces appuis il engagera un combat glorieux,
mais on l'écrasera sous les masses opportunistes et
conservatrices.

Les monarchistes reviennent à la charge. Ils l'appellent en décembre, près d'un mois après l'élection
Carnot, à une seconde entrevue. Il s'y rend; il les
entretient dans cette illusion qu'il les servira. D'autre
part, on lui propose une entente avec le prince Napoléon.

Il va voir le prince.

Il forme son armée en vue de la prochaine campagne. On lui donnera des électeurs et de l'argent;
il prend avec chaque parti des engagements.

Aux royalistes il laisse espérer qu'il favorisera la

restauration; au comte d'Andigné, chef des Blancs d'Espagne, il assure que jamais il ne travaillera pour les d'Orléans; au prince Napoléon, il promet de ne pas laisser mettre en cause la République et de rétablir le plébiscite.

Quand il s'est ainsi assuré partout, dans tous les camps, des appuis, il commence la partie.

On s'étonne qu'il ait été dissimulateur! Mais il ne pouvait pas dire la vérité. Comment aurait-il avoué à des républicains comme Rochefort et Déroulède, comme tous ceux du Comité national, qu'il avait un pacte mystérieux avec les princes d'Orléans et que ceux-ci lui fournissaient des subsides! Et les royalistes! Était-il possible qu'il leur confessât son arrière-pensée qui était de les jouer?

* *

Il s'est donc trouvé dans une situation horriblement difficile. Mais il y a été mis par les républicains, par les radicaux, qui ont eu le tort de le chasser de parmi eux; qui n'ont pas voulu, en donnant à son ambition de légitimes satisfactions, utiliser au profit de la République sa popularité, sa bonne volonté et ses très grandes qualités de ministre de la guerre actif et patriote.

On ne peut pas bien juger la vie politique du général Boulanger si on oublie la faute que les républicains commirent au point de départ en l'excluant de leur communauté. Cette ingratitude des républi-

cains envers un homme qui leur avait donné tant de
gages l'entraîna dans des intrigues où il devait se
perdre au grand dommage de la République dont il
était une force.

M. GEORGES THIÉBAUD

Au mois de novembre ou décembre 1887, mais
plus vraisemblablement en décembre, le général
Boulanger, se promenant à cheval au bois de Bou-
logne le matin, dit au comte Dillon :

— J'ai reçu une visite assez intéressante. Quelqu'un que j'ai connu au ministère de la guerre est
venu me proposer d'être candidat à des élections
qui vont avoir lieu au Conseil municipal dans quelques communes de la banlieue. Qu'en penses-tu?

— Je pense, répondit le comte, que des élections
d'aussi peu d'importance te compromettraient pour
rien. L'opinion publique n'en serait nullement frappée. Ce serait un commencement mesquin, car cela
ne causerait aucun embarras au gouvernement. Je
pense donc que l'idée de ton monsieur ne vaut rien
du tout et j'espère que tu es de mon avis.

Quelques jours plus tard, le général, encore au
Bois et toujours avec son ami Dillon, lui dit :

— Le monsieur dont je t'ai parlé, et qui voulait me
présenter dans les élections de la banlieue, est re-

venu me voir. Il a eu une autre idée. Au mois de février il y aura des élections législatives et dans plusieurs départements, six ou sept, je crois. Il voudrait faire voter pour moi... Qu'en penses-tu?

— Cette fois, l'affaire vaut qu'on l'examine. Si tu avais des voix dans tous les départements et si tu en avais beaucoup, cet événement aurait un grand retentissement.

Tu aurais une affaire désagréable avec le gouvernement, tu peux y compter. Mais si la manœuvre était exécutée avec discrétion, tu pourrais t'en tirer et n'en recueillir que les bénéfices. Il faut bien y réfléchir avant de t'engager, conclut le comte.

— J'y réfléchirai, et toi, de ton côté, penses-y.

L'homme qui était venu tenter le général Boulanger par la perspective d'un succès plébiscitaire et dont le général, dans ses deux conversations avec M. Dillon, vraisemblablement ne prononça pas le nom, — car ces deux intimes amis eurent toujours des secrets l'un pour l'autre, comme ils en avaient pour les autres, — était M. Thiébaud.

M. Georges Thiébaud n'avait encore rien fait pour attirer l'attention sur lui. C'était un jeune journaliste de province de beaucoup de talent, à la fois écrivain et orateur, mais très peu connu à Paris. A la fin de 1883 ou au commencement de 1884, il avait assisté à la réunion de la presse départementale de l'appel au peuple.

Dans cette réunion organisée par M. Lenglé, sur

le désir du prince Napoléon, et qui se tint rue de
Duras au siège du Comité napoléonien, M. Thiébaud
se signala par une déclaration originale.

Le prince Victor était déjà séparé de son père. Les
amis de celui-ci se montraient émus de l'attitude
prise par le jeune prince. Ils étaient, il ne faut pas
perdre ce point de vue, la fraction la plus libérale,
la plus démocratique du parti bonapartiste. M. Pascal, l'intime conseiller du prince Napoléon, émit
dans un discours cette idée que, pour obvier aux
inconvénients de l'hérédité, il serait sage d'introduire l'adoption, à la romaine, dans les constitu-
tions de l'Empire futur.

M. Thiébaud prit la parole alors et dit : « Je vais
plus loin que M. Pascal, il faut supprimer l'hérédité.
Acceptons la République et bornons-nous à demander que le chef du pouvoir exécutif soit élu
directement par le peuple, et pour un certain temps. »

Cette proposition fut accueillie avec fraîcheur par
la réunion. A peine deux ou trois des journalistes
présents, M. Georges Poignant entre autres, approu-
vèrent-ils l'audacieux confrère qui faisait si bon
marché des vieilles idées de tous et de l'intérêt
dynastique des Bonapartes. Après cette réunion de
la rue de Duras, le prince Napoléon en invita les
membres à déjeuner.

M. Thiébaud causa longuement avec son hôte. Il
lui refit sa déclaration républicaine : « La France
n'avait pas besoin de la monarchie.

« Elle n'avait besoin que d'autorité.

« Le plébiscite la donnerait au chef de la République, aussi grande qu'on pouvait la désirer, sans tomber dans le despotisme. »

Ce chef était à trouver. M. Thiébaud espérait que ce serait le prince. D'ailleurs, il ne cacha pas que depuis longtemps il cherchait un homme : « Avant de venir vers vous, Monseigneur, je suis allé chez le comte de Paris. Je l'ai vu. Mais de ce côté il n'y a rien à faire. L'orléanisme est un arbre pourri. »

Le prince Napoléon prisa fort l'intelligence, la franchise et l'éloquence du pauvre petit journaliste qui oubliait d'être courtisan, pour parler en homme politique. Il garda de M. Thiébaud une bonne impression. Ce fut le point de départ de relations cordiales, qui sans doute doivent exister encore entre l' « exilé de Prangins » et le « semeur » de la première moisson boulangiste.

De 1884 à 1886, M. Georges Thiébaud rentra dans l'obscurité. Il était retourné à Mézières, où il dirigeait le *Courrier des Ardennes*.

Ce journal appartenait à des actionnaires orléanistes. L'accord n'était donc pas parfait entre les bailleurs de fonds et l'écrivain. La discorde éclata aux élections générales. Mis sur la liste d'union conservatrice, M. Thiébaud fit pour son propre compte une propagande républicaine et plébiscitaire. Cela sonnait faux dans le concert des réclamations réactionnaires de ses voisins de liste.

Aussi, après les élections et la commune défaite, les orléanistes reprirent-ils la direction de leur journal. M. Thiébaud vint à Paris à la fin de 1885 ou au commencement de 1886. Il était fort en peine: Pas de fortune et rien à faire. Il renoua avec les amis du prince Napoléon et attendit.

L'étoile de Boulanger se leva alors.

M. Thiébaud, membre du Cercle militaire, y connut le ministre de la guerre. En février 1887 il publia dans le *Figaro* un article sur le fusil Lebel. Quelques semaines plus tard, il devenait rédacteur en chef du *Petit Moniteur*, d'où les orléanistes qui le reconnurent le firent bientôt sortir.

Tels furent les commencements de M. Thiébaud dans le boulangisme. Ces premiers pas vers le général, il ne les fit pas seul. Ses amis les « jérômistes » étaient tous favorables à l'homme dont la popularité grandissait si vite. Il leur semblait, sans qu'ils osassent rien préciser, « qu'il y avait quelque chose à faire avec ça ».

LE CLUB RÉPUBLICAIN PLÉBISCITAIRE

En 1883, M. Lenglé, à la demande du prince, avait constitué les Comités jérômistes. Pendant l'hiver 1886-87, ces Comités tinrent un véritable club au café Américain, place de la République, une fois par semaine:

On s'assemblait dans un vaste sous-sol et l'on dis-
courait.

L'idée émise par M. Georges Thiébaud d'accepter
la République et de poursuivre seulement la réorga-
nisation du pouvoir exécutif était devenue l'idée de
tous, dans ce milieu très démocratique.

Il n'y avait plus là un impérialiste.

M. Thiébaud ne venait pas au club du café Américain.

Mais on le rencontrait quelquefois à la Salle des
Conférences, où MM. Pascal et Poignant dévelop-
paient, devant des auditoires plus raffinés, les doc-
trines que MM. Lenglé, Silvy, Tailhard défendaient
dans le sous-sol de la place de la République.

Il fit même deux conférences. Oh! bien innocentes.
Il ne parla pas politique. Il commenta le livre du
prince Napoléon en réponse à l'étude de M. Taine
sur Bonaparte.

C'est à ce moment que se place la première rencontre de M. Naquet et des anciens impérialistes
ralliés à la République.

Ces hommes, venus de points divers et qui devaient, eux, fraterniser sincèrement dans le Parti
républicain national, se tendirent pour la première
fois la main en 1887.

M. Naquet menait, dans la *Revue bleue* et dans
l'*Estafette*, pour la revision de la Constitution et
contre le parlementarisme, une ardente campagne.
Il soutenait déjà l'idée qu'il espéra voir triompher

par le boulangisme de la nécessité, pour la République, d'assimiler au plus tôt les éléments libéraux et démocratiques des anciens partis, et surtout du bonapartisme.

Il eut connaissance d'un discours où M. Pascal, faisant appel aux républicains, les conviait à la réconciliation sur le terrain de la consultation populaire.

M. Naquet écrivait aussitôt un article intitulé : *Un appel dont il ne faut pas s'inquiéter*, qui lui valut les remerciements publics de M. Pascal.

Tels étaient les sentiments du petit cercle politique où venait quelquefois M. Thiébaud. On était républicain, on ne voulait pas détruire la forme républicaine. On avait l'horreur de l'orléanisme, et on s'agitait en vue d'une réforme démocratique de la Constitution républicaine.

Pour faire cette réforme, il fallait un homme. La plupart des anciens impérialistes qui étaient là n'avaient pas renoncé absolument à leur fidélité. Pour eux, s'il ne devait plus être l'Empereur, le prince Napoléon devait être le consul.

L'homme était à Prangins.

Aucun d'eux peut-être n'avait pensé que ce grand rôle de restaurateur du plébiscite, de réformateur de la République, pût être tenu par un autre que par l'héritier de Bonaparte.

LA RECHERCHE D'UN HOMME

M. Georges Thiébaud, qui le premier avait prononcé naguère le nom de la République dans ce clan alors hostile, fut encore le premier à parler de la possibilité de faire avec un autre ce qui n'était pas présentement réalisable avec le prince Napoléon.

Au mois de novembre 1887, tous les partis remuaient. La République traversait la crise Wilson. Tandis que les royalistes essayaient de prendre la carte Boulanger et que les radicaux ne savaient pas jouer de ce suprême atout, le petit groupe plébiscitaire, trop faible pour prétendre à tirer de la situation des profits immédiats, regardait les choses et les commentait. M. Maurice Richard réunissait chez lui ses amis une fois par semaine. M. Georges Thiébaud se montra à plusieurs de ces réceptions. Il était moins résigné à l'inaction que les autres. Il parlait de la possibilité de faire revivre l'idée plébiscitaire par une tentative audacieuse sur un nom quelconque.

Ne voyant aucune chance immédiate au prince Napoléon, M. Thiébaud pensa à M. Ferry :

— Est-il aussi impopulaire qu'on le prétend ? demandait-il.

« Est-il aussi parlementaire ? Si on lui montrait un grand rôle à jouer, peut-être s'y prêterait-il. Son nom est connu. Un plébiscite n'est peut-être pas impossible avec M. Ferry ? »

3.

Mais le prince lui-même, dit-on, et certainement ses amis déconseillèrent M. Thiébaud de tenter cette folle aventure.

Il abandonna son projet et, sans s'ouvrir à personne, excepté au prince Napoléon, il résolut de risquer l'aventure plébiscitaire avec l'homme dont tout le monde parlait, que le gouvernement persécutait et qu'il avait l'avantage de connaître, avec le général Boulanger.

C'est alors que, mystérieusement, il alla le voir et qu'il lui parla, d'abord, des élections de banlieue, puis des élections départementales.

Le général accepta cette dernière proposition.

Il l'avait acceptée déjà le 27 décembre, au lendemain de sa seconde entrevue avec les émissaires royalistes, quand, reconduit à la gare de Lyon par un de ses amis, il lui disait :

— Avant peu, vous allez entendre parler de moi.

L'ENTREVUE DE PRANGINS

En donnant son consentement à l'entreprise de M. Thiébaud, il avait agréé du même personnage une autre proposition, celle d'une entrevue avec le prince Jérôme Napoléon.

Il fallait une grande audace à un général en activité commandant de corps, pour aller conférer avec le chef d'une dynastie déchue, Certes, ce prince avait renoncé à ses prétentions. Il n'était plus un prétendant à l'Empire, mais un candidat à la Présidence de la République. Mais le gouvernement qui l'avait proscrit le tenait toujours pour un conspirateur.

En se rencontrant avec cet ennemi de l'État, le général s'exposait aux plus graves dangers.

Il ne doutait pas de sa fortune, alors; il n'hésita pas. Et, au mois de janvier 1887, le 1er janvier au soir, il partit pour la Suisse avec M. Thiébaud.

La police le fila et perdit sa trace à Lyon. Le 2, le général arriva à Prangins. Il portait le nom du commandant Solar. Mais, par une imprudence téméraire où on le reconnaît bien, il tenait à la main une canne sur le pommeau de laquelle était gravé ce nom : « Général Boulanger. »

Quand il arriva à Prangins et qu'il dit au domestique qui le reçut : « Annoncez le commandant Solar ! » celui-ci le débarrassa de sa canne et de son pardessus.

Sur la canne il lut le vrai nom du prétendu Solar. Cet homme est un vieux serviteur du prince Napoléon, très dévoué. Il voulut soustraire à la curiosité de la livrée cette preuve de l'identité du visiteur.

Il alla déposer la canne révélatrice dans sa chambre et ne la rapporta que le soir, au moment où le général se retira.

Le prince Napoléon fut très surpris de cette visite.

Il confia plus tard à ses amis qu'il avait cru tout d'abord voir un faux Boulanger.

M. Thiébaud, dont il avait approuvé les projets plébiscitaires, lui avait bien parlé d'une entrevue avec le commandant du 13ᵉ corps. Mais le prince n'avait pas prêté grande attention à ce propos. Il se serait contenté d'une lettre ou même d'un message verbal du général.

La journée, après le déjeuner, fut prise entièrement par un long tête-à-tête du prince et de son hôte. A midi ils sortirent dans le parc et ne rentrèrent qu'à cinq heures.

Dans cette conversation on aborda tous les sujets. La politique étrangère fut l'objet d'un long examen. Le prince questionna le général sur l'armement, sur l'Allemagne, sur l'affaire Schnæbelé.

Le général s'informa des forces et des dispositions de l'Italie.

Pour la politique intérieure il y eut plusieurs engagements pris.

On ne devait pas mettre en cause ni laisser mettre en cause la République. « Nous serons d'accord jusqu'au jour où la Constitution de la République étant réformée, il y aura lieu d'élire le chef de l'État. Je ne dis pas que je me présenterai au plébiscite, mais je ne dis pas que je ne le ferai pas. Je serai libre ce jour-là », dit le prince.

Le général répondit que lui-même n'avait pas l'intention de se présenter.

Chacun des deux jouait évidemment vis-à-vis de l'autre le désintéressement.

Quand on rentra, le prince Napoléon se déclarait enchanté. Il avait trouvé dans Boulanger un homme jeune, à l'esprit alerte, très patriote. Il pouvait remplir le rôle que M. Thiébaud avait conçu pour lui. On dîna. Le prince parla des conséquences qu'aurait l'événement plébiscitaire.

— Vous allez, général, entrer dans la politique. C'est un vilain et un rude métier. Avez-vous de la fortune?

— Rien du tout.

— Eh bien! si vous échouez, vous ne serez jamais ici un étranger.

Ce fut la seule allusion à l'argent. Le général et M. Thiébaud n'en demandèrent pas. Le prince n'en offrit ni n'en donna.

On se leva de table et les convives passèrent dans un salon où se trouve, dans une vitrine, le reliquaire de la famille Bonaparte.

Le prince signala quelques pièces à son hôte, puis, désignant un sabre égyptien sur lequel était gravée cette inscription : *Sabre du Premier Consul à Marengo*, il dit : « Voilà, n'est-ce pas, un précieux souvenir? »

Le général montra un grand étonnement.

— Vous êtes bien sûr que c'est le sabre du Premier Consul?

— Croyez-vous, répliqua en riant le prince, que j'ai ici du bric-à-brac?

— Ah! oui, c'est un beau souvenir, reprit le général sur un ton d'admiration et de respect.

Certes, en ce moment, c'était le soldat seul qui
vivait en lui, le soldat patriote, brave et amoureux
de gloire.

Alors le prince Napoléon, lui tapant sur l'épaule :

— Oui, général, le sabre du Premier Consul...
Quand vous aurez rendu l'Alsace et la Lorraine à la
France, je vous l'offrirai.

Ce mot est aussi honorable pour celui qui le dit
que pour celui auquel il était adressé. Il prouve que,
pendant leur long entretien, ces hommes ne s'étaient
pas seulement occupés de politique, mais qu'ils
avaient aussi parlé de la patrie, de son honneur et
de ses espérances.

Mais l'heure de partir approchait.

Le général chercha sa canne, on la lui apporta. Il
fallait prendre congé. Le prince lui dit :

— Vous n'avez pas craint de venir ici. Je vais vous
accompagner à mon tour en France, jusqu'à Culoz.
Une imprudence en vaut une autre.

Boulanger ne trouva rien à objecter à ce projet
insensé.

Le prince pouvait être reconnu et arrêté. Si on les
prenait, lui, général en activité, l'espoir du parti
radical, lui, dont le plus solide appui était le fameux
journaliste de la « Lanterne », Rochefort, qui, en exas-
pérant l'Empire, l'avait poussé au bord du précipice,
il serait perdu. On ne manquerait pas de dire — ce

qui eût été une calomnie — qu'il venait en France
avec le prince Napoléon pour faire en sa faveur un
pronunciamiento. Mais la confiance lui permettait
toutes les témérités.

Le voyage à Culoz s'accomplit sans encombre. Le
3 janvier, le commandant du 13ᵉ corps était à son
quartier général.

Quelques jours plus tard, il venait à Paris, voyait
M. Thiébaud et lui remettait quelques billets de
mille francs.

D'où venait cet argent? Pas des royalistes, le fait
est presque certain.

M. Dillon a raconté depuis qu'il en avait fait
l'avance. Ce n'est pas invraisemblable dans la situation de fortune où il se trouvait.

M. Thiébaud, muni d'argent, se mit en route avec
une grande habileté et une rare discrétion. Personne
n'était au courant de sa manœuvre. M. Dillon la
connaissait, mais il ignora pendant plusieurs jours
quel en était l'exécuteur.

LA POLITIQUE PLÉBISCITAIRE

Les républicains plébiscitaires, les « jérômistes »
furent comblés de joie par le succès électoral du
général Boulanger au 26 février. Ils ne savaient pas
l'entrevue de Prangins, le prince ne les avait préve-

nus de rien. M. Thiébaud ne leur avait fait aucune confidence.

Mais il était des leurs, Thiébaud, et c'était leur doctrine qui triomphait. N'était-ce pas M. Lenglé qui, en janvier 1881, avant même M. Barodet, avait dessiné au Cirque d'Hiver, devant six mille personnes, les grandes lignes de la politique revisionniste?

Ils montrèrent tant de contentement que le prince Napoléon en fut alarmé.

Au mois de mars, il appela auprès de lui MM. Maurice Richard et Paul Lenglé et leur conseilla de calmer les transports de leur enthousiasme pour le boulangisme. « Il ne fallait pas le compromettre », disait-il.

Les républicains prendraient ombrage s'ils voyaient au premier rang, parmi les boulangistes, d'anciens impérialistes dont l'adhésion à la République, quoique sincère, n'était pas encore de notoriété publique. Il importait donc, si on ne voulait pas faire avorter l'entreprise, que les jérômistes missent une sourdine à leur joie.

Cette consigne ne fut pas observée très longtemps. Quand les républicains plébiscitaires s'aperçurent des obsessions dont le général était l'objet de la part des royalistes, ils jugèrent à bon droit qu'au point de vue démocratique, ils étaient moins compromettants que les orléanistes. Ils se déclarèrent donc tout à fait boulangistes. Dans la grande armée du Parti national, on leur doit cette justice qu'ils marchèrent à l'avant-garde avec les républicains les plus avancés.

Dans la Charente, en juin 1887, M. Lenglé allait, avec l'assentiment du prince Napoléon, défendre la candidature Déroulède contre la candidature bonapartiste de M. Gellibert des Séguins.

Au second tour, le journal officiel des jérômistes, le *Bonhomme Français*, recommandait de voter pour le républicain parlementaire Weiller plutôt que pour le bonapartiste.

Dans l'affaire des Ardennes, même attitude, M. Lenglé prend part à deux conciliabules historiques tenus en novembre 1888 chez M. Naquet et chez M. Thiébaud et où on arrête un plan pour arracher le général à l'influence, devenue visible, des orléanistes. Le *Bonhomme Français* traite M. Auffray de « faux boulangiste », il appuie la candidature du ministériel Linard.

C'est un plébiscitaire, M. Guillaume Silvy, qui posa le premier, au club du café Américain, la candidature du général Boulanger à la succession de M. Hude, député de la Seine (décembre 1888).

Quelques jours auparavant, les républicains plébiscitaires avaient pris une résolution énergique. Si le général, se disaient-ils, faisait des concessions de détail aux orléanistes, c'était sans doute parce qu'il en avait tiré des subsides.

Ils décidèrent, d'accord avec M. Naquet, qui voyait dans l'orléanisme l'ennemi, d'en demander au prince Napoléon.

A la fin de décembre, M. Lenglé se trouva en Italie avec le prince. On parla argent.

— Oui, dit le prince, il faut en trouver, je vais m'en occuper. Mais, pour le moment, il n'y a pas à craindre de compromission orléaniste. L'élection de Paris va avoir lieu. Le général est obligé de barrer à gauche ; nous avons donc du temps. Travaillez l'élection de Paris. Qu'elle soit triomphale et productive ! Aussitôt après, je serai d'avis de commencer une grande agitation à l'anglaise pour imposer le général comme président du Conseil au gouvernement !

« A des foules de cent mille personnes qui réclameraient Boulanger ministre, on ne résisterait pas longtemps. La dissolution serait alors prononcée et on reviserait. »

Tel fut le plan exposé par le prince Napoléon à M. Lenglé. Il promit encore de se mettre en quête d'un million après l'élection du 27 janvier.

Ce million aurait été administré par un comité où MM. Thiébaud et Lenglé auraient représenté le prince, où le général aurait fait entrer trois républicains à son choix et le comte Dillon.

Le projet ne reçut pas d'exécution.

Le prince alla bien en avril 1889 en Angleterre. Il faillit même périr dans la traversée d'Ostende à Douvres. Son valet de chambre fut noyé.

Mais en somme, pour une raison ou pour une autre, il n'effectua aucun versement.

Les républicains plébiscitaires ne purent donc donner au général Boulanger que du dévouement. Ils ne le marchandèrent pas.

Les comités de M. Lenglé fournissaient, comme la « Ligue », des gardes du corps intrépides et fidèles. C'est eux qui escortaient le général à .l'avenue Lowendahl.

Les chefs donnaient l'exemple à leur troupe. La veille du départ du général, dans un déjeuner chez Brébant où se trouvaient MM. Lenglé, Poignant, Gauthier de Clagny et quelques autres, ils eurent l'idée des « otages ».

Les bruits d'arrestation circulaient. On disait que le général serait tué au moment, où on l'arrêterait ou dans sa prison.

M. Lenglé dit : « Eh bien! si on l'arrête, nous n'aurons qu'à faire savoir que nous constituons MM. Carnot, Constans, Ferry, Clémenceau et Tirard comme garants de sa vie. Cette déclaration que nous ferons publiquement sera signée par des milliers d'hommes.

« Les otages, craignant pour leur vie, ne laisseront pas attenter à celle du général. »

. Le départ empêcha l'exécution de ce projet.

Les républicains plébiscitaires aimèrent donc bien Boulanger, ils ne l'abandonnèrent jamais.

. Aux élections municipales d'avril 1890 on les retrouva encore dans « la bande » décimée et épurée par la mauvaise fortune.

Il n'y en eut qu'un qui n'alla pas jusqu'au bout. C'est M. Thiébaud. Sa haine pour les orléanistes le porta à se séparer du général quand, dans sa clairvoyance, il vit que l'homme sur lequel il avait compté pour la réforme de la République s'était laissé emprisonner par les agents de la royauté.

LES ROYALISTES

Le boulangisme fut un mouvement démocratique, populaire, socialiste même, qui s'incarna dans un soldat jeune, brave, actif et patriote. Il trouva ses solides assises dans le peuple, dans les grands faubourgs ouvriers.

Si le général avait voulu ne combattre qu'avec ces éléments, les plus généreux de la démocratie ; s'il n'avait pas cru devoir — emporté, il est vrai, par la fatalité — chercher ailleurs une force qu'ils lui donnaient si grande et si pure, il ne serait pas aujourd'hui proscrit !

« A l'extrémité gauche de la salle », comme dit l'*Officiel*, il n'y aurait pas seulement vingt-cinq députés ! Ils seraient quatre-vingts ou cent ; le général Boulanger serait, à son banc au milieu d'eux, chef d'un grand parti démocrate qui exercerait sa puissance d'attraction sur les républicains de la Chambre et du pays.

Malheureusement pour lui, on lui montra cette chimère : la possibilité de triompher plus vite en prenant des alliés à droite. Elle le séduisit. Il en est la victime.

S'il n'avait contracté qu'une alliance électorale, il n'encourrait aucun reproche. En tous temps on a fait de ces alliances.

De 1815 à 1870, sauf pendant deux ans, en 1848 et 1849, les républicains n'ont pas cessé de faire de l'opposition de concert avec les bonapartistes, les légitimistes et les orléanistes.

M. J.-J. Weiss l'a dit; « toutes les coalitions sont honorables, quand le but en est honorable »; il n'y aurait donc eu rien d'extraordinaire si le général avait simplement, sur le terrain électoral, fait des accords passagers en vue du succès de telles ou telles candidatures.

Il le pouvait d'autant mieux que son programme était un programme de réconciliation, qu'il appelait dans la République tous ceux qu'une politique exclusive et sectaire en avait si fâcheusement tenus écartés jusqu'alors.

Les républicains les plus ombrageux du Comité national ne pouvaient blâmer ces coalitions qui sont dans la tradition de tous les partis et après lesquelles chacun reprend sa liberté d'action.

Mais le général Boulanger ne se contenta pas de faire de ces alliances d'un jour. Il négocia avec les états-majors, à l'insu de ses amis. Il se lia, — avec l'arrière-pensée, il est vrai, de couper les entraves au bon moment. Il donna ainsi barre sur lui à ses alliés. Il se prépara un lendemain de victoire terrible.

Les royalistes vinrent le chercher. Ils le voulurent comme instrument et lui voulut se servir d'eux. De part et d'autre on se trompa.

M. DE MARTIMPREY

Leurs rapports commencèrent dans une crise où l'intérêt de la République, que la guerre civile menaçait, commandait toutes les concessions, autorisait toutes les compromissions.

C'était à la fin de novembre 1887.

L'élection de M. Ferry à la Présidence de la République paraissait imminente. A tout prix il fallait l'empêcher. Les radicaux semblaient impuissants à cette tâche; on disait que la droite voterait pour le chef de l'opportunisme.

Dans de telles circonstances, le général reçut des propositions de la droite. On lui promit d'assurer l'échec de M. Ferry, s'il voulait prendre des engagements. On le mit dans cette alternative cruelle : ou laisser éclater la guerre civile, ou assurer la paix publique en se liant lui-même.

Il préféra que la guerre civile fût épargnée au pays. A-t-on le droit de le lui reprocher ? Et les hommes

de l'extrême gauche, M. Pelletan, M. Clémenceau,
M. Eugène Mayer, peuvent-ils lui faire un crime bien
grand d'être entré, en vue de ce qu'eux-mêmes con-
sidéraient alors comme le bien public, en pourparlers avec les monarchistes?

Quand nous raconterons la nuit historique (29 au
30 novembre 1887, chez M. Georges Laguerre), on y
verra que le général Boulanger reçut, vers onze
heures, la visite d'un personnage mystérieux avec
lequel il sortit pour ne rentrer qu'une heure et demie
ou deux heures plus tard.

Ce temps, il le passa chez M. de Martimprey, député
du Nord, rue de Monceau.

M. le comte de Martimprey est un ancien officier
tout jeune encore. D'origine impérialiste, il s'est rallié à la cause royaliste après la mort du Prince Impérial.

M. de Martimprey avait, comme beaucoup de conservateurs, de grandes préventions contre le général
Boulanger, quand le hasard le décida à tenter de
faire servir l'ennemi des Princes à la cause princière.

Le 29 novembre 1887, M. de Martimprey entendit
un de ses collègues de la droite lui dire : « Nous avons
commis une grande faute en nous aliénant le général
Boulanger. On a encore bien tort de l'attaquer chez
nous. J'ai été son camarade à Saint-Cyr. Nous sommes
de la même promotion. Je le connais bien. On aurait
pu s'arranger avec lui. Si on l'avait fait, sa popularité serait un bel atout dans notre jeu. »

M. de Martimprey ne put alors s'empêcher d'exprimer ses doutes à son collègue. Celui-ci ne se laissa pas ébranler.

— Vous avez tort, répondit-il, nous avons tous commis une faute en ne ménageant pas cet homme-là.

PREMIÈRES OUVERTURES

Le député du Nord fut frappé par l'accent convaincu avec lequel parlait l'ancien camarade de promotion du général.

Tout de suite il pensa à se renseigner. Il connaissait, pour avoir travaillé avec lui à la commission de l'armée, un député républicain ami du commandant du 13e corps : M. Le Hérissé. Il alla le trouver dans les couloirs et lui dit, d'un ton indifférent :

— Et votre Boulanger, qu'en faites-vous ?

M. Le Hérissé répondit qu'il voyait souvent le général, que celui-ci redoutait pour la France l'élection à la Présidence de M. Jules Ferry, etc.

— Nous pourrions nous entendre pour l'empêcher, répondit M. de Martimprey.

— Que dites-vous ? Mais c'est justement vous, à droite, qui poussez Ferry ! s'écria M. Le Hérissé.

— Le général, continua M. de Martimprey, ne doit pas être aussi attaché qu'on le dit à la République dont le gouvernement ne cesse pas de le persécuter.

M. Le Hérissé releva cette étrange supposition. Le général était républicain, on ne pouvait pas douter de sa loyauté républicaine. Mais il ne s'agissait pas de cela pour le moment. Il s'agissait d'empêcher l'élection de M. Jules Ferry et, comme cette élection serait un malheur public, pour l'empêcher, le général contracterait, croyait-il, toutes les alliances.

M. de Martimprey reconnaissait que l'échec de Ferry était le plus pressé. Mais il faudrait voir le général... Il faudrait qu'il se rencontrât avec un des chefs de la droite, avec un homme autorisé pour négocier au nom du comte de Paris, dont les monarchistes attendaient les instructions avant le Congrès.

— Je crois, conclut M. de Martimprey, que nous devons nous hâter. Je vais rapporter notre conversation à l'un des chefs de mon parti, à quelqu'un qui aura qualité pour parler au général. Je vous aviserai ce soir.

***

M. Le Hérissé pensait sans doute le soir à tout autre chose, quand M. de Martimprey arriva chez lui à neuf heures.

— Savez-vous où est le général? demanda le député de la droite.

— Non.

— Trouvez-le, M. de Mackau l'attendra jusqu'à une heure du matin. S'il veut bien venir chez moi,

4

il y sera fort à l'aise, ma maison a deux issues sur deux rues différentes. Il pourra y entrer et en sortir sans être vu de personne, et j'espère que nous nous entendrons avec lui.

M. Le Hérissé, fort en peine de trouver le général à cette heure, monta en voiture avec M. de Martimprey. Au restaurant Durand, où ils allèrent, pas de général Boulanger.

A l'hôtel du Louvre, M. Le Hérissé entra seul et revint bientôt. Il avait vu l'officier d'ordonnance du général. Le capitaine Driant lui avait appris, dit-il, que le général était au théâtre avec ses filles. Il ajouta : « Rentrez chez vous. Je crois que je vous l'amènerai vers minuit. »

Les deux députés s'étaient séparés sur ce mot.

M. Le Hérissé, mieux renseigné par l'officier d'ordonnance qu'il ne l'avait dit à son collègue, s'était alors rendu chez M. Laguerre, où il avait vu le général.

L'ENTREVUE DE NOVEMBRE

A minuit moins quelques minutes, la porte du cabinet de M. de Martimprey s'ouvrit devant le commandant du 13e corps.

C'est M. de Martimprey qui engagea la conversation.

Le général voulait empêcher l'élection de M. Jules

Ferry. La droite voterait pour un des candidats agréables à Boulanger, pour le candidat qu'il désignerait : Freycinet, Floquet ou Brisson. Elle n'aurait d'autre préférence que la sienne.

Mais ce n'était pas pour faire une Présidence qu'elle donnerait ses suffrages à l'un de ces radicaux. C'était pour rendre la parole au pays et en finir avec la République plus facilement et moins cruellement qu'avec la présidence opportuniste de M. Ferry.

L'élection de ce dernier personnage, en déchaînant la guerre civile, la Commune, dont les révolutionnaires parlaient déjà comme d'une chose décidée, tuerait certainement la République.

La monarchie sortirait de cette crise. Mais du sang serait répandu. Valait-il pas mieux arriver au même résultat sans que le pays subît cette épreuve ?

Tout dépendait du général Boulanger.

S'il voulait prendre l'engagement de faire un loyal appel au peuple, dont certainement la monarchie sortirait, la droite ferait passer le candidat de son choix, celui qui aurait pris l'engagement de le rappeler au ministère de la guerre. Une fois à la tête de l'armée, il agirait pour le bien de la France en abattant le gouvernement malfaisant que M. Wilson venait de déshonorer, etc.

Le général écoutait ce discours assis dans un fauteuil, l'air flegmatique.

M. de Martimprey fit une allusion aux avantages personnels que le général gagnerait en rendant à son pays ce grand et glorieux service de restaurer la monarchie :

« Il n'y avait pas de haute situation stable sous le régime républicain.

« Le général en avait fait l'expérience. Et il la ferait encore si le hasard d'une combinaison parlementaire le rappelait au ministère, etc. ».

Le général, pendant ce temps, semblait perdu dans ses réflexions. Il interrompait seulement M. de Martimprey par des monosyllabes, des oui, des non. A la fin, quand le député de la droite conclut en lui disant : « Donnez-nous votre parole de soldat de vous associer à nous et M. Ferry ne sera pas élu. »

— Vous avez ma parole, répondit-il.

Alors M. de Martimprey, très ému : « Mon général, je n'ai pas qualité pour recevoir un aussi grand engagement ni pour vous répondre. Permettez-moi d'aller chercher un homme qui aura le droit, lui, de vous écouter et de vous parler au nom de M. le comte de Paris. »

Il sortit et, quelques minutes après, il rentrait avec M. le baron de Mackau.

M. DE MACKAU

M. le baron de Mackau commença ainsi l'entretien :
« Général, il faut que vous sachiez à qui vous par-

lez », et il lui communiqua une lettre du comte de Paris dans laquelle celui-ci approuvait d'avance tout ce qu'il ferait, lui, Mackau, au mieux des intérêts conservateurs en vue de l'élection présidentielle.

Le général lut cette lettre et écouta.

M. de Mackau répéta tout ce qu'avait dit M. de Martimprey.

Après l'élection, le général, redevenu ministre, rendrait la parole au pays.

Il recommanderait la monarchie aux électeurs. Après la restauration, il serait le chef suprême de l'armée.

M. de Mackau parla de la gloire enviable de Monk. Le général Boulanger toujours ne parlait que par monosyllabes. M. de Mackau crut devoir dire : « Pour cette entreprise, il vous faudra de l'argent. »

— Je n'en ai pas besoin, interrompit vivement le général.

Il se retira enfin, vers une heure et demie du matin, après toutefois avoir promis de négocier avec les candidats à la présidence, Freycinet, Floquet et même Brisson, et de faire connaître le plus tôt possible celui des trois candidats qui devrait recueillir les suffrages de la droite au Congrès.

* *

En montant en voiture, M. Le Hérissé, qui était demeuré silencieux pendant ces entretiens, dit :

— Mon général, les engagements que vous venez de prendre sont effrayants.

— Tout plutôt que Ferry et la guerre civile ! répliqua le général. Pour empêcher ces calamités j'aurais promis bien d'autres choses.

Puis il ajouta en souriant : « Ils sont vraiment bêtes, ces gens-là ; me suis-je assez f... d'eux ! »

M. Le Hérissé eut un soupir de soulagement. Ainsi il n'avait fait toutes ces promesses que pour gagner les voix monarchistes.

Il ne comptait pas trahir la République ; au contraire, les engagements qu'il venait de prendre, en assurant l'échec de M. Ferry, la consolidaient, la sauvaient.

Pendant que M. Le Hérissé se livrait à ces réconfortantes pensées, la voiture roulait vers la rue Saint-Honoré, où le général Boulanger allait retrouver ses amis de l'extrême gauche réunis chez M. Laguerre.

NÉGOCIATIONS

Cette première rencontre du général Boulanger et des agents royalistes n'eut pas de conséquences immédiates.

Conformément au plan arrêté, le général dépêcha un de ses amis de la Chambre chez M. de Freycinet pour lui poser des conditions : « On fera voter, dit

cet émissaire, les amis et les alliés du général pour
celui des candidats à la présidence qui prendra l'engagement de rappeler tout de suite au ministère de
la guerre le commandant du 13ᵉ corps. »

Mais M. de Freycinet se croyait certain d'être élu.
Il ne voulut donc prendre aucun engagement. A son
habitude, il fut aimable et câlin, mais sans rien
livrer :

« Placer le général Boulanger au ministère de la
guerre, ce serait ouvrir une crise parlementaire aussitôt après la crise présidentielle : mauvais début pour
sa présidence.

« Le général obtiendrait le commandement qu'il
désirerait.

« Dans quelques mois les objections contre sa
rentrée dans le gouvernement seraient tombées. Et
naturellement M. de Freycinet s'empresserait de le
replacer à la tête de l'armée qu'il était si digne de
commander, etc. »

Le négociateur ainsi éconduit se rendit chez
M. Floquet avec lequel il entretenait des rapports
fréquents et particulièrement familiers.

Le dialogue suivant commença :

— Vous allez être président ?

— Je le crois.

— Vous rappellerez Boulanger ?

— Ce sera mon premier acte.

— Tous ses amis connus et beaucoup qu'on ne
connaît pas voteront pour vous.

En ce temps, les relations étaient très bonnes entre le commandant du 13ᵉ corps et le président de la Chambre. Au mois de novembre, il y avait eu chez M. Lalou, directeur de la *France*, un grand dîner en l'honneur du général Boulanger et de M. Floquet. Celui-ci, dont on parlait pour la présidence du Conseil, avait été vivement pressé de faire entrer le général populaire dans le cabinet dont il serait le chef. M. Rochefort lui avait dit : « Tu ne peux t'en tirer que par là ; tu ne feras un long ministère qu'avec lui. Et tu n'as pas de bonne raison à invoquer pour ne pas le prendre avec toi puisqu'il a toutes nos idées, tout notre programme, qu'il n'a d'amis que parmi nous et d'ennemis que les nôtres. »

M. Floquet avait paru très convaincu. Il n'est donc pas surprenant que, se croyant à la veille d'entrer à l'Élysée, il se promît de faire, comme Président de la République, ce qu'il aurait fait comme premier ministre.

C'est donc pour M. Floquet que les royalistes devraient voter.

M. de Mackau et M. de Martimprey furent informés. Ils avisèrent le marquis de Beauvoir et tous trois se mirent à l'ouvrage.

TOUT CROULE

Mais il était difficile de donner tout haut la consigne. Il aurait fallu l'expliquer. Et toute explication était impossible. Le secret était la première condition de la réussite.

On fit discrètement à droite une petite campagne de propagande individuelle en faveur de M. Floquet. On était d'ailleurs fort mal accueilli.

Les monarchistes et les impérialistes les plus ardents voulaient voter pour M. Ferry. Ils comptaient que Paris se soulèverait et que dans cette crise la République pourrait être étranglée.

Il leur semblait ridicule qu'on leur recommandât M. Floquet. Ce serait un Président radical et chez qui l'ambassadeur de Russie n'irait pas! C'était demander l'impossible.

Mieux valait pousser les choses au pire en élisant M. Jules Ferry.

Le bien, c'est-à-dire la monarchie, sortirait peut-être de l'excès du mal...

L'affaire n'allait donc pas toute seule.

Le retrait de la candidature de M. Floquet ne simplifia pas la situation. Bien qu'il eût eu plus de voix que M. de Freycinet dans le premier tour de scrutin préparatoire (vendredi 2 décembre 1887, au Palais-Bourbon : Floquet 101 voix, Freycinet 94, Brisson 66, Carnot 49, Ferry 18, etc.), M. Floquet se désista.

Un second tour de scrutin, le même jour, donna les résultats suivants : Freycinet 190 voix, Brisson 84, Carnot 27, Ferry 11.

. A ces scrutins auxquels les républicains de la Chambre avaient seuls été appelés, les amis de M. Ferry, qui comptaient surtout sur les voix du Sénat, s'abstinrent en masse.

Quelques-uns, cependant, étaient venus voter au premier tour pour M Floquet, afin de faire échec à la candidature Freycinet qu'ils jugeaient la plus dangereuse.

M. Clémenceau, qui s'aperçut de cette manœuvre, ayant obtenu de M. Floquet le sacrifice de ses ambitions, M. de Freycinet devint donc le seul candidat du parti radical. Il était seul devant M. Ferry, distançant de beaucoup deux concurrents qui semblaient sur le moment des quantités négligeables, Brisson et Carnot.

Le lendemain, samedi 3 décembre, le Congrès s'assemblait à deux heures. A huit heures, les républicains étaient convoqués en réunion plénière à la salle des Variétés, à Versailles, pour la désignation au scrutin secret du candidat unique des gauches.

Il y eut quatre tours de scrutin. Deux dans la matinée et deux après midi.

Le premier tour eut ces résultats : Ferry 200, Freycinet 193, Brisson 81, Carnot 69, etc.

Au second, Ferry eut 216 voix, Freycinet 196, Brisson 79, Carnot 61.

La majorité absolue n'ayant été obtenue par aucun des candidats, on décida qu'un troisième tour
aurait lieu à midi et demi. Les ferrystes s'en allaient
tout joyeux.

Ils croyaient l'élection assurée. La République
était à eux pour sept ans.

L'OUTSIDER

A ce moment, M. Clémenceau prit une brusque
détermination. Il appela ses amis dans un coin de la
salle et leur dit :

— Vous voyez que Freycinet n'avance pas. Il faut
perdre l'espérance de le faire passer. Si nous ne l'a-
bandonnons pas, Ferry est élu et c'est la guerre civile ; ce sera un malheur public. Il faut donc sacrifier
Freycinet...

Il y eut un mouvement d'hésitation. M. Laguerre,
qui se trouvait à côté de M. Clémenceau, lui dit :
« Oh! ce n'est pas bien de sacrifier ainsi notre
ami. »

— Tout plutôt que la guerre civile, répliqua
M. Clémenceau. Prenons donc un *outsider*, Brisson
ou Carnot.

— Je vous en conjure, dit encore M. Laguerre,
pas Brisson !

— Prenons un *outsider*, reprit M. Clémenceau.

Prenons Carnot, nous voterons pour lui, puisqu'il le faut, tout à l'heure.

L'auditoire eut un murmure approbatif et l'on alla déjeuner.

M. Laguerre se rendit à l'hôtel des Réservoirs. M. de Freycinet était à table en compagnie de MM. Goblet et de Douville-Maillefeu.

— Monsieur le président, dit M. Laguerre, je ne comprends pas que vous déjeuniez si tranquillement. On vous abandonne. Et il le mit au courant de ce qui venait de se passer.

— Mais vous et vos amis, vous me restez, au moins.

— Oui, mais c'est trop tard.

*
* *

M. de Freycinet, quelques instants après, sortit. Il alla trouver l'émissaire que le général lui avait envoyé la veille : « Comptez sur moi, lui dit-il, c'est entendu : Boulanger sera ministre. Dites-le à vos amis. — Il est bien tard ! » lui répondit-on encore.

Cependant on informa les chefs de la droite, ceux qui savaient. Mais ce fut en vain. Ils ne pouvaient qu'intervenir discrètement auprès de leurs intimes. Il était impossible de donner un mot d'ordre, d'autant plus difficile que les instructions du comte de Paris étaient arrivées. Elles portaient de voter pour le général Saussier. Le mystère de cette préférence du prince n'a pas encore été pénétré. A une heure, quand les républicains se retrouvèrent au nombre de 503 à la salle des Variétés, l'idée de M. Clémenceau avait fait du chemin. M. Ferry eut 179 voix, M. Carnot 162, M. de Freycinet 109, M. Brisson 51.

Le quatrième tour de scrutin acheva la déroute des deux favoris de la veille. M. Carnot arrivait en tête avec 185 voix, M. Ferry était tombé à 35, M. de Freycinet à 23, M. Brisson à 10.

La séance du Congrès s'ouvrit à deux heures.

Au second tour, M. Carnot fut élu par 616 voix contre 100 au général Saussier (au premier tour, M. Carnot avait obtenu 303 voix et M. Saussier 148).

M. de Freycinet, pour n'avoir pas voulu prendre le 1er décembre l'engagement que le général lui demandait, perdit donc la présidence de la République, tout comme M. Andrieux — on le verra dans le récit de la « Nuit historique Laguerre » — avait manqué d'être premier ministre le 30 novembre en refusant de prendre le général Boulanger dans son cabinet.

SECONDE ENTREVUE

La manœuvre imaginée par M. de Mackau et M. de Martimprey avait donc échoué. L'homme qui entrait à l'Élysée était libre d'engagement avec le commandant du 13e corps.

Mais les royalistes ne jugèrent pas que tout fût perdu.

Qu'avait-on comploté chez M. de Martimprey? De faire rentrer le général Boulanger au ministère de la guerre.

Pourquoi ne reviendrait-il pas ministre sous M. Carnot comme il aurait pu l'être sous M. Floquet ou sous M. de Freycinet?

Les engagements, pensaient les royalistes, tenaient toujours. De son côté, le général Boulanger, bien qu'il eût un chiffre pour correspondre avec M. de Mackau et M. de Martimprey, ne s'occupait plus guère de cette intrigue. Il ne s'y était mêlé que pour empêcher l'élection de M. Jules Ferry. Son seul désir maintenant était de rentrer au ministère de la guerre.

Pendant la crise ministérielle qui suivit l'avènement de M. Carnot à la présidence, il négocia avec les premiers ministres possibles. Mais il reçut un mauvais accueil. M. Goblet en particulier déclara qu'il ne le reprendrait jamais pour collaborateur.

A la fin de décembre, le général était donc découragé. Les opportunistes étaient au pouvoir avec M. Tirard, et les radicaux comme M. Goblet le traitaient en suspect.

Sur ces entrefaites, il fut appelé à une seconde entrevue par MM. de Mackau et de Martimprey.

Après « la Nuit historique Martimprey » (29 au 30 novembre), M. le marquis de Beauvoir, représentant officiel du comte de Paris, avait été avisé de ce qui s'était passé. Il avait porté les faits à la connaissance du prince. Mais sa dépêche était conçue en termes si obscurs que celui-ci comprit que le général dont on lui parlait était M. de Galliffet ; tant le nom de Boulanger s'associait mal à l'idée de restauration !

Mais un courrier de cabinet partit pour Londres quelques jours après. C'était, croyons-nous, sans pouvoir l'affirmer, M. le duc Decazes, fils de l'ancien ministre des affaires étrangères. Par là, le comte de Paris connut la vérité dans tous ses détails.

Le même intermédiaire rapporta des instructions et une Constitution.

Dans la seconde rencontre du général et de MM. de Mackau et de Martimprey, rencontre qui eut lieu après la fête de Noël, à l'hôtel du Louvre, on s'entretint longuement, en effet, de cette Constitution que les monarchistes destinaient à la France. Le général laissait dire et parlait même de leurs communs projets comme s'il avait eu sérieusement l'intention de les réaliser.

Dans la situation où il se trouvait, il ne pouvait rebuter personne. Puisque tous les républicains l'abandonnaient, les radicaux après les modérés, il était décidé dès ce moment à faire de la politique, seul.

Il devait donc des ménagements à ceux qui venaient à lui et qu'il comptait faire servir à ses projets.

Pour résumer, dans ses premiers rapports avec la droite, le général Boulanger n'avait en vue que de faire échec à tout prix à M. Jules Ferry.

Le couteau sur la gorge, pour barrer la route à son ennemi, il promit tout ce qu'on lui demanda. Ensuite, quand il fut convaincu, par l'accueil fait par M. Goblet à ses ouvertures, qu'il n'obtiendrait plus rien des républicains parlementaires, il renoua des pourparlers avec les monarchistes, mais en vue d'une action électorale, qui devait bientôt commencer, puisque, dès cette fin de décembre 1887, le projet de M. Thiébaud était adopté.

On a vu qu'il avait repoussé la première offre d'argent.

Il ne songeait en décembre 1887 qu'à recevoir des électeurs. C'est seulement plus tard que les agents royalistes, Arthur Meyer et Dillon, qui furent les mauvais génies du boulangisme républicain, compliquèrent cette coalition électorale, parfaitement avouable, d'une intrigue au centre de laquelle il y avait une caisse.

Nous allons voir comment — pour son malheur — les royalistes mirent leur or à la disposition de Boulanger.

LES ROYALISTES

ÉTAT D'ESPRIT

Tandis que les agents royalistes à Paris entraient en pourparlers avec le général Boulanger et tentaient de le faire servir à leurs desseins, la presse monarchique continuait à tirer à boulets rouges sur le commandant du 13ᵉ corps.

Depuis l'affaire des lettres au duc d'Aumale, il était un des « plats du jour » de l'abonné conservateur.

Là passion politique aveuglait ses ennemis sur ses mérites les plus incontestables. Il avait été un excellent ministre de la guerre. Il avait bien fièrement, ainsi que l'a dit le maréchal Canrobert, porté le képi rouge sur l'oreille et il avait communiqué à toute la France sa belle ardeur de brave officier qui s'élance à la charge.

Malgré tout cela, il était chaque jour vilipendé dans la presse de droite.

« Ami de Rochefort et de Laguerre, protégé de Clémenceau, général Géraudel, » disait M. Cornély ; « danger national, danger politique et social, » écrivait M. de Cassagnac.

A peine lui avait-on su gré dans son affaire avec M. Jules Ferry d'avoir humilié son adversaire, l'auteur détesté de l'article 7. Quand il fut mis aux arrêts par le général Ferron, toute la presse conservatrice prit parti contre lui.

Après les scandales de l'affaire Wilson et l'élection présidentielle de M. Carnot, les dispositions des hommes politiques de la droite ne se modifièrent pas.

Le général de la foule leur apparaissait plus que jamais comme un péril redoutable. N'apportait-il pas au radicalisme une forme nouvelle ? Les plus perspicaces voyaient avec inquiétude la place de plus en plus grande prise dans l'opinion publique par ce simple général. Ils se disaient que si l'engouement grandissait en faveur de ce républicain, la République serait seule à en profiter ; que le peuple ne penserait plus jamais à se retourner vers ses anciens rois ou vers ses anciens empereurs si, dans la République, une popularité personnelle s'élevait qui donnât satisfaction au besoin inné chez les Français de personnifier leurs opinions et de crier vive quelqu'un !

Les agents du comte de Paris, ceux qui étaient dans la confidence des propos échangés le 29 novembre chez M. de Martimprey et le 26 décembre à l'hôtel du Louvre, devaient entreprendre de calmer l'hostilité de la droite contre le général Boulanger.

Ils manœuvrèrent avec une grande prudence.

Un jour, à la tribune de la Chambre, le marquis de Breteuil, au commencement de 1888, parla du bien qui en résulterait pour le pays, si les ministères des affaires étrangères et de la guerre se trouvaient placés en dehors des fluctuations de la politique parlementaire. Le député des Hautes-Pyrénées, qui est un des serviteurs les plus dévoués des princes d'Orléans, ne put s'empêcher, au cours de son discours, de malmener le général Boulanger.

Le lendemain, les phrases désobligeantes pour le commandant du 13ᵉ corps dites à la tribune par M. de Breteuil n'étaient pas à l'*Officiel*.

Que s'était-il passé ? Évidemment, le député royaliste n'avait pas fait ce retranchement *proprio motu*.

Il était à droite un des antiboulangistes les plus décidés, un des meilleurs amis de M. le général de Galliffet, un hôte assidu de la rédaction du *Journal des Débats*. En ce temps-là, si M. de Breteuil avait penché d'un côté, c'eût été vers la droite constitutionnelle.

Il est donc vraisemblable qu'entre le moment où il descendit de la tribune et le moment où il corrigea ses épreuves, M. de Breteuil subit un assaut de la part de l'un des quelques royalistes qui étaient au courant des prétendues intentions du général Boulanger et des désirs du comte de Paris.

Nous avons cité ce trait parce qu'il donne une idée bien exacte des sentiments que le général inspirait à droite et des difficultés que les meneurs de l'intrigue royaliste rencontraient à se faire comprendre de leurs coreligionnaires.

Les meilleurs amis des Princes, près de deux mois après la nuit historique chez M. de Martimprey, croyaient encore devoir traiter le général Boulanger en ennemi.

Enfin on arriva aux élections du 26 février 1888.

Ces élections changèrent brusquement, sinon les sentiments intimes de la droite, au moins l'attitude de ses politiques.

Tandis que les républicains parlementaires et les orléanistes doctrinaires gémissaient sur la recrudescence du mal césarien, tandis que les boulangistes

républicains, M. Rochefort, M. Lalou, M. Mayer flé-
trissaient M. Thiébaud, se désolaient à la pensée que
la rentrée du général au ministère fût devenue impossible, les conservateurs les plus violents se félici-
taient.

« Il suffit, écrivait M. Paul de Cassagnac, que l'on
soupçonne le général Boulanger d'être capable de
faire un coup d'État pour que dans le parti conservateur et dans le parti républicain un courant se
forme qui le pousse à la dictature. Son nom est l'X
géométrique cherché. »

Cette manière de voir était celle de tous les conservateurs « solutionnistes ».

Il suffit que l'un d'eux ne se contentât pas de se
réjouir, mais se décidât à agir pour que, derrière le
grand mouvement démocratique qui commençait,
une intrigue s'ourdît qui devait tout perdre.

Cet agent de destruction du boulangisme républicain, c'est le directeur du *Gaulois*, c'est M. Arthur
Meyer.

M. ARTHUR MEYER

M. Arthur Meyer est le type de l'homme tenace.
De rien qu'il était à ses débuts — sans nom et sans
fortune — il est devenu quelqu'un qui oblige les
autres à compter avec lui. Personne ne sait mieux

que lui jouer des coudes. Quand il entre quelque part, il y tient de la place. Et il est bien difficile, tant il est souple et patient, de l'empêcher d'entrer.

En 1870, il trouva moyen d'être secrétaire du Comité du plébiscite. Il était là avec de gros personnages : l'amiral Vuillaume, le duc d'Albuféra, Girardin, La Guéronnière, Janvier de La Motte, le comte de Lagrange.

Seul de ce Comité il a survécu. Ce qui lui donne une manière de personnage historique. Après 1870, sa vie est fort accidentée. Il conspire pour l'Empire ; on l'arrête pour complot, et on le relâche sans jugement. Il fait sa fortune à la Bourse, la perd au krach, dirige le *Gaulois,* devient monarchiste, quitte le *Gaulois,* fonde le Musée Grévin, retourne au *Gaulois.* Nous allons le voir travailler pour la Monarchie, dont il est par raison un très sincère partisan, et après tant de transformations devenir un homme politique, donner à la politique royaliste son orientation et ses formules.

Il a une idée : il voudrait fondre l'empire et la royauté en une seule monarchie. Il rêve de Philippe VII, roi et empereur. Si on l'exigeait même, il consentirait à garder le nom de la République. Il nous donnerait Philippe roi et empereur de la République française ! Il ne s'attache pas aux formes, il va au fond des choses ; il préfère la réalité aux apparences.

Sa fortune lui a fait des ennemis. Mais la sûreté

de son commerce lui a valu des amitiés très solides
dont la plus précieuse pour lui est celle de la duchesse
d'Uzès. C'est en faisant la navette entre Mme d'Uzès
et Dillon qu'il a pu jouer un rôle occulte si considérable dans l'histoire du boulangisme.

Il avait connu le général Boulanger pendant qu'il
était ministre. Il s'était trouvé à table avec lui, l'Anglais sir Rivers Wilson et M. Clémenceau. Dans un
autre dîner auquel assistaient M. de Lesseps, sir
Rivers Wilson, le comte Dillon, le prince Poniatowski,
la duchesse Caracciolo et le directeur de l'*Observer* de
Londres, le directeur du *Gaulois* se retrouva avec le
ministre de la guerre. Il y avait donc entre le général républicain et l'agent royaliste, avant qu'ils ne
fissent ensemble de la politique, des relations de
courtoisie.

Quand M. A. Meyer vit la popularité de Boulanger
grandir, il se dit tout naturellement : « Si nous avions
cet homme, comme nous pourrions bien faire l'affaire
de la Monarchie !... »

Cette pensée dut se réveiller en lui plus vive, après
les élections du 26 février. Il courut chez Dillon.

Étrange spectacle, n'est-ce pas, et bien singulière
audace ! M. Arthur Meyer n'a pas de fortune. Il propose à M. Dillon une entreprise qui coûtera des millions. Dillon entre dans ses vues avec l'arrière-pensée
que Meyer fera les frais. Celui-ci s'y engage, sans
savoir comment il se débrouillera. Et l'argent finit
par se trouver !

Pendant dix-huit mois, cet aventureux personnage est au centre de l'intrigue royaliste. Il se meut dans les fils les plus enchevêtrés avec autant d'aisance que dans son salon.

Il faisait petite mine dans le monde monarchique et le voilà maintenant qui sait les « secrets du roi » quand le duc de Doudeauville les ignore encore !

Il est un des cinq ou six confidents du comte de Paris, dans cette longue affaire.

Moins en vue que d'autres royalistes, ses partners, il a pris plus d'importance, car il ne reste pas chez lui comme eux. Il entre dans la place ennemie, dans ce boulangisme où des républicains combattent loyalement pour la République, à la trahison de laquelle il veut les faire servir.

Il est constamment avec Dillon. Tout l'argent passe par ses mains ; c'est lui qui porte les billets de banque. Il les défend aussi, se fait prier pour en donner, coupe la poire en deux, comme on dit.

Dillon veut 20 000 francs. — En voilà 10 000 pour aujourd'hui, c'est autant de gagné !

Aussi que d'égards on a pour lui ! Dillon ne voit que par lui. Tout ce que veut Meyer se fera et se fait. Le général suit aveuglément Dillon, et Dillon a toujours la préoccupation d'être agréable à Meyer.

La recommandation de cet agent royaliste vaut mieux que celle de Rochefort, de Naquet, de Laguerre, de Laisant, de Déroulède, de tous les répu-

blicains qui, eux, sont les amis sincères du général
Boulanger.

Cependant on ne le voit jamais ; il se tient dans les
coulisses, discret, content de la très réelle influence
que lui donne son rôle occulte de courtier honnête
entre le boulangisme et ceux qui le corrompent. Sa
récompense, il l'aura plus tard, à moins qu'il ne la
prenne déjà dans la satisfaction qu'il ressent en se
voyant, lui, si mince personnage il y a quelques mois
encore, mêlé à de si grands événements et presque
les conduire, sans que personne s'en doute. M. Dillon
voyait dans le boulangisme une immense opération ;
pour M. Meyer, ç'a été une intrigue, à la machination
de laquelle il s'est consacré autant par amour de
l'art et par orgueil, en amateur, que par dévotion
monarchique.

MM. DILLON ET MEYER

Les pourparlers entre M. Dillon et M. Arthur Meyer
ne traînèrent pas. Dillon avoua qu'il était royaliste.

M. Meyer le félicita et lui exposa toutes ses vues.

Il importe ici de noter que M. Meyer et M. Dillon
ignoraient l'un et l'autre les négociations Boulanger-
Martimprey. S'il en avait été autrement, le premier
n'aurait pas pris avec l'ami du général autant de
précautions.

« Le mouvement boulangiste disait M. Arthur Meyer est momentanément irrésistible. Ceux qui se mettraient en travers seraient emportés.

« Si les royalistes s'y opposaient, ils entreraient en lutte contre le sentiment du pays. Ils seraient des émigrés à l'intérieur, des Blancs. Or, à notre époque démocratique, il n'y avait pas de place pour les Blancs.

« La Monarchie ne devrait pas se montrer au pays sous cette couleur impopulaire. Son intérêt était donc d'aider le général Boulanger en secret et de ne pas le combattre sans pourtant se rallier à lui.

« Il faut que le général déclasse les partis, brise les vieux cadres, dit M. Meyer, il va prendre des républicains, des impérialistes et même des royalistes. Il en fera des boulangistes. Il arrivera au pouvoir. Alors il travaillera à transformer ses boulangistes en royalistes. Un appel au peuple restaurera le roi.

« Voulez-vous, conclut M. Meyer, en s'adressant à M. Dillon, vous atteler à cette grande œuvre, refaire la Monarchie? »

Ces propositions ne furent pas faites en une seule entrevue. Trois ou quatre fois M. Meyer et M. Dillon se revirent.

Quand l'habile agent royaliste lui poussa la suprême botte, M. Dillon ne para pas, au contraire.

Il reçut le coup avec joie.

« Rendre la France à ses rois, c'était le plus cher

de ses vœux. On ne pourrait pas mieux ni plus
glorieusement servir le pays. »

Mais comment agir ?

Hélas ! Dillon était au désespoir, car il n'avait pas
d'argent. Le général non plus, ses amis pas davantage. Sans argent il était inutile de rien entreprendre,
et il en faudrait beaucoup. Qu'allait-on devenir sans
ressources ? Oh ! quel malheur de ne pas avoir des
millions !

Ces réflexions, M. Meyer avait dû les faire. Il comprenait que le comte Dillon, quelque loyalisme bour-
bonien qu'il affichât, s'associerait avec celui qui lui
apporterait les écus.

Pour aviser, M. Meyer courut chez le marquis de
Beauvoir. Il l'informa des négociations qu'il avait
entamées, lui dit le point où elles étaient et lui confia l'embarras où le manque d'argent mettait le
comte et lui-même Meyer.

M. de Beauvoir accueillit sans surprise ces ouvertures.

Il n'ignorait pas, lui, ce qui s'était passé dans les
nuits de novembre et de décembre. Il apprit avec
plaisir que le comte Dillon était dans les mêmes dispositions que son ami.

La fidélité monarchique de Dillon était un gage de
la sincérité du général Boulanger.

Le représentant officiel du comte de Paris et le
directeur du *Gaulois* ne perdirent pas leur temps en
bavardages. M. Dillon, amené par M. Meyer chez

M. de Beauvoir, renouvela toutes ses protestations de fidélité royaliste. Il fut éloquent, convaincant. M. de Beauvoir l'apprécia grandement.

Tout de suite on décida de chercher les fonds nécessaires à l'élection de l'Aisne. Mais la difficulté était justement de trouver cet argent.

La caisse royaliste était vide. On ne la remplit qu'au moment des élections. C'était donc à un particulier qu'il fallait s'adresser.

LA DUCHESSE D'UZÈS

— Si nous allions chez la duchesse d'Uzès? dit M. Meyer. L'idée était trouvée. On ne pouvait pas frapper à une meilleure porte qu'à celle de cette grande dame riche, généreuse et qui, par surcroît, connaissait le général Boulanger.

On alla chez la duchesse. Comme ils arrivaient, elle descendait de cheval. Sans lui laisser le temps de changer de costume, M. de Beauvoir lui exposa l'objet de sa visite.

— Il fallait 25 000 francs tout de suite pour l'élection du général Boulanger dans l'Aisne. Peut-être, probablement même, cette somme ne serait-elle jamais remboursée. La duchesse voulait-elle l'exposer? Un grand bien pour la France pouvait résulter de la réussite du général. Quoi qu'il dût arriver par la suite, son succès, au lendemain de la rigueur déployée contre lui par le gouvernement, humilierait et gênerait celui-ci.

La duchesse réfléchit à peine. Elle donna les 25 000 francs. M. Meyer les porta au comte Dillon.

Les munitions étaient trouvées pour cette première campagne.

Elles furent bien employées, car le général obtint dans l'Aisne 45 000 suffrages sans en avoir sollicité officiellement aucun, sans avoir fait poser une affiche.

Après l'élection de la Dordogne, c'est celle-là qui coûta le moins cher; comme on le verra, dans les élections suivantes, les dépenses furent souvent dix fois plus considérables.

Ce succès ne terminait rien. Il mettait seulement les monarchistes en demeure de continuer à aider le général, s'ils ne voulaient pas perdre le fruit de leurs premiers sacrifices.

L'élection de l'Aisne avait eu lieu le 25.

Le 26 mars, le Conseil d'enquête s'assemblait et se prononçait pour la mise à la retraite du général Boulanger.

Le 27, la décision était connue. Le 28, le comité de la Protestation nationale se reformait dans l'hôtel de M. Charles Lalou, directeur de la *France*, avenue Hoche.

L'ÉLECTION DU NORD

Le général, mis à la retraite, était libre de faire de la politique.

Le premier acte du Comité reconstitué fut de décider que la candidature de protestation serait posée au scrutin du 15 avril dans le département du Nord.

Par contre, le Comité se désintéressa des élections du 8 avril dans l'Aude et dans la Dordogne. Seul, M. Thiébaud, aidé du journal *la Cocarde*, continua la campagne en Dordogne, où le général fut élu par 59 000 voix. Dans l'Aude, il en obtint près de 8 000.

Pour l'élection du Nord, il fallait encore trouver de l'argent, beaucoup d'argent. Cette fois, il fallait vaincre, ne rien épargner pour vaincre.

Les frais de l'élection furent évalués par le comte Dillon à 100 000 francs au moins. On n'en avait pas le premier sou.

Le comte s'adressa encore à son confident Arthur Meyer, lequel reprit le chemin qu'il avait déjà suivi. M. de Beauvoir ne sut pas tout d'abord où donner de la tête. Il fallait non pas 100 000 mais bien 200 000 francs, car il importait d'avoir toujours une réserve en caisse. Mais où prendre ce subside indispensable?

Dans ce moment, le représentant du comte de Paris eut l'idée d'aller se confier à l'un des royalistes qui étaient dans le secret de l'affaire. C'était, croyons-nous, M. de Breteuil.

Dans la journée, les 200000 francs étaient trouvés. Il y a tant de millionnaires dans le parti royaliste !

Le soir même, cette somme fut remise à M. Dillon, chez M. Arthur Meyer, en présence de plusieurs royalistes.

DÉCLARATION DE M. DILLON

M. Dillon s'épancha en longues et onctueuses protestations de reconnaissance et de fidélité. Il parla d'abord de ses sentiments personnels et du bonheur qu'il éprouvait à pouvoir servir la cause monarchique. Il raconta les tentatives faites, disait-il, par tous les partis et tous les prétendants pour s'attacher le général Boulanger.

« Il y avait d'abord les républicains naïfs qui voulaient faire servir le général à la réalisation de leurs rêves révolutionnaires et socialistes. Ils voulaient en faire un chef de groupe, un nouveau Clémenceau.

« Peine perdue et illusion vaine, car à l'usage le général avait reconnu que la République était un mauvais abri pour la patrie. Derrière la revision il entendait bien la restauration.

Les bonapartistes caressaient aussi bien des chimères.

« Le prince Jérôme disait du général :

« — Il m'a tout pris, mon idée, ma politique, mon système. Mais je ne lui-en veux pas. Quand il plébiscitera, c'est le nom de Napoléon qui sortira des urnes. Qu'il sache néanmoins que le consul lui octroiera toutes ses faveurs.

« — Je l'approuve, s'écriait le prince Victor. Qu'il poursuive sa tâche. Mes soldats l'aideront et au jour du succès nous nous entendrons.

— Mais, poursuivit M. Dillon, après avoir ainsi discouru comme Tite-Live, vous comprenez bien que le général dont le programme tient dans ces mots : Grandeur nationale et intégrité du territoire, ne peut pas travailler pour la famille qui a englouti l'honneur de la France à Sedan.

« Nous laissons dire les uns et les autres. Il ne faut écarter personne, décourager aucun dévouement. Mais je vous réponds de mon ami. Il veut le premier-rôle et non la première place. Il est soldat dans l'âme et hait la politique. S'il refait la Monarchie, comme je n'en doute pas, ne peut-il ambitionner tous les honneurs, toutes les dignités dont un roi peut disposer ? »

Cela se passait à la fin du mois de mars entre l'élection de l'Aisne, qui eut lieu le 25, et le 1er avril. Vraisemblablement, puisque le général déclara le 28 au Comité de protestation réuni chez M. Lalou qu'il était en mesure de faire les frais de l'élection du Nord, la trouvaille des 200 000 francs fut faite le 27.

ENTREVUES

Ainsi les royalistes avaient le nerf de la guerre. C'est eux qui tenaient la caisse ; par la caisse ils voulurent, après le comte Dillon, tenir le général et manœuvrèrent en conséquence

Plusieurs personnages politiques de la droite avaient été mis successivement, par le hasard des circonstances, dans la confidence : M. de Mun, M. de Mackau, M. de Martimprey, M. de Breteuil, M. Meyer et quelques autres. Ils résolurent d'avoir une entrevue avec le général pour lui demander des engagements. Elle eut lieu dans les premiers jours d'avril. Le général s'y montra excessivement « réservé ».

Il parla même de rompre avec eux. Il avait donné à Dillon l'ordre de leur rembourser l'argent qu'il en avait reçu. On le calma, il finit par accepter que leur action commune continuât. Mais il ne voulait plus entendre parler d'argent. Dillon seul à l'avenir traiterait cette question directement avec eux.

D'ailleurs, il ne prit aucun engagement et laissa ses amis passablement refroidis. Ils se demandèrent si Dillon ne les avait pas trompés en le leur représentant comme un royaliste impatient de relever le trône.

Mais la partie était liée. Il n'y avait pas moyen de reculer.

Dans le Nord et dans le reste du pays, le boulangisme courait comme le feu sur une traînée de poudre.

Les politiques les plus perspicaces, le fameux journaliste conservateur de l'*Autorité*, par exemple, M. Paul de Cassagnac, ne combattaient plus le général. Au contraire. Pour M. de Cassagnac, sa haine pour le gouvernement l'avait — sans qu'ils se fussent vus (ils ne se virent jamais) — rapproché du général auquel il avait fait toujours une si rude guerre.

Les troupes conservatrices étaient mises en branle derrière Boulanger, il importait donc à l'état-major de les suivre s'il ne voulait pas les perdre. On les suivit, hélas !

Et nous disons : hélas ! parce que si les chefs étaient restés à l'écart, ils auraient pu dire adieu à leurs électeurs. Ils ne les auraient jamais revus.

La raison d'être du Parti républicain national était de prendre les masses hostiles à la République, de les républicaniser. Mais il fallait traiter le moins possible avec les généraux de l'armée conservatrice.

L'habileté des agents royalistes fut précisément d'amener le général, par l'influence de M. Dillon, à traiter avec ces généraux et à ne pas essayer simplement de débaucher leurs troupes.

L'élection du Nord se serait faite avec quelques milliers de voix de moins peut-être, si les états-majors conservateurs avaient combattu la candidature démocratique.

Ils le comprirent et accablèrent le général, pendant cette période, de marques de dévouement. M. de Martimprey et les autres députés du Nord écrivaient des lettres. Les comités s'agitaient.

En plein combat, les royalistes désirèrent avoir une nouvelle entrevue avec leur allié.

Le général y vint.

On lui fit part des dernières nouvelles qu'on avait reçues. Le comte de Paris, qui avait tout appris en Espagne et qui venait de rentrer en Angleterre, approuvait ce qui avait été fait. « Le programme *Dissolution-Revision* était son vieux programme. Le pays ne pourrait donc pas s'étonner d'une marche parallèle des monarchistes et des boulangistes. Il comptait sur la loyauté du général. »

Le général Boulanger pouvait encore, à ce moment, tout rompre sans compromettre le succès de son élection et son avenir politique. Il ne le fit pas. Il répondit longuement : « Il ne doutait pas de la bienveillance du prince, Dillon allait bientôt partir pour s'entretenir de lui. »

Ensuite il examina sa situation : « Je serai élu dans le Nord, dit-il. Puis, qu'arrivera-t-il? J'aurai des hauts et des bas, ne vous en inquiétez jamais. Je me relèverai toujours si rien de ce que j'attends, si tous les concours sur lesquels je compte ne me font pas défaut. Car j'ai plus d'un tour dans mon sac. Une seule chose m'effraie. C'est le temps. Nous avons dix-huit mois de combat, dix-huit mois à marcher sur la corde raide. C'est long. Ce sera difficile de ne pas se casser le cou. Enfin, j'espère bien arriver au bout. »

Il demanda encore ce jour-là, comme une chose nécessaire, que le secret fût absolument gardé vis-à-vis des républicains de son Comité. « L'un d'eux était dans le secret. C'était un de trop. M. Le Hérissé avait connu les négociations de décembre et de novembre 1887. Il fallait lui dire que tout était fini entre eux. »

On s'y engagea.

Telle fut la seconde rencontre des agents royalistes et du général Boulanger après la mise à la retraite.

Certes, le général avait raison de ne pas vouloir que les républicains de son Comité connussent la faute énorme qu'il commettait en liant ces rapports avec les chefs de la droite.

Mais les coupables, les premiers, où sont-ils ? Le premier coupable plutôt, où est-il ?

C'est M. Dillon.

M. Meyer était dans son rôle de royaliste quand il s'en allait faire le métier de corrupteur chez M. Dillon. Mais celui-ci, membre du Comité national, qui va chercher l'argent des royalistes, qu'en faut-il penser?

C'est lui qui devra, avec le général, dont la faiblesse, pour ne pas dire plus, est impardonnable, porter la plus grande responsabilité dans l'avortement de la tentative de réforme républicaine à laquelle Boulanger a donné son nom. Car c'est lui qui encouragea son ami dans la voie des alliances aristocratiques où le chef d'une agitation démocratique ne pouvait que se perdre et avec lui, momentanément, sa cause.

«VIEUX JEU» ET «FIN DE SIÈCLE»

Les royalistes avaient mis le doigt dans l'engrenage le jour où MM. de Beauvoir et Arthur Meyer avaient obtenu de Mme la duchesse d'Uzès les 25 000 francs de l'élection de l'Aisne.

La main y avait passé avec les 200 000 consacrés à l'élection du Nord.

Le bras suivit la main, au mois de mai, quand un crédit fut ouvert par les monarchistes, crédit suffisant pour faire face pendant plusieurs mois aux dépenses du comte Dillon, en attendant le gros subside qui devait venir de Mme la duchesse d'Uzès.

Le comte de Paris était en Espagne au moment où M. Arthur Meyer avait conçu l'audacieuse pensée de faire dériver dans le canal envasé de la royauté le torrent de démocratie qui portait le général Boulanger.

Il revint à Londres au mois d'avril, après avoir ratifié, comme on l'a vu dans le récit de la seconde entrevue du général et des politiques de la droite, tout ce qu'on avait fait en son absence.

Quand il fut de retour en Angleterre, le Prince prit la direction politique de l'affaire. Et, tout de suite,

il se trouva aux prises avec des difficultés. Ces difficultés lui furent suscitées, et jamais ne s'aplanirent,
par les tiraillements en sens inverse des monarchistes
solutionnistes, des « fin de siècle », comme on les
a appelés, et des vieux parlementaires orléanistes,
des « vieux jeu ».

Les vieux parlementaires haussaient les épaules
et souriaient quand ils ne s'indignaient pas devant
la crédulité naïve des partisans de l'action parallèle,
de « la trouée », etc.

Ils reprochaient aux royalistes « fin de siècle » :
« la honte de cette alliance avec le césarisme, l'oubli
de toutes les traditions de la monarchie, cette recu-
lade vers un empire qui ne vaudrait pas même celui
des Napoléons ».

Les « fins de siècle » ripostaient :

« C'était une dérision de croire que la France viendrait chercher la monarchie sous l'orme où les doctrinaires voulaient qu'elle attendît dans une pose
majestueuse. Il fallait s'aider pour que le ciel vous
aidât. Le boulangisme n'était peut-être pas la meilleure porte, mais il n'y en avait pas d'autres. Mieux
valait sauter par cette lucarne dans la place que de
rester dehors. L'important était d'abord de réussir.

« Le comte de Paris, et c'était toujours le dernier
mot des « fin de siècle », l'avait bien compris. Il était
avec eux. Ceux qui ne le suivaient pas dans l'action
où il avait décidé d'engager le parti, désobéis-
saient. »

Les « vieux jeu » recevaient sans broncher tous ces traits :

« Le comte de Paris se trompait. Il s'égarait, on l'égarait. Son père, le duc d'Orléans, le blâmerait s'il pouvait parler dans sa tombe. Il le blâmerait comme le faisait le plus illustre des princes de France, le duc d'Aumale. »

Le duc d'Aumale, c'était le grand dada de bataille des « vieux jeu » contre les « fin de siècle », leur « cheval noir » à eux.

« Le duc, exilé sous le ministère Boulanger, vivait tristement en Belgique. L'iniquité durait toujours et des royalistes ne rougissaient pas de s'allier avec l'homme qui avait accepté la responsabilité de cette grande injustice.

« Lui n'avait pas gardé de rancune à son proscripteur. Il le disait à qui voulait l'entendre, mais il détestait et méprisait « la conspiration césarienne ».

« S'il fallait un général à la République, les orléanistes « vieux jeu » disaient que ce général était tout trouvé, que c'était le duc d'Aumale; mais prendre un Boulanger? Fi donc! » Beaucoup de républicains ajoutaient que les « vieux jeu » n'étaient pas éloignés de penser comme eux.

« A la chimère de la Restauration par Boulanger, on sacrifiait donc l'espoir très fondé de constituer avec le duc d'Aumale une République libérale et tolérante où la démocratie eût été contenue par de justes digues. »

Mais l'argument tiré de la situation du duc d'Aumale avait, dit-on, peu de poids en ce moment dans les décisions du comte de Paris.

Le duc n'avait pas demandé à son neveu la permission de le déshériter au profit des académiciens. Le comte de Paris — chef politique de la Maison de France — était donc parfaitement libre d'agir à sa guise. Chacun mène sa barque comme il l'entend. Pour rentrer en France, le duc avait donné Chantilly. Pour y rentrer, le comte de Paris prenait Boulanger, et voilà tout.

MADAME LA COMTESSE DE PARIS

Aussi bien, auprès du comte de Paris des influences intimes toutes-puissantes s'employaient en faveur du boulangisme.

Mme la comtesse de Paris, fille du duc de Montpensier, est une vraie princesse.

Elle n'a pas l'intrépidité aventureuse de la duchesse du Berry, mais elle a moins encore la résignation de la comtesse de Chambord aux « décrets de la Providence ».

Elle sait, par l'expérience de tant de rois exilés, combien sont vaines les prétentions quand les prétendants ne les appuient que par des phrases et se contentent de dire aux peuples : « Je suis là, j'irai

vous sauver quand vous m'appellerez. » La femme
du comte de Paris ne voulut pas que son mari fît, à
l'imitation du comte de Chambord, « le dégoûté »
devant « le général de la rue », devant cet « instrument révolutionnaire ».

Aux vieux orléanistes qui grognaient en invoquant
leurs principes libéraux, elle répondait un jour par
cette phrase : « Je n'aime pas les gens qui doivent
toujours faire quelque chose demain. On meurt en
exil avec cette école-là. Je n'en suis pas. »

Elle n'en fut pas et monta autour de son mari une
garde sévère pour que les docteurs de cette école
ne parvinssent pas à le dominer.

Les sentiments du Prince étaient assez conformes
à ceux de sa femme, quoiqu'ils fussent moins vifs et
plus froidement raisonnés.

Le comte de Paris, après ce qui s'était passé en
novembre et décembre 1887 (les entrevues Martim-
prey-Mackau) et en mars et avril 1888 (l'intrigue
Arthur Meyer-Dillon), pouvait considérer le boulangisme comme un pont sur lequel passerait
la monarchie. Refuserait-il de s'y engager parce
qu'il était fait de tels matériaux plutôt que de tels
autres ?

Certes, il y avait bien des chances pour que l'entreprise échouât, pour que le général, s'il triomphait,
ne tînt pas ses engagements.

Mais il y avait bien aussi quelques chances pour
que l'on réussît.

Le Prince avait-il le droit de renoncer à ces chances ?

Avant lui, Henri IV n'avait-il pas acheté Brissac ? Louis XVIII exilé avait négocié avec Barras, avec Bonaparte consul, et plus tard avec Talleyrand et avec le régicide Fouché. Il n'en avait pas été déshonoré. Il avait régné.

Pourquoi Philippe VII ne tenterait-il pas de se servir à son tour d'un général populaire qui paraissait devoir bientôt pouvoir à son gré, comme naguère Bonaparte, disposer de la France ?

On lui disait bien que ce général était l'ennemi de sa famille.

Mais on ne fait pas de la politique avec des rancunes. Et d'ailleurs, si graves qu'eussent été les torts du général Boulanger envers le duc d'Aumale, ils étaient moins grands que ceux de Fouché envers le frère de Louis XVI.

Le comte de Paris dut se dire encore que les monarchistes reprochaient justement aux princes leur inaction.

Depuis 1830, les Bourbons proscrits n'avaient jamais rien entrepris.

Des messes commémoratives, des banquets à la Saint-Henri et des lettres au style fort pompeux ; ç'avait été toute la politique d'Henri V.

Depuis qu'il avait succédé à cette belle statue de la légitimité, le comte de Paris n'avait presque rien fait de plus. Il avait été exilé à la suite du mariage

de sa fille, à cause d'un article trop dithyrambique
de M. Ph. de Grandlieu.

Depuis il avait écrit des « instructions ». Politique
à la Chambord qui décourage les fidèles et réduit à
la longue les partis à n'être plus que des petites cours
où quelques fidèles jouent aux ministres autour
d'une ombre de roi.

S'il ne saisissait pas l'occasion du général Boulanger pour faire quelque chose, le comte de Paris
passerait auprès de ses amis, surtout auprès des
nouveaux, des bonapartistes ralliés à la monarchie
après la mort du Prince impérial, pour un prétendant platonique.

Les recrues de la royauté ne lui pardonneraient
pas de ne pas avoir pris la « solution » qu'offrait
Boulanger.

Qu'il le leur permît ou non, les éléments les plus
actifs du parti royaliste se mêleraient au boulangisme. En reviendraient-ils? Ce n'était pas certain.
Pour pouvoir rallier un jour les troupes, il fallait les
suivre, malgré qu'on en eût.

C'est par ces raisonnements que M. le comte de
Paris justifiait à ses propres yeux « son boulangisme » et qu'il essayait d'ébranler les vieux parlementaires et les vieux entêtés de la légitimité.

PARLEMENTAIRES ET SOLUTIONNISTES

Il n'eut pas de succès auprès de tous. Il trouva des irréconciliables à l'extrême droite. M. de Cazenove de Pradines et M. de Baudry d'Asson, par exemple, furent intraitables. Ce dernier, en novembre 1888, faisait une déclaration publique d'amour et de fidélité au drapeau blanc.

Il exprimait dans une lettre à M. de Breteuil l'espérance que la nation y retournerait un jour !

On comprend que des royalistes aussi attachés aux traditions séculaires fussent sourds à toutes les exhortations et ne comprissent rien à la subtile politique des « fin de siècle ».

Pour d'autres raisons moins mystiques, certains orléanistes endurcis refusèrent jusqu'au bout de transiger avec leurs répugnances pour « l'entreprise césarienne ».

L'éloquence de M. le comte de Paris toucha M. Bocher, M. Dufeuille, M. d'Haussonville et quelques autres encore. Ceux-là ne résistèrent pas à la volonté de leur Prince.

Quand, au mois d'avril 1888, le comte de Paris confia à M. Bocher sa résolution de faire « la marche parallèle », celui-ci eut, dit-on, des soubresauts d'étonnement et de mécontentement. Mais devant la volonté que le comte laissait voir de « faire l'affaire Boulanger », M. Bocher plia. « Monseigneur,

si le Roi était au Louvre, je lui rendrais mon portefeuille. Mais le prince est en exil, j'obéirai » Sur ce
mot, la résistance de M. Bocher capitula.

Chez presque tous les grands seigneurs du parti
royaliste, M. le comte de Paris trouva autant de
déférence que chez son vieil ami M. Bocher.

. Le duc de La Rochefoucauld-Doudeauville, en
particulier, s'inclina de bonne grâce quand on le
mit tardivement au courant de la combinaison. Le
duc avait été appelé à Londres en décembre 1888.
Après avoir écouté toute l'histoire, il dit : « Je soupçonnais, Monseigneur, une partie de la vérité. Je
pourrais me plaindre de ne pas avoir été prévenu
plus tôt. Je ne le ferai pas. Mais ne m'ayant jamais
consulté, le Prince trouvera bon que je n'accepte aucune responsabilité dans ce qui se fera. J'obéirai
simplement, comme je le dois. »

Le prince de Léon et M. de La Ferronnays firent
comme M. de La Rochefoucauld.

Mais si les représentants royalistes des familles de
l'ancienne noblesse eurent cette docilité, il n'en fut
pas de même des bourgeois orléanistes.

Les irréductibles furent M. le duc Pasquier,
M. Cochin, M. Ferdinand Duval, M. Lambert de
Sainte-Croix, M. Calla, M. Keller et, pendant bien
longtemps, M. Hervé, l'éminent directeur du *Soleil*.

Avec ces parlementaires libéraux à la mode de
1830, dont l'idéal politique est la monarchie conservatrice de Louis-Philippe, le comte de Paris essaya

en vain d'être persuasif. Quoi qu'il fît, leur opposition contre le boulangisme ne désarma jamais.

Ils ne parlaient de l'« aventure » qu'avec haine et
dédain :

Laissons passer sans nous troubler les popularités éphé-
mères, disait le duc Pasquier le 23 août 1888, huit
jours après la triple élection où les conservateurs, sur
l'ordre de leur Prince, avaient donné comme un seul
homme... Laissons-les passer. Le principe royaliste barre
la route à toutes les ambitions... Royalistes libéraux, c'est
sur ce terrain que nous devons rester et combattre. »

Plus loin, le duc adressait évidemment un blâme
au comte de Paris dans cette phrase :

On ne conduit pas un pays quand on n'ose pas lui dire
où on le mène. Je tiens, pour moi, qu'en politique l'effacement c'est le suicide. Disons au pays ce que nous sommes.

A ces critiques voilées de sa politique, le comte
de Paris répondait, le 26 août, par des félicitations
au duc Pasquier. Mais le Prince, pour lui faire bien
sentir que ses conseils n'étaient pas goûtés, lui parlait des « alliances que les monarchistes pourraient
avoir à contracter à la veille du scrutin ».

Ces orléanistes bourgeoisants, qui regrettent le
temps du cens électoral, reprochaient, par la bouche
de M. Cochin, au général, d'être venu redresser la
République au moment où elle penchait, où elle
allait tomber dans la monarchie.

LE MANIFESTE D'AVRIL 1888

Tel fut toujours l'état intérieur du parti royaliste pendant le boulangisme. Et tel il était déjà quand le comte de Paris rentra à Londres après son voyage en Espagne, pour conférer avec ses amis.

Plusieurs d'entre eux se trouvèrent réunis par hasard — ou autrement — auprès de lui, à la fin de la première quinzaine d'avril. Immédiatement le Prince vit éclater entre les « vieux jeu » et les « fin de siècle » la rivalité d'influence au-dessus de laquelle il sut toujours se maintenir.

Il était question d'un manifeste. Fallait-il que le chef de la Maison de France s'adressât au pays, dans la crise qu'il traversait, ou fallait-il qu'il ne fît rien?

Les « fin de siècle », tous les partisans de l'alliance avec Boulanger conseillaient l'abstention. « La France, tout occupée de son général, ne prêterait aucune attention à la parole du Prince. Il allait discourir devant une salle vide. A quoi bon faire ainsi des choses inutiles? Le temps était à l'action et mieux valait ne rien dire, puisque Boulanger agissait. Au moment où les journaux monarchistes recommandaient de voter pour Boulanger, le Prince se montrerait! Pourquoi? Le parti royaliste verrait dans son intervention un blâme indirect de la politique pratiquée selon ses instructions. Donc, pas de manifeste. »

Les « vieux jeu », au contraire, auraient voulu
plutôt dix manifestes qu'un seul. « Le silence du
Prince, quand tout était remis en cause en France,
serait interprété comme une abdication. Il était déjà
bien assez triste que les candidats monarchistes s'ef-
façassent devant le général Boulanger. Du moins, ne
fallait-il pas que le chef de la Monarchie fît comme
ses candidats : s'éclipsât. »

Le comte de Paris donna dans cette circonstance
raison aux « vieux jeu ». Sa politique fut constamment de contenter autant que possible les deux frac-
tions de son parti. Décidé à faire la campagne parallèlement avec le général Boulanger, et par conséquent
chef des « fin de siècle », il ne refusa jamais à ces
pauvres « vieux jeu », qu'il affligeait tant, des satisfactions de forme.

Un manifeste rentrait dans l'ordre de ces satisfactions platoniques.

Les « vieux jeu », représentés par M. de Broglie,
M. Lambert de Sainte-Croix, l'emportèrent donc sur
leurs rivaux, MM. de Beauvoir, de Mun, de Breteuil, etc. Le Prince parla et, comme les « fin de
siècle » le lui avaient bien prédit, sa parole ne fit
pas de bruit dans le grand vacarme du triomphe
boulangiste.

Mais ces bons « vieux jeu » étaient comblés d'aise.
Et, leur faire plaisir, c'est tout ce qu'on avait désiré.

EMBARRAS DE M. DILLON

Cependant M. le comte Dillon était dans un grand embarras. Il n'avait plus d'argent. L'élection du Nord, les frais accessoires et le voyage à Lille avaient absorbé les 200 000 francs qu'on avait mis à sa disposition. Il s'était même endetté. Il avait emprunté à titre personnel à peu près 100 000 francs.

Aussi ne ménageait-il ni sa peine ni son éloquence auprès des royalistes et surtout auprès de M. Arthur Meyer.

« Après la grande victoire du Nord, disait-il, le succès de la combinaison arrêtée entre eux était devenu probable. La puissance électorale du général était démontrée. L'outil avait fait ses preuves. Il était bon. Le laisserait-on passer en d'autres mains ? »

M. Dillon, de plus en plus royaliste, ne voulait pas que le général reçût de l'argent d'une autre caisse que de la caisse royale. Il ne voulait pas partager le général. Maquignon astucieux du cheval noir qui jouait avec l'honneur des républicains engagés dans cette grande intrigue, il voulait que ce cheval noir fût tout entier, exclusivement au roi. Il ne le vendait pas, il le donnait. Ce n'était pas une affaire, c'était un cadeau qu'il faisait, dans la sincérité de son loyalisme. Le grand étalage des sentiments de M. Dillon ne touchait guère les cœurs des royalistes. Mais ils comprenaient les raisons politiques qu'il présentait.

A la fin, après bien des conversations à Paris et en Angleterre, bien des allées et venues entre Calais et Douvres, on se décida à renouveler le subside.

NOUVEAU SUBSIDE

On fournirait à M. Dillon de quoi vivre pendant cinq ou six mois, jusqu'à ce qu'il eût trouvé ou jusqu'à ce qu'on eût trouvé pour lui les millions nécessaires à l'entreprise.

Les conditions suivantes furent posées à M. Dillon, qui y souscrivit :

« On fera tous les frais des élections partielles. Mais le général ne présentera et ne soutiendra aucun candidat républicain boulangiste dans les départements où les monarchistes ou les conservateurs auront des chances. C'est-à-dire que partout où un conservateur se présentera, il ne sera pas combattu par un boulangiste.

« Réciproquement, quand le général se présentera, on ne lui opposera pas de concurrent conservateur. »

Ces conditions étaient le résumé des conversations échangées entre le comte de Paris et MM. de Beauvoir, de Mun, de Mackau, de Martimprey, de Breteuil, Bocher, etc. Les royalistes s'inspirèrent naturellement des volontés de leur Prince. On verra dans d'autres chapitres que, malgré les efforts des répu-

blicains du Comité national, qui les ignorèrent toujours, ces engagements furent tenus dans la Somme,
dans la Charente-Inférieure, dans les Ardennes et
même dans la Charente où M. Déroulède ne fut pas
soutenu comme il aurait dû l'être.

M. Dillon apprit ces bonnes nouvelles quand il revint à Paris, après le voyage triomphal dans le
Nord.

Il se rencontra le 15 ou le 16 mai, dans un hôtel
que possédait alors M. Arthur Meyer avenue Wagram,
avec les confidents du comte de Paris, avec ceux qui
avaient déjà traité la question d'argent avec lui le
mois précédent.

Le comte dit ses impressions et nous pouvons les
rapporter presque textuellement : « Après ce qu'il
avait vu dans le Nord, il était nécessaire que le parti
royaliste s'organisât. Les bonapartistes avaient fait
au général un accueil enthousiaste.

« Auprès de lui ils avaient un agent redoutable par
son mérite et qui haïssait la royauté, c'était M. Thiébaud, » — allégation inexacte d'ailleurs, car M. Thiébaud n'est pas un bonapartiste dynastique. « Que
les royalistes fissent donc au plus vite un Comité
d'union conservatrice, qu'ils s'emparassent de la
direction du mouvement du côté droit. A gauche,
cela allait tout seul avec le Comité national. Personne n'y soupçonnait la vérité. Tous étaient dans
l'ivresse du triomphe.

« Ce Comité ferait certainement des écarts, car il

était républicain; mais c'était un paravent nécessaire derrière lequel on ferait du bon ouvrage! »

Ces avis ne tombèrent pas, comme on dit vulgai-
rement, dans l'oreille d'un sourd. Le Comité historique des Douze fut nommé à l'hôtel Continental le
25 mai. M. de Mun prononça dans cette assemblée
un grand discours. Il exposa, à mots couverts, la politique à laquelle il était initié et célébra le « plébiscite consécrateur ».

Dans le Comité de Douze, entrèrent tous les
hommes de la droite qui savaient par le détail ce qui
se machinait derrière « le Comité national paravent».
Ils étaient six.

***

LE BUDGET

M. Dillon, ayant ainsi donné un bon conseil, reçut
en échange ce qu'il attendait avec tant d'impatience :
de l'argent.

On ne lui cacha pas que le crédit n'était pas illimité. Il pouvait compter sur cinq ou six mois de
vivres. Après, on ne lui répondait plus de rien.

La perspective d'être lâché en route par ses ban-
quiers n'était pas réjouissante pour le comte. Mais
ce qu'on lui offrait était bien mieux que rien.

Le comte exposa ses besoins.

D'abord, il avait un trou à combler, 70 000 francs

qu'il avait avancés ou qu'il s'était engagé à rendre.

Pour les dépenses courantes, il lui fallait 25 000 francs par mois.

Dans ces frais étaient compris la publicité pour les mille moyens qu'il employait, les dépenses de bureau au Comité national, les dépenses du général qui se montaient à 10 000 francs par mois.

Il fallait encore 30 000 francs pour les journaux.

Dans le Nord on avait un journal, ci : 5 000 francs.

On en avait un dans le Midi, dans les Bouches-du-Rhône : 10 000 francs. Enfin, dans l'Ouest, on en entretenait un troisième à 5 000 francs par mois.

Pour la presse parisienne il suffisait de 10 000 francs.

Ce budget fut approuvé, sous cette réserve que les frais imprévus, élections, voyages et divers seraient acquittés par la caisse royaliste, après justification.

M. Dillon était donc momentanément tiré d'embarras, mais il n'était pas sans inquiétude pour l'avenir. Il avait laissé croire au général, dès le commencement de l'intrigue, que les monarchistes lui ouvriraient un crédit illimité. Il n'osait pas avouer maintenant que ce crédit était fort limité. Il se résolut à agir lui-même et demanda à être reçu par le comte de Paris. Il voulait plaider sa cause en personne.

LE COMTE DE PARIS ET M. DILLON

Le Prince répondit qu'il recevrait l'émissaire du général. On négocia comme pour une réception d'ambassadeur. Les détails de l'étiquette furent réglés à l'avance.

Ce n'est pas que M. Dillon prétendit traiter avec le Prince d'égal à égal. On sait qu'il était un bon sujet. On craignit justement qu'en présence de son roi légitime il n'éprouvât trop d'émotion et ne prodiguât des marques de respect excessives et révélatrices pour les oreilles qui écoutent derrière tous les murs.

De Londres, le comte apprit qu'il devrait se faire violence et ne pas appeler le comte de Paris « Monseigneur ». Dans l'entrevue, le Prince serait simplement : « mon colonel ». Quant à M. Dillon, il serait : « monsieur le comte ».

Tout étant ainsi arrangé, le négociateur se mit en route. A Londres il prit un cab, puis un second et un troisième, et celui-ci l'amena dans une maison de famille, dans un faubourg éloigné.

« Mon colonel » avait pris autant de précautions, c'est-à-dire autant de cabs, afin de dépister les agents qui pouvaient rôder autour de lui.

La conversation fut longue entre le confident du général et le comte de Paris.

Le premier prodigua plus que jamais les assurances de son dévouement et de celui de son ami.

Les engagements pris entre M. de Mackau et Boulanger furent rappelés et confirmés.

Sur la question d'argent, que M. Dillon voulut aborder, il ne trouva pas à se faire comprendre. Comme royaliste, M. Dillon fut ravi de la bienveillance que son roi lui avait témoignée.

En rentrant à Paris, il disait que le jour de son audience avait été le plus beau jour de sa vie.

Mais, comme caissier, il n'avait pas lieu d'être aussi satisfait, car il ne rapportait rien.

Le général ne fut pas mis au courant de l'insuccès relatif des négociations par rapport à l'argent. Au contraire, M. Dillon dut lui dire que le comte de Paris lui avait ouvert un crédit de 3 millions, car il alla trouver ses amis royalistes et les supplia de laisser le général dans cette illusion.

Ceux-ci promirent seulement de ne pas mettre la conversation sur ce chapitre. « Il ne leur serait pas possible, en effet, disaient-ils, de contresigner ce que M. Dillon appelait son « petit mensonge ».

Si « le petit mensonge » se découvrait, le pauvre comte passerait un mauvais quart d'heure. Aussi courait-il de l'un à l'autre, et surtout à son ami M. Meyer, répétant que sans les 3 millions il ne pouvait répondre de rien. Le général y comptait, croyait les avoir. Il fallait les trouver. Mais personne ne les possédait et nul ne pouvait sortir le chercheur de millions de l'embarras où il s'était mis par son imprudent aplomb. On se mit à échafauder des combinaisons financières. Par des souscriptions de 100 ou de 200 000 francs on remplirait la caisse.

Mais on n'eut pas à réaliser ces projets. Mme la duchesse d'Uzès parut pour le salut de M. Dillon.

Le sacrifice énorme que tout le monde jugeait nécessaire, et que personne, même les plus intéressés, ne voulait faire, cette grande dame le fit avec la plus généreuse insouciance.

On va le voir.

LA DUCHESSE D'UZÈS

Tout est extraordinaire dans cette histoire du boulangisme.

Le général joue tout le monde. M. Dillon compte bien jouer les républicains. Pour les royalistes, le général est une carte. Pour le général, le royalisme est une caisse. Il y a, dans chaque tête, une arrière-pensée. Sur eux, dans les moments d'épanchement, quelque chose plane qui est la défiance. Le général a besoin d'eux — car sans eux il n'aurait pas de munitions — et il voudrait bien en être débarrassé. Il sent qu'ils le gêneront.

Ils ont besoin du général et ils ont peur de lui. Ils appréhendent que ce poignard qu'ils affilent contre la République ne se retourne vers eux.

Ils sont tous très intelligents, très actifs, très énergiques, mais ils sont surtout malins. C'est la malice qui gâte ces personnages, qui les empêche d'être grands dans la-préparation des grands événements qu'ils souhaitent, dans cette incomparable intrigue.

Le comte de Paris et ses amis ont été très habiles -en s'emparant du général, en le subventionnant, en faisant servir à leurs desseins, à leurs intérêts, l'homme qui avait gagné sa première popularité en expulsant les princes de l'armée.

Le général Boulanger est encore plus habile, car il n'est pas payé en espérance, en promesses, lui. C'est la monnaie qu'il donne aux autres en échange de services réels.

Il reçoit l'argent et rend des illusions. Et l'affaire finit par une déception générale.

*

Mais dans cette aventure sans pareille il y a quelqu'un qui n'a pas été habile, qui n'a pas été « malin », qui a été franc du collier, qui n'a pas eu d'arrière-pensée. Ce n'est pas un homme, c'est une femme.

Le caractère de la duchesse d'Uzès grandit au-dessus de toutes les petites manœuvres patiemment préparées et savamment exécutées.

Elle a accompli une action très rare, elle a donné toute une fortune à la cause qu'elle avait embrassée. Elle l'a fait avec simplicité, non pas comme une intrigante qui veut être en vue, jouer un rôle et qui paie sa place. Elle a été l'âme du boulangisme et elle est restée dans l'ombre.

L'immense sacrifice qu'elle a fait ne devait rien lui rapporter. On comprendrait le comte de Paris jetant des millions dans la caisse sans fond de M. Dillon, parce que le comte de Paris veut être roi. On comprendrait un richissime banquier fournissant aux dépenses d'une restauration, payant ainsi les invitations à la table et à la chasse des princes, achetant son fauteuil à la Chambre des pairs. Pour lui ce serait un placement.

On comprendrait un syndicat, dix, vingt, quarante hommes riches s'assemblant et disant : « Voilà une affaire politique qui peut réussir, elle donnera de gros dividendes. Pontons sur ce cheval blanc ou sur ce cheval noir. Allons-y chacun de 100 000 ou de 200 000 francs. Nous serons, après le succès, députés, sénateurs, ministres, préfets, chambellans, ambassadeurs, et nos protégés auront des bureaux de tabac. »

On comprendrait un vieux millionnaire blasé ayant essayé de tous les sports et se disant un jour : « Tiens, je vais me payer la satisfaction de changer la forme du gouvernement de ce pays. C'est une émotion que je ne connais pas encore. »

Ce dilettante eût fait courir le cheval noir comme les membres du Jockey-Club font courir des chevaux, à Longchamps, sans esprit de spéculation, par distraction, par élégance d'amateur.

*
* *

Mais la duchesse d'Uzès ne rentre dans aucune de ces catégories. C'est une femme. Elle ne peut pas avoir d'ambition politique. Ses enfants ? Ils sont trop jeunes pour occuper la moindre situation dans l'État. Ce sera à voir dans dix ans, sous n'importe quel régime. Que la monarchie soit rétablie, la duchesse d'Uzès sera de droit et en fait la première grande dame de la cour, puisque le duc d'Uzès est le premier pair de France. Elle n'a pas, comme la femme d'un banquier, à acheter un titre ni un tabouret. Elle a tout. Elle ne peut rien envier.

Ce qu'elle a fait pour le boulangisme ne s'explique point par une raison vulgaire. La duchesse d'Uzès n'est peut-être pas foncièrement monarchiste. En tous cas elle ne l'a pas été dans le boulangisme. Le général Boulanger a pris vis-à-vis d'elle, sous toutes les formes les moins équivoques, des engagements en faveur de la monarchie. Elle ne les a jamais sollicités. Elle croit sincèrement que le pouvoir héréditaire est préférable au pouvoir électif. Mais elle n'a jamais demandé au général Boulanger de restaurer un trône.

Offensée dans ses croyances religieuses, dans sa délicatesse de femme, par les violences d'une politique qui n'est pas républicaine puisqu'elle n'est pas libérale, elle désira qu'il en fût appelé des états-majors des partis au peuple.

Jugeant de la nation d'après elle-même, elle crut que si le peuple était directement consulté, il instituerait un gouvernement de concorde, qui ne taquinerait personne, qui réconcilierait tous les Français dans la liberté donnée à tous.

C'est ce qu'elle attendit du général Boulanger, c'est ce qu'elle exigea de lui. C'est pour qu'il pût réaliser ce rêve généreux qu'elle fut si généreuse pour sa cause. Elle fit en grand ce que tant de pauvres firent en petit, mus par les mêmes sentiments de confiance, de patriotisme. Ceux qui n'avaient que des sous donnèrent des sous. Le général montrait un jour à M. Chincholle une lettre touchante d'une cuisinière qui lui envoyait 40 francs. La duchesse d'Uzès donna ses 3 millions sans plus d'affectation que cette cuisinière donna ses deux louis. Elle les donna en plein désintéressement, sans rien stipuler pour elle, sans faire aucune condition. Elle les donna parce qu'elle crut qu'ils seraient utiles.

Elle ne s'en prévalut jamais pour jouer à la femme politique : à partir du jour où le général Boulanger ne reçut plus que d'elle tous ses subsides, elle devient « l'homme » prépondérant du parti. Elle efface tous les politiques, tous les princes, et elle s'efface. Elle ne paraît nulle part.

Son argent fond à vue d'œil et elle n'en a pas souci. On ne la voit parler haut et en maître que s'il faut empêcher une action que dans sa vaillance elle désapprouve.

‫:: Quand les royalistes veulent abandonner la cause de Boulanger, elle se montre. Elle restera seule avec le vaincu, en la loyauté duquel elle croit encore ! Et elle l'emporte. On n'ose pas, chez les royalistes, aller contre l'énergie de cette femme de cœur. Elle est l'âme du boulangisme, côté conservateur. Elle en est la vertu et l'excuse. Par son désintéressement, par l'absence en elle de toute préoccupation égoïste, elle s'élève au-dessus de toutes les petites roueries qui traînent dans cette aventure. Et ceux-là-mêmes, comme nous, qui n'ont pas les préférences qu'elle a, qui voteraient contre la monarchie si l'appel au peuple était fait; ceux-là ne peuvent s'empêcher de respecter et d'admirer cette femme qui fut si modeste en étant si prodigue de son bien et de son dévouement!

.

Mᵐᵉ d'Uzès est une fervente chrétienne, non pas une de ces dévotieuses personnes à la religion morose qui boudent à tout ce qui les entoure. Elle adore Dieu, et elle est indulgente pour les hommes. Sa charité est grande et aime à s'exercer directement.

On a raconté une touchante histoire de Louise Michel et de la duchesse se rencontrant auprès du lit d'une malade. L'histoire est vraie.

La pauvre femme à laquelle la grande dame et la « pétroleuse » s'étaient intéressées mourut.

Louise Michel écrivit à la duchesse : « Madame,

notre pauvre amie est morte. J'ai cherché chez elle
un souvenir pour vous. Voici un petit ouvrage de
passementerie. Acceptez-le. »

Quelques jours après, Mme d'Uzès alla remercier
Louise Michel. Elle tomba dans cet étrange caphar-
naüm de Levallois où les pauvres gens trouvent toujours avec une bonne parole un morceau de pain. Dès
ce moment, une liaison amicale s'établit entre la duchesse et le prédicateur mystique de l'anarchie. La
bonne « aristocrate » aide la bonne « révolutionnaire » dans ses œuvres de charité.

L'autre, qui n'a rien que son grand cœur de sœur
de charité laïque, paye en reconnaissance sincère les
bienfaits que, grâce à la duchesse, elle peut répandre
plus abondants sur « les vieux camarades de la Commune ».

Au moment de l'élection du 27 janvier, Louise
Michel écrivit à Mme d'Uzès : « Je n'aime pas votre
Boulanger. Mais pour vous, je ne l'attaquerai pas.
Au contraire. Il aura les voix des amis. » Les anar-
chistes votant pour faire plaisir à une duchesse,
quelle ironie !

Dans cette collaboration charitable avec une femme
dont le nom est un épouvantail pour les vieux conservateurs, pour ceux qui n'ont rien appris depuis
1871, Mme d'Uzès apparaît dégagée des préjugés de
son monde. Elle n'en a aucun. Elle est de son temps.
Elle aime les parvenus, ceux qui se sont faits eux-
mêmes. L'amitié qu'elle témoigne à M. Arthur Meyer,

la confiance qu'elle lui montre, sont un hommage
rendu par elle à l'homme qui est parti de rien et qui,
n'étant remorqué par personne, s'est poussé tout
seul.

PREMIÈRES VISITES

Elle connut le général Boulanger pendant qu'il
était ministre de la guerre.

C'était après la revue fameuse de 1886. Le colonel
qui commandait à Rambouillet avait interdit à ses
officiers de paraître aux chasses de la duchesse parce
que les princes d'Orléans y venaient.

La duchesse se plaignit un jour de cette mesure,
dont les officiers étaient victimes, devant un de ses
obligés.

— J'en parlerai au général Boulanger, Madame,
et même, si vous me le permettez, je vous l'amènerai.

— Oh ! répondit-elle, je ne demande pas mieux
que de le voir. On en parle beaucoup. Mais il ne
voudra pas venir.

Quelques jours après, une voiture, à cocarde tricolore, entrait dans la cour de l'hôtel de l'avenue
des Champs-Élysées.

C'était le général Boulanger. Il se présenta avec la
bonne grâce qui lui est naturelle et causa agréable-
ment. Mis au courant de l'incident des chasses de

Rambouillet, il en rejeta la responsabilité sur un subalterne trop zélé.

— Vous pouvez inviter les officiers, Madame. Ils accepteront votre invitation. Je vais donner un ordre en conséquence.

Après cette première visite, le général en fit deux autres à la duchesse.

Dès la seconde fois on effleura la politique. La duchesse, qui ne montrait pas beaucoup d'enthousiasme pour le gouvernement, fut tout étonnée d'entendre le général lui dire : « Si vous connaissiez ces gens-là comme moi, vous les mépriseriez encore davantage. »

La troisième fois, la conversation s'engagea encore sur le même sujet. Le général dit beaucoup de mal du système parlementaire : « Tout allait au plus mal. Il fallait intriguer, jouer à la bascule, dépenser pour se maintenir au pouvoir les trois quarts de son temps, de son activité. Les affaires du pays avaient les restes. »

— Eh bien ! général, voulez-vous que nous fassions un gouvernement à nous deux ? répliqua la duchesse en souriant.

C'était un propos en l'air, un mot de conversation sans importance.

Le général ne le comprit pas ainsi. Il répondit sérieusement :

— Madame, pour faire un coup d'État, il faut neuf chances sur dix, et encore on hésite...

Il prit congé. Puis les événements marchèrent. Il tomba du ministère; on l'envoya à Clermont.

LES TROIS MILLIONS

La duchesse d'Uzès n'en entendit plus parler jusqu'au jour où M. Meyer et M. de Beauvoir vinrent lui demander, en mars 1888, 25 000 francs pour l'élection de l'Aisne. On sait qu'elle les donna immédiatement.

Il ne fut plus alors question d'argent entre elle et le boulangisme jusqu'au mois de mai. Quand M. Dillon fut revenu de Londres, après son entrevue avec le comte de Paris, nous l'avons vu inquiet. Le crédit que les amis du Prince lui avaient ouvert n'irait pas loin. Il disait partout, on s'en souvient, qu'il lui fallait 3 millions.

La duchesse avait rencontré M. Dillon chez le gé- néral. M. Arthur Meyer le lui avait présenté à nouveau. Elle connut donc, par le trésorier du boulangisme, l'embarras où il se trouvait.

M. Dillon disait partout : « Il est indispensable que l'on fasse un sacrifice pour que le général n'aille pas aux bonapartistes ou ailleurs. »

Mme d'Uzès réfléchit. Elle se consulta. Elle fit des comptes et enfin, un jour, vers la mi-juin, elle dit à ses amis : « J'ai bien pensé au général Boulanger et à sa politique. Je mets 3 millions à sa disposition. J'y suis décidée. Si la République dure, mes enfants

n'ont pas besoin d'être trop riches. » Et ce fut tout.
Elle avait pris seule cette grave détermination. Avant
de l'exécuter, elle crut devoir se confier au comte
de Paris. Si elle agissait sans qu'il fût prévenu, le
Prince pourrait croire qu'elle abandonnait la cause
royale à laquelle, par tradition, elle était liée.

Elle décida donc de se rendre à Ems, où le comte
de Paris faisait une saison.

On raconte que, pour préparer l'entrevue, la duchesse d'Uzès s'adressa d'abord à M. le duc de Chartres. Celui-ci était absolument anti-boulangiste,
comme son oncle le duc d'Aumale.

Aux premières ouvertures de Mme d'Uzès, il poussa
les hauts cris. Il comprenait avant d'avoir rien entendu, tant la vérité était invraisemblable, qu'il s'agissait d'une contribution de 100 ou de 200 000 francs.
Il invoquait toutes les raisons des royalistes
« vieux jeu » contre l'alliance boulangiste. « On
ne pouvait pas demander à son frère de continuer
plus longtemps son appui à une entreprise aussi
révolutionnaire. Et puis, à quoi servirait encore ce
sacrifice? Non, le duc de Chartres ne voulait pas se
mêler de cette affaire. »

La duchesse d'Uzès répondit que le général Boulanger avait promis de rendre la parole au pays et de
faire respecter ses volontés, qu'on n'avait pas le droit
de rejeter cette possibilité de rétablir la paix en France.
Au surplus, le général s'était déjà engagé vis-à-vis
des princes d'Orléans, par des déclarations verbales

et par les paroles que M. Dillon avait portées à Londres. Et elle ajouta : « Je ne donne pas seulement 2 ou 300 000 francs, je mets à la disposition du comte de Paris, pour être placés sur la carte Boulanger, 3 millions. Le prince peut les accepter. Où passe le premier pair de France, le roi de France peut passer. »

Le duc de Chartres montra une grande stupeur et une grande émotion. Il promit tout de suite d'écrire à son frère. Il le fit.

L'ENTREVUE DE COBLENCE

Cela se passait au cours du mois de juin 1888. A quelques jours de là, le général Boulanger vint chez la duchesse d'Uzès. Il lui dit : « Je sais que vous allez faire pour notre cause un sacrifice. Je vous en remercie. Je vous demande d'aller chez le comte de Paris. Dites-lui que je ne rêve que l'union de tous les Français. La monarchie me paraît être le terrain d'union tout indiqué, et le comte de Paris le souverain désigné. »

La duchesse, qui ne désirait que la consultation nationale pour mettre fin aux déplorables divisions du pays, n'en demandait pas autant.

Le général lui parla encore de l'élection de l'Ardèche qui allait avoir lieu : « Je me présenterai peut-être. Rien n'est encore décidé, dit-il. Mais pressentez le

comte de Paris. Demandez-lui de ne pas appuyer
une candidature conservatrice. »

. Ces messages, si formels, furent portés, par
Mᵐᵉ d'Uzès, à leur destination.

Elle partit pour Coblence à la fin de juin. Le comte
de Paris était à Ems avec MM. de Ganay et d'Haussonville. Il avait été réglé, par l'entremise du duc de
Chartres, qu'une entrevue du Prince et de la duchesse
aurait lieu à Coblence, dans un hôtel de cette ville.

La duchesse, en descendant du train, se rendit à
cet hôtel. Elle vit arriver le comte de Paris dans une
voiture remplie de fleurs.

Le Prince disposa lui-même ces fleurs sur la table.
Et la conversation s'engagea. La duchesse répéta
.mot pour mot les paroles que le général Boulanger
l'avait chargée de dire. Elle se répandit en louanges
sur le compte du général. Il lui avait paru, comme
à tous, patriote et loyal. Elle avait confiance en sa
parole. Les promesses qu'il faisait seraient tenues.

Le comte de Paris répondit en rappelant tout ce
qu'il savait du général, des engagements qu'il avait
pris.

Puis on aborda le côté le plus délicat de la conversation, la question d'argent.

Ce fut fait presque sans préparation : « Je mets
aux pieds de Monseigneur 3 millions », dit la
duchesse.

— Oh! Madame, c'est impossible.

— Si, Monseigneur, je le peux. Je vous supplie de

me le permettre. Cet argent sera mis sur la carte
Boulanger.

— Mais je ne puis pas consentir, Madame...

— Si, Monseigneur.

Le comte de Paris ne pouvait plus résister à cette
volonté si ferme. Il exprima seulement le désir que,
pour l'emploi de cette grosse fortune, la duchesse
s'entourât de quelques hommes qui la conseilleraient
judicieusement.

— Désignez-les, Monseigneur.

Le Prince nomma MM. de Beauvoir, de Breteuil,
de Mun, de Martimprey et Arthur Meyer.

Ces messieurs constituèrent ce qu'on a appelé le
« Comité de la Bourse de la duchesse ». Ce Comité
se prononçait sur les demandes d'argent exception-
nelles que le comte Dillon lui adressait. Mais il ne
faudrait pas s'exagérer son importance, car la duchesse agissait, le plus souvent, selon ses propres
sentiments. Ainsi, quand, au mois de janvier, le général fit demander par M. Dillon un supplément de
20 000 francs par mois de fonds secrets « pour les
affaires étrangères », le Comité de la Bourse ayant
refusé ce subside, Mme d'Uzès, à la prière instante et
directe du général, l'accorda.

Dans l'entrevue de Coblence, il fut encore question
de l'élection de l'Ardèche. Le Prince laissa espérer
que, selon le désir du général, il ne se présenterait,
dans ce département, aucun candidat conservateur.

Enfin il se retira. En remerciant la duchesse, il lui

offrit un bouquet de roses blanches de France, cerclé d'œillets rouges, au milieu duquel se trouvaient trois œillets.

Le lendemain, après avoir passé deux nuits en chemin de fer, Mme d'Uzès était rentrée à Paris.

Huit jours plus tard, elle repartait pour Londres, à la demande encore du général Boulanger, qui avait décidé de poser sa candidature dans le département de l'Ardèche. Il s'agissait, cette fois, d'obtenir l'appui formel du comte de Paris, des instructions aux comités conservateurs du département.

La duchesse rencontra le Prince à Eastbourne ; il ne refusa pas, au contraire, d'écrire à ses partisans. Mais ses secrétaires orléanistes durent mettre une grande mauvaise volonté à transmettre ses ordres, car ils arrivèrent en retard. Le général fut battu dans l'Ardèche.

APRÈS L'ÉLECTION DE L'ARDÈCHE

Alors, à gauche et à droite, on enterra le boulangisme.

M. Reinach disait : « La bête vit, mais le venin est mort. »

M. Pelletan raillait « l'impuissance de Paulus à faire un dictateur ».

M. Magnard écrivait que « c'était une première étape vers l'immanquable cataclysme ».

Quand il eut bien laissé dire qu'il ne restait plus rien de sa popularité, le général Boulanger annonça qu'il serait candidat dans la Charente-Inférieure et dans la Somme aux élections du 19 août.

Ce fut un déchaînement contre ce cadavre récalcitrant.

Les orléanistes avaient trouvé dans l'Ardèche la preuve que, sans le secours des royalistes, le général avec ses troupes républicaines était trop faible pour battre le gouvernement.

Lui prêterait-on encore des électeurs?

Il ne les rendrait pas; ce serait le troisième larron. M. Magnard disait plaisamment : « Quand le comte de Paris offrira au général l'épée de connétable, le général lui répondra : « Gardez-la pour « vous-même si elle est si désirable. »

Le comte de Paris hésita, dit-on. Il aurait même faibli. Mais il y avait la duchesse d'Uzès. Elle se raidit contre la mauvaise fortune. Elle trouvait odieux, vil, de laisser seul dans cette détresse un vaincu.

Elle vint chez M. de Beauvoir. Elle y rencontra M. Bocher et M. Arthur Meyer. Le vieux conseiller du comte de Paris avait accepté trop contre son gré la politique du Prince pour ne pas saisir avec empressement le premier prétexte de rupture. La scène fut vive. A la fin, Mme d'Uzès saisit une feuille de papier en disant : « Je ferai ce que je voudrai. »

Elle écrivit quelques lignes dans lesquelles elle déclarait sa résolution d'aller jusqu'au bout, et partit au milieu de l'ahurissement de tous. On la rappela. Elle refusa de revenir.

En même temps, M. de Cassagnac et M. Meyer donnaient dans leurs journaux la note contraire à celle de MM. Magnard et de Grandlieu.

. Les solutionnistes et les orléanistes livrèrent là un grand combat. Les masques tombèrent, les arrière-pensées furent avouées. « Après le trou, la trouée, » disait le *Gaulois*. « Le général est la meilleure arme forgée contre le gouvernement. Prenons-la sans regarder au manche. » Et pour cet article M. Meyer recevait du général une lettre de félicitations !

M. de Beauvoir allait à Londres. M. de Mun envoyait un long mémoire en faveur de Boulanger et, mécontent, se retirait en Bretagne. Tant d'efforts ne furent pas stériles.

On ne pouvait rien contre la volonté de la duchesse d'Uzès qui était la maîtresse de ses millions ; on se résigna donc à continuer l'opération.

LA TRIPLE ÉLECTION

La *Correspondance nationale*, organe officiel du parti royaliste, publia une note dans laquelle on sentait la mauvaise humeur mal résignée de M. Lambert Sainte-Croix.

. Par cette note, les conservateurs étaient avisés

qu'on les laissait libres de voter comme ils l'enten-
draient dans la Somme et dans la Charente-Inférieure.

Triomphe pour les meneurs de la manœuvre! Et
triomphe d'autant plus grand que, pour bien marquer
de quel côté décidément il penchait, le Prince invi-
tait le marquis de Breteuil, un des membres du Comité de la droite, un des membres du Comité de la
Bourse de la duchesse, à venir passer quinze jours
auprès de lui en Écosse.

« Que M. de Grandlieu, chantait le *Gaulois*, réflé-
chisse à la signification de cette attention. »

L'élection du 19 août devait être triple. En donnant sa démission, le général avait fait une vacance
dans le Nord. Devait-il se représenter dans ce département? M. Dillon s'y opposait. Il craignait que cette
triple bagarre coûtât trop cher. Et la suite justifia
ses appréhensions.

A la fin, Boulanger prit une détermination.

En déjeunant avec MM. Dillon et Laguerre, il leur
annonça qu'il était candidat dans le Nord. Le soir
même, il informait la duchesse en ces termes :

« Je sens la veine. Le coup de trois fera plus d'effet
que le coup de deux. »

C'étaient 200 000 francs de plus qui allaient sortir
de la caisse.

La candidature posée, on négocia pour avoir l'appoint nécessaire au succès. M. de Martimprey demanda au comte de Paris d'étendre au Nord les
instructions qu'il avait données pour la Charente-

Inférieure et la Somme. Le Prince avait auprès de lui M. de Breteuil qui, naturellement, appuya la demande de son ami et associé M. de Martimprey.

Aussi la réponse ne se fit pas attendre.

Le résultat fut grand. La triple élection releva Boulanger et rendit le boulangisme plus puissant que jamais.

Ce fut vraiment la préface du 27 janvier. Coûteuse préface.

On dépensa, dans les trois élections, plus de 500 000 francs. C'est l'argent de la duchesse qui servit.

Elle donna à M. Meyer deux chèques : un de 200 000 francs, l'autre de 300 000. sur deux grandes banques.

On put donc opposer à la mitraille des fonds secrets une artillerie supérieure.

Dans la soirée du 19 août, la duchesse d'Uzès était au *Gaulois*. Elle rentra chez elle à une heure, accompagnée par M. le duc Honoré de Luynes, le fiancé de sa fille aînée.

Comme elle arrivait, le général se présenta. Il avait voulu apporter en personne, et sans même attendre le lendemain, ses remerciements à la puissante alliée qui lui avait donné les moyens de vaincre.

Aussi, entre deux verres de punch, était-il accouru.

Après ce grand coup, on avait droit à quelque repos. C'était la saison des vacances. On en profita.

Chacun tira de son côté. Le général partit au milieu d'un grand mystère pour faire un voyage dans
le sud de l'Europe, où un correspondant du *Gaulois*
le découvrit.

Quand il rentra, il se trouva presque tout de suite
aux prises avec des difficultés.

LES BROUILLES

Il n'y eut pas toujours accord parfait entre le général et les royalistes.

Déjà, au moment de l'élection de la Charente, on
s'était brouillé.

On se brouilla encore en novembre et décembre
1888, à l'occasion de l'élection des Ardennes.

Au Comité national, on voulait porter M. Thiébaud
au siège des Ardennes. Mais M. Thiébaud est détesté
des orléanistes, auxquels il le rend bien d'ailleurs.
Ensuite, il fallait respecter l'engagement pris par
M. Dillon au nom du général de ne soutenir personne
dans les départements où les monarchistes avaient
un candidat sérieux.

Or, dans les Ardennes, ils présentaient le secrétaire de l'Union des droites, M. Auffray. Opposer un
candidat à M. Auffray était impossible, surtout si ce
candidat était Thiébaud.

Le général et M. Dillon rappelèrent la Charente,

Le mieux était de ne présenter personne. « A quoi bon risquer d'affaiblir l'effet moral de la triple élection?

« Puis, on n'avait pas d'argent. Les dernières campagnes avaient vidé le coffre. »

Pendant que le général essayait d'endormir ainsi le Comité, M. Auffray commençait sa campagne. Grand émoi rue Dumont-d'Urville. On s'assemble le 4 décembre. « M. Aufray est un clérical. Il n'accepte pas la République. On ne peut pas laisser croire qu'il est patronné par le Comité. » Alors M. Déroulède propose un ordre du jour déclarant que nul ne pourra se dire *candidat boulangiste*, qui n'acceptera pas la revision *pour la République* par une Constituante.

Cet ordre du jour est voté à l'unanimité. Par conséquent le général l'approuve. Tout casse. Les royalistes décident de prendre des mesures énergiques. Des conciliabules nombreux se tiennent. M. Dillon y assiste. C'est lui qui indique le moyen de faire capituler le général :

« Coupez-lui les vivres. »

***

EXPLICATIONS

Mais c'est la duchesse d'Uzès qui les tient, les vivres. Elle ne cède pas.

Elle consent seulement à appeler le général et à lui dire combien on est mécontent de lui. Il se montre très impatient : « On doute de lui. Mais c'est douter d'elle-même, puisqu'elle s'est portée garante de sa loyauté. Que veulent donc ses amis de la droite? Qu'il leur refasse là tirade qu'il leur a faite déjà si souvent? »

Enfin, après ces accès de mauvaise humeur, il se rend. Il s'expliquera solennellement encore une fois.

L'explication eut lieu dans une maison à double issue, dans le quartier de Moncéau. Il y eut deux entrevues.

L'un des membres du Comité de la Bourse demanda à un jeune homme de ses amis la disposition de son appartement. Le jeune gentleman crut qu'il s'agissait de tout autre chose que d'un rendez-vous politique. Il donna sa clef.

On écarta les domestiques et, à onze heures du soir, une première fois, Mme la duchesse d'Uzès, le marquis de Breteuil, MM. de Beauvoir, de Martimprey, Dillon et Arthur Meyer se trouvèrent réunis avec le général Boulanger.

Celui-ci expliqua la difficulté de vivre avec le Comité national et l'impossibilité de se passer de lui. Il ne fallait pas le heurter. L'habileté consistait à le laisser dire et à agir sans tenir compte de ce qu'il avait décidé.

« Dans les Ardennes, le général n'avait-il pas implicitement recommandé M. Auffray en dictant à des reporters des conversations dont la modestie de M. Auffray seule pouvait s'offenser? »

« Et dans la Somme, le Comité ne présentait pas
de candidat. Le général avait su lui persuader de
rester neutre.

« Du Comité national il ferait toujours ce qu'il
voudrait, à la condition qu'on ne lui mît pas des
bâtons dans les jambes, et à la seconde condition
qu'on ne s'affectât pas des belles déclarations que ce
Comité aimait à faire.

« On ne le materait plus si on voulait le priver du
jeu innocent des ordres du jour. »

Les royalistes écoutèrent ces explications, s'en
montrèrent médiocrement satisfaits et s'ajournèrent
au lendemain soir au même endroit, pour conclure.

Pourtant on donna ce jour-là quelques minutes à
une affaire, celle de la candidature Montaudon dans
la Somme. La profession de foi du général Montaudon fut épluchée.

On se retrouva le lendemain avant dîner, moins
Mme d'Uzès et M. de Breteuil, mais avec MM. de
Mackau et de Mun en plus.

Il était six heures, les députés arrivèrent après la
séance de la Chambre.

Le général, qui voulait en finir, parla avec une
grande chaleur. Il rappela tous les engagements
pris et fit voir aux royalistes la faute qu'ils commet-
taient en l'abandonnant au plus beau moment de
leur partie commune. En quoi avait-il démérité leur
confiance ? Est-ce que sa « parole de soldat » ne
tenait pas toujours ? Pouvait-il empêcher le Comité,

son paravent nécessaire, de faire des frasques?

. Elles étaient inévitables avec des gens qui ne savaient rien, qui tiraient à gauche. Mais quand ils donnaient une secousse trop forte, il ne fallait pas s'alarmer. Le plus sage était de laisser filer la corde.

C'était peut-être la cinquième ou la sixième fois qu'il tenait ce discours. Tous l'avaient déjà entendu dans leurs précédents conciliabules, mais jamais il n'avait été aussi persuasif. Il sut même causer à M. Albert de Mun une vive émotion.

On fit donc la paix.

Quand le général fut parti, M. Dillon enchanté leur dit : « Vous venez de le voir tel qu'il est. Il n'y a pas de danger qu'il nous trompe. D'ailleurs, il le sait, s'il manquait à sa parole, je lui brûlerais la cervelle. »

*
* *

On approchait de la fin de l'année, le député Hude allait mourir, et le 27 janvier marquerait bientôt l'apogée de la fortune du boulangisme.

Le rôle des royalistes dans cette élection fut très effacé. Le comte de Paris, sollicité de donner un mot d'ordre à ses partisans, hésita.

Il trouvait impolitique cette candidature. « Le succès, disait-il, précipiterait les événements.

« Le gouvernement, poussé à bout, ne garderait plus aucune mesure. Il valait mieux s'abstenir. »

Mais c'était impossible. Le général Boulanger

avait toujours déclaré qu'il désirait une élection
dans la Seine. Il ne pouvait pas se dérober. C'est
pour le coup qu'on lui aurait dit : « Vous n'affrontez
le scrutin que dans les départements où les conservateurs sont presque à égalité avec les républicains.
Vous n'osez pas vous présenter devant une majorité
républicaine. Vous avez peur de Paris. »

Puisque le général était candidat, la bonne politique commandait aux chefs royalistes de l'aider,
car les électeurs étaient entraînés et, contre la consigne même, ils eussent voté pour l'ennemi du gouvernement. Le comte de Paris invita donc ses amis
à soutenir le général.

Mais la haine implacable des orléanistes « vieux
jeu » pour la popularité, pour la démocratie, pour
le suffrage universel, fut plus forte que leur intérêt.
Au risque d'être battus avec le gouvernement, ils se
mirent de son côté.

Le Comité monarchique de la Seine se prononça
d'abord pour l'abstention. Puis il demanda aux royalistes de voter chacun dans son quartier pour un
homme notable.

On vit alors le peu de crédit dont jouissent ces
hommes hors du cercle de leurs relations. Ils n'en-
levèrent pas dans tout Paris 4 000 voix aux boulangistes et préparèrent leur propre défaite dans leurs
propres quartiers aux élections générales.

*
* *

Le soir triomphal du 27 janvier, Mme d'Uzès et ses
-amis se trouvaient réunis au *Gaulois*. Dans ce cercle,
les dispositions n'étaient pas les mêmes que chez
Durand. La vaillante Ligue des patriotes, les blanquistes et les comités Lenglé voulaient, on s'en souvient, achever par un mouvement populaire la victoire remportée par le suffrage universel.

Les royalistes ne voulaient pas que « le coup de
pouce » fût donné à l'édifice vermoulu du gouvernement par des moyens aussi révolutionnaires.

Le général, porté au pouvoir par le peuple de
Paris, aurait été en puissance de ne tenir aucun de
ses engagements.

Aussi bien les royalistes, comptant sur la majorité
dans la Chambre de 1889, espéraient arriver à leurs
fins légalement.

Comme les 363 firent capituler le maréchal Mac-
Mahon, ils se disaient qu'ils feraient capituler l'exécutif, qu'on leur remettrait le pouvoir et qu'alors la
revision serait imposée.

Si, au contraire, l'exécutif avait résisté, on lui
aurait fait tête, par la présidence de la Chambre qui
a le droit de réquérir la force armée.

Ce plan est exactement celui qu'avait formé Gambetta après les élections de 1877.

Il lui avait réussi. Les monarchistes ne doutaient
pas pour eux du même succès.

Mais une question les divisait :

Il y aurait fatalement un interrègne, pendant lequel on en appellerait au pays.

Qui tiendrait le pouvoir pendant ce temps ?

Mme d'Uzès, M. A. Meyer, M. de Mackau répondaient : Boulanger.

Les autres, M. de Mun, M. de Breteuil, M. de Martimprey, etc., moins confiants, ne voulaient pas remettre au général cette toute-puissance. Ce serait une imprudence que de lui donner, même pour un an, cette importance. Il prendrait goût à l'exercice du pouvoir.

Il ne fallait pas se mettre dans ses mains.

Telles étaient les conversations dans le monde royaliste, conversations dans lesquelles on ne tenait pas suffisamment compte du général.

Lui, il avait la résolution bien arrêtée de jouer tout le monde. Il ne l'aurait pas pu, car il eût été le prisonnier de la majorité qu'il aurait fait — en n'organisant pas son parti — entrer au Palais-Bourbon.

Mais c'était sa volonté.

Parfois, cependant, les monarchistes examinaient bien l'hypothèse d'une trahison; il leur paraissait impossible qu'il la commît.

Dans ses engagements, il avait été à différentes reprises si catégorique !

S'il montrait quelque jour des velléités de lâchage, on ferait alors alliance avec les républicains pour

épargner à la France « la honte et les périls de sa
. dictature ».

On ne lui laisserait pas tirer pour lui les marrons
du feu allumé et entretenu par l'argent royaliste. Il .
périrait. Dillon n'avait-il pas dit : « Je le tuerai » ?

D'autres, comme MM. de Breteuil, de Martimprey,
d'anciens officiers, montraient une résolution aussi
farouche de ne pas se laisser tromper.

Mais aucun de ces projets ne devait être réalisé,
car le général allait faire la seule chose que ses
alliés n'eussent pas prévue : il allait partir et renoncer
à sa victoire en abandonnant le champ de bataille.

CURIEUX REPORTAGE

Cette alliance du général Boulanger et des royalistes dont nous venons d'écrire l'histoire détaillée,
aurait pu être connue dès la fin de 1888. En effet, le
28 octobre, le journal *Paris* reproduisait un article
du *Moniteur du Puy-de-Dôme* qu'il est instructif de
reproduire :

Ce n'est un mystère, pour personne disait le *Moniteur du
Puy-de-Dôme,* que les plus actifs partisans de l'alliance
entre royalistes et boulangistes se trouvent dans la droite
de la Chambre et au journal *le Gaulois.* Depuis assez
longtemps les inventeurs et les propagateurs de l'idée de
la .« combinaison intermédiaire » se réunissaient dans

l'hôtel de Madame la duchesse d'U... Là, fréquentaient assidûment MM. Arthur Meyer, de Martimprey, de Breteuil, de Mun, etc. C'est là que fut étudiée, puis décidée, l'alliance formelle à conclure en vue des prochaines élections entre M. Boulanger et le comte de Paris.

M. Boulanger, pressenti par d'officieux intermédiaires, déclara qu'il ne se sentait personnellement aucun goût pour la dictature. Il avait, au contraire, des sympathies pour le comte de Paris et pour le prince Victor, et il aurait volontiers favorisé l'accession de l'un d'eux au pouvoir. On comprit ce que signifiaient ces préférences éclectiques et on demanda à M. Boulanger quelle récompense il exigerait après avoir ramené le comte de Paris sur le trône. M. Boulanger découvrit aussitôt qu'il avait, réflexion faite, des préférences marquées pour le comte de Paris, et il exprima le désir de recevoir, comme récompense de ses services, un titre et une rente annuelle de deux millions. Particularité qui serait amusante, si le sujet en lui-même n'était pas aussi triste, il manifesta l'intention de troquer plus tard contre un autre son nom de Boulanger, qui ne lui a jamais plu et qui, dans ses destinées futures, lui paraîtrait sonner d'une façon trop roturière.

Ces conditions, qui n'engageaient que l'avenir, furent acceptées sans difficulté. On détermina ensuite le plan de campagne à adopter pour la réalisation des projets des nouveaux alliés. Il fut convenu que dès ce moment l'alliance serait permanente et complète en vue des élections. Dans chaque circonscription, suivant les circonstances, on accentuera le Boulangisme ou le Royalisme. On a la conviction d'obtenir ainsi une majorité dont le premier acte sera de porter M. Boulanger à la présidence du Conseil, Celui-ci, ayant fait choix de collaborateurs sûrs, fera un coup d'État. Il exilera M. Carnot et rappellera le comte de Paris. Tous les points de ce plan de campagne sont si

bien arrêtés que les portefeuilles sont attribués d'avance :
M. de Martimprey aura la guerre et M. de Breteuil les
affaires étrangères...

Il restait le point le plus important : obtenir l'adhésion
formelle de M. le comte de Paris. La duchesse d'U... fut
chargée de cette mission. Le comte de Paris était aux
eaux d'Ems; elle se transporta à Coblence afin d'être à
portée de le voir. Le comte de Paris, mis au courant des
négociations qui avaient eu lieu à Paris, les approuva
complètement. De part et d'autre on prit des assurances.
Les collaborateurs de M. Arthur Meyer croient avoir la
certitude que le général Boulanger observera cette fois sa
parole.

Le traité d'alliance définitivement conclu, il restait à
préparer des deux côtés la campagne électorale. Malgré
l'histoire des mandats trouvés chaque matin dans son
courrier, l'argent était ce qui manquait le plus au général Boulanger. Le comte de Paris n'en a pas donné, mais
la duchesse d'U... et quelques autres gros personnages
de la conspiration ont constitué les premiers fonds, qui
sont considérables. On est allé solliciter un raffineur de
sucre, M. S... dont le dévouement a été déjà mis à l'épreuve,
et un richissime financier étranger, M. le baron de H...,
dont le parti monarchiste a déjà obtenu jadis six cent
mille francs.

Tel est le récit exact, quoique incomplet, des incidents
qui ont précédé et suivi la conclusion d'un traité d'alliance formel entre le comte de Paris et M. Boulanger.

*
* *

Il est certain que cet article contient beaucoup
d'erreurs. L'auteur s'est trompé notamment sur
les bailleurs de fonds; il s'est encore trompé dans

les détails qu'il donne des débuts de l'intrigue.

Mais les vérités dites par le *Moniteur du Puy-de-Dôme*, beaucoup plus nombreuses et plus frappantes que les erreurs qui les accompagnaient, effrayèrent grandement les royalistes.

On se demanda par exemple comment le journaliste avait pu connaître l'entrevue de Coblence. Pendant vingt-quatre heures, les intéressés attendirent dans l'inquiétude quel effet ces révélations produiraient. Mais elles passèrent inaperçues. Même M. Sigismond Lacroix, dans le *Radical*, déclara solennellement qu'il n'y fallait prêter aucune attention, car les royalistes n'avaient pas assez d'esprit politique pour faire de si vastes projets.

L'indiscrétion dont avait profité le *Moniteur du Puy-de-Dôme* n'eut donc aucune conséquence. Au bout de deux jours elle était oubliée, comme les fausses nouvelles que lançait chaque jour la presse officieuse dans le but de discréditer Boulanger.

L'ÉGLISE

LE DISCOURS DE TOURS

S'il y eut des négociations entre le général Boulanger et les prétendants, il n'y en eut pas, à proprement parler, entre lui et ce qu'on appelle le parti clérical.

Les catholiques étaient mécontents de la République parlementaire.

Ils vinrent tout naturellement à celui qu'elle combattait. Cela se fit sans pourparlers, sans débats. Une partie très considérable du clergé fut boulangiste par ressentiment contre le régime existant. Ce n'est pas que le boulangisme fît des avances à l'Église et que son personnel pût rassurer les consciences catholiques.

Le Comité national était un ramassis d'impies.

Les bonnes gens pieuses pouvaient le considérer comme un des vestibules de l'enfer, car il ne s'y trouvait pas un « juste » au sens religieux du mot.

M. Naquet a fait voter le divorce. Il a introduit dans la loi civile une disposition qui est un outrage direct et permanent à la religion catholique.

M. Henri Rochefort est un des blasphémateurs les plus impénitents de cette fin de siècle.

M. Eugène Mayer, qui était un des hommes marquants du Comité au moment des élections de l'Aisne, de la Dordogne et du Nord, mange du prêtre tous les jours dans la *Lanterne*. Il poursuit comme d'une haine personnelle les curés, les religieux, les sœurs.

M. Laguerre est ouvertement athée, il est franc-maçon, — vénérable même d'une loge.

M. Laisant, libre penseur, est l'auteur de la loi qui astreint tous les Français, même les séminaristes, au service de trois ans.

Les autres ne valaient guère mieux au point de vue orthodoxe.

Enfin le général avait fait sienne la loi Laisant, il s'était approprié la formule : « Les curés sac au dos. »

Rien n'attirait donc le clergé et les catholiques au parti républicain national; rien que le désir, bien naturel chez des gens qu'on a taquinés de mille façons pendant dix ans, de faire pièce au persécuteur.

*
* *

C'est seulement à l'entrée du général dans la vie politique, c'est-à-dire après sa mise à la retraite, que les catholiques commencèrent à lui témoigner quelque bienveillance.

Jusque-là, ils avaient été ses ennemis acharnés, comme tous les autres conservateurs.

Quand le duel s'engagea entre le gouvernement et le redoutable général, celui-ci parla de « république ouverte, tolérante, de liberté de conscience ». Cela suffit pour rallier beaucoup de catholiques. On promettait de les laisser tranquilles, de ne plus gouverner systématiquement contre eux. C'en était assez. Tandis que les partis politiques discutaient avec le général, lui imposaient des conditions, lui vendaient leur appui contre de vaines promesses, les catholiques — les petits curés de campagne, le bas clergé — se donnèrent sans marchander.

Dans les élections de la Dordogne, de l'Aisne, du

Nord, ils votèrent, dans l'espoir d'un régime plus libéral, plus tolérant, pour le candidat de M. Eugène Mayer et de M. Rochefort.

Le général n'eut, de ce côté, aucune démarche à faire, nul engagement à prendre.

On se contenta de ce qu'il disait et de ce que répétaient les journaux sur le respect dû à la liberté de conscience, « le croyant libre dans sa foi — l'athée libre dans sa philosophie incrédule », disait la *Cocarde*. Cette formule satisfaisait la masse catholique qui n'a pas l'esprit sectaire du prosélytisme.

LA CROIX

On alla ainsi tacitement d'accord jusqu'au mois d'août 1888. Avant la triple élection, un petit journal religieux, dont la circulation dans les presbytères et dans les sacristies est assez grande, la *Croix*, ne voulut pas recommander la candidature du général Boulanger sans avoir obtenu de lui un engagement ferme.

Elle lui fit télégraphier, dans la Charente-Inférieure, où il était, pour lui demander « s'il voterait la liberté de la religion, de l'association, de l'enseignement, et s'il ne persécuterait jamais, comme beaucoup le redoutaient ».

Je réponds sans difficulté à votre télégramme, écrivit

aussitôt le général Boulanger, je ne ferai jamais, quoi qu'il arrive, de persécution religieuse ; car, si j'en faisais, j'agirais contre ma conscience et contre mes intérêts.

La Rochelle, 11 août 1888.

GÉNÉRAL BOULANGER.

On donna à cette dépêche une immense publicité.

L'alliance était faite entre le parti républicain national et les catholiques, alliance honorable, car les conditions en étaient parfaitement avouables. Le général n'avait pas promis de rétablir « le gouvernement des curés ».

Il disait tout bonnement : « Je ne traiterai pas en ennemis ceux qui sont catholiques. »

C'est là de la politique vraiment nationale, de la politique comme la République parlementaire a eu le tort de n'en pas faire.

Car tous les citoyens, dans un pays libre, ont droit à la même liberté et, pour leurs opinions ou leurs croyances, à la même impartialité de l'État.

M. DELAHAYE

Si le peuple catholique était entraîné dans le torrent, les chefs gardaient encore une certaine réserve.

Ils auraient voulu des déclarations plus explicites·
que la laconique dépêche à la *Croix*.

Au commencement de 1889 ils se décidèrent à les
demander.

Il y avait, à Tours, un journaliste de talent,
M. Delahaye, directeur du *Journal d'Indre-et-Loire*,
et aujourd'hui député de Chinon. M. Delahaye est
un catholique ardent ; il est catholique avant tout. Il
avait même trouvé le moyen de l'être plus que son
archevêque et que le pape.

A propos de je ne sais plus quel incident, il se
gendarma contre l'archevêque de Tours. Celui-ci se
plaignit au Vatican qui, après une longue instruction,
ordonna au journaliste de se soumettre.

Il le fit, rétractant ce qu'il avait écrit.

M. Delahaye avait été un adversaire du général
Boulanger pendant longtemps, mais la politique tolérante que le parti national disait être la sienne finit
par l'attirer.

Il était lié avec M. Lucien Millevoye, un des
hommes du nouveau parti les-plus sincèrement
ralliés à la République.

M. Millevoye le chapitra, dit-on, le convainquit
de la sincérité du général quand il disait : « Plus de
persécutions ! »

A la fin, M. Delahaye se **rendit**. Il **vint** à Paris et
vit M. Naquet.

— Le général consentirait-il à venir à Tours, où il
exposerait sa politique religieuse ?

— Oui, je le crois; quant à moi, je ferai très volontiers des déclarations de pacification religieuse.

— Jusqu'où iriez-vous? Jusqu'à reconnaître aux couvents la liberté d'exister?

— Oui.

— Ce serait parfait.

— Eh bien! je vais en parler au général. Revenez me voir.

Quand M. Delahaye revint, M. Naquet lui montra le discours qu'il avait préparé.

Le journaliste catholique aurait encore voulu prendre connaissance et copie du discours du général Boulanger.

— Vous ne l'aurez pas, répondit M. Naquet. Boulanger ne veut pas que ses déclarations soient connues avant d'avoir été faites par lui-même.

M. Delahaye s'en alla. Il communiqua, paraît-il, le discours aux rédacteurs de la *Croix*, du *Monde*, de l'*Univers*, à tous les écrivains catholiques.

Il est certain qu'il le fit lire à l'évêque d'Angers.

En rendant à M. Naquet sa copie, M. Delahaye lui dit :

— Mgr Freppel aurait désiré que vous vous prononciez pour la séparation de l'Église et de l'État sous cette condition que les biens du clergé lui seraient, en partie tout au moins, restitués.

— Je ne peux pas aller jusque-là, répondit le vice-président du Comité national. C'est la nation qui prononcera par le *referendum* sur cette question et sur ses annexes.

On alla à Tours deux jours après le premier départ du général pour Bruxelles, le 17 mars 1887.

La manifestation fut grandiose et eut un très grand retentissement.

Le boulangisme avait promulgué son Concordat.

Les catholiques n'avaient plus de raison de ne pas entrer dans la République, puisqu'on voulait la leur rendre « habitable ».

Le discours de Tours fut un des actes politiques les plus importants et les plus habiles du général Boulanger.

Le chef du parti national définit ainsi le gouvernement tel qu'il le concevait : « une République donnant à ce pays un gouvernement fort, la République protectrice des humbles et des petits, la République préoccupée avec passion des intérêts du peuple, la République enfin respectueuse de la liberté individuelle sous toutes ses formes, et, en premier lieu, de la liberté de conscience, qui est la première et la plus respectable de toutes les libertés. »

*   *
*

A cette République ainsi comprise, M. Delahaye adhéra. La veille encore, il avait eu des hésitations. Il aurait voulu que le général fût reçu à Tours par un comité qu'il avait formé et qui s'intitulait *Comité national*.

— Je serai reçu, avait répondu le général, par le Comité *républicain* national, ou je n'irai pas. Pour venir avec nous, il faut accepter la République et l'affirmer.

M. Delahaye s'était incliné.

Plus tard, il faillit être puni par les royalistes de son ralliement à l'armée républicaine.

Quand, à Londres, M. Naquet négocia avec M. Auffray, agent de la droite, en vue de la confection des listes de candidatures, il trouva sur le nom de M. Delahaye une vive résistance.

M. Auffray réclamait le siège de Chinon pour un royaliste pur.

— Je refuse de céder, dit M. Naquet, vous voulez écarter M. Delahaye parce qu'il s'est déclaré des nôtres. Je le maintiens et nous ne vous l'abandonnerons pas. Il est sous la sauvegarde de notre intérêt politique et de notre honneur.

M. Auffray n'insista pas. C'est ainsi que M. Delahaye est député contre le gré de ses amis de la droite.

* *

A propos de ce discours de Tours, qui scella définitivement l'accord des catholiques avec le Parti républicain national, contons une anecdote.

M. Georges Thiébaud, quand il connut le projet du général de formuler la politique religieuse du parti, proposa de faire cette manifestation dans l'Est.

En 1870, des paysans d'un village des Ardennes

reçurent à coups de fusil un bataillon prussien.

Ils tuèrent deux ou trois soldats ennemis.

La population réfugiée dans l'église fut bloquée.

Le commandant allemand déclara que, pour la vie de ses hommes, il lui fallait cinq victimes. Le sort devait les désigner.

On procéda à cette terrible formalité. Un de ceux qui furent marqués pour la mort était un brave père de famille. Il élevait cinq enfants.

En voyant le désespoir de cet homme, le curé eut une inspiration admirable :

— Mes enfants, dit-il, Dieu défend le suicide, mais il n'interdit pas le sacrifice. Ma vie est moins utile que celle de ce père de famille. Je prends sa place.

Il se livra et fut passé par les armes.

M. Thiébaud conta cette belle histoire d'héroïsme à la Ligue des Patriotes.

Il voulait que la Ligue ouvrît une souscription pour élever sur la tombe du brave curé un petit monument.

Le général serait allé l'inaugurer et, sur la tombe de ce prêtre patriote, il aurait célébré l'héroïsme des humbles morts pour la France, loué les vertus du petit clergé et fait... le discours de Tours.

L'idée était aussi politique que grandiose. Mais on n'avait pas le temps d'attendre.

Le général voulait quitter la France.

Il alla donc en Touraine.

Voilà pourquoi le brave curé n'a pas encore été

glorifié comme il le mérite, et pourquoi ce héros n'a pas même une tombe quand tant de malfaiteurs ont des statues.

LES DÉPARTS DU GÉNÉRAL

LE PREMIER DÉPART

On ne connaît qu'un départ du général Boulanger, et encore le connaît-on fort mal. On sait qu'il prit le train le 1ᵉʳ avril en compagnie de Mᵐᵉ X..., qu'il acheta des oranges au moment où la locomotive allait se mettre en marche, et qu'il débarqua à Bruxelles, à l'hôtel Mengelle, sous le nom de M. Bruno.

Nous raconterons ce qui se passa dans la coulisse avant cette fuite définitive. Mais il faut commencer par le récit du premier départ.

Il eut lieu le 14 mars. Rien ne le faisait prévoir. Le général semblait s'amuser fort des avis alarmants que lui faisait donner M. Constans par les agents qui pullulaient rue Dumont-d'Urville.

C'est en effet le gouvernement qui voulut que son ennemi s'échappât; c'est lui qui eut l'habileté de l'amener à commettre cette faute capitale de s'en aller au plus fort du combat, quand il ne restait plus à donner au régime, pour qu'il s'écroulât, qu'une dernière poussée.

On ne désirait pas, dans le monde opportuniste et radical, un débat contradictoire devant la haute Cour.

Qu'en résulterait-il?

D'abord, quand le procès fut chose décidée, les armes manquaient à l'accusation. Elle n'avait pas même le semblant de preuves qu'elle se procura plus tard par la saisie de la cantine chez la mercière de la rue des Abbesses.

Donc il valait mieux que le général fût en fuite et jugé par contumace. En se dérobant, il tirait le gouvernement d'une grosse difficulté, celle où il se serait trouvé d'étendre le procès, d'y comprendre au moins une dizaine d'inculpés.

Le général n'aurait pas comparu seul devant la haute Cour. Il est hors de doute que MM. Laguerre, Naquet, Thiébaud, Laisant, Déroulède, et peut-être quelques autres, sans parler, bien entendu, de MM. Rochefort et Dillon, l'auraient accompagné.

Un tel procès eût causé une grande sensation. Les accusés se défendant eux-mêmes auraient mis à néant presque toutes les charges élevées contre eux.

L'iniquité de la justice politique, frappant des hommes qui se seraient bravement défendus, aurait apparu avec plus d'éclat dans un grand débat entre M. de Beaurepaire et tant d'accusés éloquents.

Il y avait donc tout intérêt à faire partir le général. Lui hors de France, c'était la grande puissance de séduction personnelle qu'il exerçait annihilée. Il ne pourrait plus lui-même faire sa propagande. La direction du parti passerait aux mains des lieutenants qui, malgré tout leur talent et toute leur activité, ne suppléeraient pas entièrement le chef.

L'éclipse du général, au moment critique, devrait encore, pensait M. Constans, démoraliser ses partisans. La légende serait atteinte.

Malgré tous les inconvénients du débat contradictoire, le gouvernement, qui jouait sa dernière partie, s'y serait sans doute résigné. Ce qui se passa après la démission de M. Bouchez en est la preuve.

*
* *

C'était encore une mauvaise affaire pour le ministère que cette retraite du procureur général refusant de requérir contre le général Boulanger.

Une accusation devant laquelle la conscience pourtant antiboulangiste de M. Bouchez se révoltait, passait pour une fausse et calomnieuse accusation.

Mais le vin était tiré, il fallait le boire. Après la démission de M. Bouchez, on appela M. de Beaurepaire qui, lui, n'hésita pas et, sur de simples présomptions, demanda que la haute Cour fût réunie.

L'intérêt du gouvernement était de se débarrasser du général Boulanger et de ses amis, du plus grand nombre possible de ses amis. A la rigueur, et si on n'avait pas pu faire autrement, on les eût livrés à la justice politique du Sénat. Mais le mieux était de les faire s'exiler eux-mêmes.

On chercha à effrayer et le général et les plus re-
doutés de ses lieutenants. On aurait désiré que,
outre Rochefort et Dillon, MM. Naquet, Laguerre,
Laisant, Déroulède, Thiébaud prissent le train de
Bruxelles.

Nous conterons en détail les tentatives faites pour
les pousser hors de France.

Ils résistèrent. S'ils eussent écouté les conseils
que, par la voix d'amis trop vite effrayés, la police
leur fit donner, ils auraient été enveloppés dans
l'accusation de M. de Beaurepaire et aujourd'hui ils
seraient proscrits comme leurs amis.

Si, avant le 14 mars, le général Boulanger ne
s'était ouvert à personne de son projet de mettre la
frontière entre lui et ses ennemis, on avait, avant
cette date, et depuis la chute du cabinet Floquet,
envisagé dans l'état-major du parti l'éventualité
d'une poursuite devant la haute Cour. Comme on le
verra par la suite de ces récits, l'avis de tous les boulangistes avait été que le général Boulanger devait
demeurer en France et regarder en face ses ennemis.

Au contraire, tous avaient jugé que Rochefort et
Dillon avaient le devoir de se mettre à l'abri.

Rochefort en prison, c'eût été l'*Intransigeant*
démantelé; une des plus grandes forces du parti
détruite par conséquent.

Quant à Dillon, dans leur ignorance des sources
de l'argent, les républicains qui entouraient le général pensaient que c'était le comte et ses amis qu

fournissaient au parti ses subsides. Sa liberté ne leur paraissait donc pas moins nécessaire que celle du grand journaliste de l'*Intransigeant*.

Un jour de mars 1889, avant le premier départ du général, M. Naquet, sortant avec Rochefort de dîner chez M. Lalou, lui dit: « Rochefort, il faudra bientôt que vous partiez pour nous garder l'*Intransigeant*, car, s'ils vous arrêtent, ils vous mettront au secret et ne vous permettront pas, du fond de votre cellule, de les malmener tous les jours à 250 000 exemplaires. »

*
* *

Tel était l'état d'esprit des boulangistes du grand état-major. Aussi bien cette opinion était-elle celle de tous, dans tous les rangs du parti. Et jamais elle ne varia.

Dans les démarches faites pour décider le général à rentrer en France, il ne fut jamais question de ramener Rochefort, dont la plume irremplaçable est une arme que l'on ne saurait dans son parti, de propos délibéré, laisser briser.

Malheureusement pour le boulangisme et pour le général, les avis raisonnables ne prévalurent pas.

Boulanger partit donc pour la première fois le 14 mars 1889.

La veille, après la séance où le Sénat avait voté l'autorisation des poursuites contre M. Naquet, impliqué dans l'affaire de la Ligue des Patriotes, il était allé le soir en visite chez Mme la duchesse d'Uzès.

Incidemment il avait parlé des bruits d'arrestation qui couraient. Il avait montré, à ce propos, une gaieté qui avait paru forcée.

La duchesse en avait même fait la remarque au marquis de Breteuil, qui lui aussi trouvait que la bonne humeur exubérante n'était pas naturelle dans un moment si critique.

Plus préoccupé, il eût paru plus calme. Mais ni la duchesse ni le marquis ne soupçonnèrent qu'il dût partir le lendemain.

La Chambre, après le Sénat, avait été saisie par M. Bouchez, procureur général, d'une demande d'autorisation de poursuites contre des députés. Celle-là visait MM. Laguerre, Laisant et Turquet, membres du comité directeur de la Ligue des Patriotes.

L'examen de cette demande était à l'ordre du jour du 14.

Vers dix heures, le matin de ce jour, le comte Dillon alla chez M. Naquet et lui dit, après les banalités d'usage :

— La situation est grave, très grave. Le général va être arrêté. Le procès fait à la Ligue des Patriotes n'est qu'un premier pas fait sur nous. En agissant, le gouvernement va sentir son audace grandir. Il faut mettre le chef à l'abri, il faut que le général parte. Qu'en pensez-vous?

— Je pense, répondit M. Naquet, que le général doit tout braver, rester quand même. Car, s'il part, nous sommes perdus.

— Je ne suis pas de votre avis. Une armée ne combat pas sans chef. Mais voulez-vous venir chez le général, mon cher vice-président? ajouta le comte.

Ils partirent ensemble.

* * *

Le général était seul. On ne peut pas dire qu'il discuta avec M. Naquet. La discussion eut lieu entre ce dernier et M. Dillon, en sa présence.

A son attitude, M. Naquet devina qu'il était décidé, que, quoi qu'il pût dire, le général s'en irait. Il n'en parla pas moins comme il sait parler, avec éloquence et chaleur.

— Pourquoi ce départ? On n'oserait pas arrêter l'élu de Paris. Mais si on osait, quel effet sur l'opinion publique! Le général en prison verrait doubler sa popularité. On le calomnierait, on le salirait. Mais l'opinion se refuserait à accepter les calomnies contre un homme malheureux, contre un prisonnier, victime de la haine et de la peur d'un gouvernement détesté.

Le départ! Mais ce serait une folie... Le général avait une légende de bravoure et de crânerie. Et à la première menace, il fuirait! Il n'aurait été superbe et arrogant que dans le triomphe... C'était impossible.

Le général ne perdrait pas la partie au moment de la gagner, en commettant cette irréparable faute. On sort de prison plus facilement qu'on ne revient d'exil.

Dillon répondait avec mauvaise humeur par l'ar-

gument qu'il avait déjà formulé : Que deviendrait
l'armée sans le chef ?

, C'était tout perdre que de laisser emprisonner le
général. Puis, ne le tuerait-on pas en prison? Les
gens du pouvoir étaient capables de tout.

Naquet répliquait que c'étaient là des craintes
chimériques, que le général serait protégé par la
sympathie farouche du public, qu'à la première in-
disposition la France crierait à l'empoisonnement,
que jamais on n'oserait commettre ce crime, même
si on y pensait.

Et toujours, pendant que le général, à son habitude, arpentait à grands pas son cabinet de travail,
M. Dillon répétait sous des formes variées son fameux raisonnement de l'impossibilité pour des soldats de vaincre sans chef.

M. Naquet se retournait vers le général pour trouver dans son regard une approbation, pour y lire un
encouragement. Il n'y voyait rien, rien que de l'impatience mal dissimulée.

La résolution était prise.

*
* *

A la fin, le général se mit à parler. « Les raisons
pour et contre étaient graves. Il n'avait encore rien
décidé. Mais s'il partait il voulait être couvert. Naquet ne pouvait pas lui refuser une lettre par laquelle il lui donnerait le conseil de s'éloigner. Il fallait que les conseillers politiques les plus autorisés

du parti couvrissent de leur responsabilité l'acte politique que le général accomplirait en échappant à ses ennemis. »

M. Naquet hésita... mais il céda.

Quels regrets il en eut plus tard !

— Mon général, je ne puis pas vous refuser ce que vous me demandez. Mais je vous en conjure, ne partez pas.

— Mais je ne pars pas encore, croyez-le bien. Il faut pourtant être prêt à tout événement.

M. Naquet s'assit alors à la grande table chargée de lettres et de papiers, à cette table que tant de milliers de braves gens enthousiastes de la République ont vue, au temps où il y avait rue Dumont-d'Urville des pèlerinages républicains, et il écrivit cette lettre :

Paris, le 14 mars 1889.

Mon général,

En présence de l'attitude des parlementaires aux abois, prêts à tout, même à un attentat contre votre personne, pour lutter contre le courant irrésistible du suffrage universel, je vous engage instamment à quitter momentanément la France.

Vous êtes le chef de notre parti, et votre devoir de chef vous impose de ne pas nous laisser sans direction. Le salut de la République exige votre départ.

Recevez, mon général, l'expression de mon dévouement absolu.

A. NAQUET,
Vice-président du Comité républicain national.

Le général lut cette lettre, la mit dans la poche de son veston et dit : « C'est égal, de tels événements créent de rudes liens d'amitié entre ceux qui y sont mêlés. Ça ne s'oublie pas. » Puis il embrassa avec une émotion non feinte ce malheureux M. Naquet qui, par une condescendance dont il s'est fait depuis d'amers reproches, venait de signer son consentement au suicide de son parti et de se charger en apparence d'une responsabilité qui ne devait pas lui incomber.

Le comte Dillon et M. Naquet sortirent du cabinet, puis de l'hôtel. Il était près de midi.

En montant en voiture, M. Dillon s'aperçut qu'il n'avait plus son porte-cigares.

— Je l'ai laissé sur votre cheminée. Voulez-vous me permettre de vous accompagner pour le reprendre ?

— Avec plaisir.

M. Naquet, arrivé chez lui, remit le porte-cigares au comte qui, pris d'attendrissement — ce qui lui arrivait souvent — lui dit : « Après ce que vous venez de faire, mon cher vice-président, vous avez en moi un frère. Permettez-moi de vous embrasser. »

Et il embrassa M. Naquet, qui décidément était dans un jour de bonheur.

* *

M. Naquet et le comte Dillon venaient à peine de sortir, quand MM. Laisant, Laguerre et Turquet entrèrent chez le général. Il les avait invités à déjeuner et devait se rendre à la Chambre avec eux, pour assister à la discussion de la demande en autorisation de poursuites, déposée contre eux, par le procureur général.

Pendant le déjeuner, le général se montra à son ordinaire. Cependant il laissait deviner des préoccupations. Mais ses convives ne s'en étonnèrent pas.

Les événements ne portaient pas précisément à la gaieté.

En voiture, quand on se rendit à la Chambre, un silence régna.

Laguerre, qui devait répondre au rapporteur de la Commission des poursuites, pensait à son discours. En arrivant près du palais, le général tira de sa poche la lettre que M. Naquet lui avait remise et, après la leur avoir fait lire, il leur dit :

— Je vous demande de m'en écrire une semblable...

— Ah ! fit M. Laguerre.

— Ces gens-là sont capables de tout, dit M. Laisant.

On était arrivé. On n'eut plus le temps de parler.

La séance fut ouverte. M. Laguerre monta à la tribune et s'expliqua sur la demande de poursuites.

Après un discours qui dura plus d'une heure, au milieu des fureurs de la majorité, il remonta à son banc à côté du général Boulanger.

Aussitôt Laisant lui tendit une lettre.

— Voici ce que je viens d'écrire au général, dit-il ;

en face de gens capables de l'assassiner, je n'ai pu
lui refuser de me solidariser avec lui.

Voici la lettre de M. Laisant :

Paris, le 14 mars 1889.

Mon général, mon cher ami,

Au moment où, sous le coup des poursuites votées par
la Chambre, je vais peut-être me trouver en état d'arrestation dès ce soir, j'ai le droit et le devoir de vous parler
avec une absolue franchise.

Vous savez à quel point j'ai toujours écouté avec déférence vos conseils qui ont été constamment ceux d'un
homme de cœur, d'un patriote et d'un bon républicain.

Aujourd'hui, passez-moi l'expression, je viens, et j'en
ai le droit, vous adresser une sommation, au nom de la
cause sacrée que nous défendons l'un et l'autre, dont vous
êtes le chef populaire et autorisé.

Je suis prévenu que le gouvernement de la République
parlementaire, décidé à fouler aux pieds jusqu'aux
apparences de la légalité, se propose de vous faire mettre
en arrestation à bref délai pour vous déférer ensuite à je
ne sais quelle juridiction.

Votre devoir est de vous dérober à ce piège. C'est un
acte de courage civil que je vous impose.

S'il ne s'agissait que de votre personne, si vous n'aviez
à risquer que votre vie et votre liberté, ce serait chose
facile pour un homme tel que vous ; mais vous ne vous
appartenez pas. C'est le parti républicain national qui
est en cause et que les misérables qui nous gouvernent,
prêts à aller jusqu'au crime, veulent frapper à la tête et
au cœur en vous atteignant.

Partez donc, je le répète ; dérobez-vous au piège qui
est tendu à votre parti par la lâcheté des parlementaires.

A bientôt, mon général, c'est-à-dire au jour de la délivrance de notre pays.

A vous de cœur.

LAISANT,
Député de la Seine.

M. Laguerre lut attentivement cette lettre. Puis à son tour il écrivit, sur son pupitre même de député, les lignes suivantes :

Paris, 14 mars 1889.

Mon bien cher ami,

Laisant me communique ses renseignements et la lettre qu'il vous adresse. Je m'associe bien vivement aux sentiments et au désir qu'il vous exprime.

Écoutez, je vous en prie, les conseils de vos amis fidèles et dévoués.

Tout vôtre.

GEORGES LAGUERRE.

Cela fait, il se retourna vers le général :

— Voici, mon général.

Celui-ci aussitôt s'éclipsa. Sa voiture l'attendait dans la rue de l'Université. Le soir même, il prenait le train sans prévenir personne.

*
* *

Cinq heures plus tôt, à quatre heures de l'après-midi, M. le comte Dillon s'était rendu au *Gaulois*, chez M. Arthur Meyer.

Il lui avait dit : « Je suis désolé. Le général part ce soir, à neuf heures. Il m'a donné l'ordre de le suivre. Voici mon ordre écrit. » Et il fit lire à M. Meyer un billet où il lui était enjoint de gagner Bruxelles le plus rapidement et le plus directement possible.

On remarquera ici le double jeu de M. Dillon. Le matin, c'est lui qui discute avec M. Naquet pour le départ.

A l'entendre dans ces deux circonstances, il n'y a de salut que dans l'exil. A quatre heures, il est désolé de voir partir le général ; il lui faut tout son respect pour la discipline pour qu'il se décide à suivre son chef.

C'est malgré ses avis que le général s'en va.

Peut-être, en cette circonstance, M. Dillon était-il l'agent de certaines personnalités orléanistes qui désiraient, contre le gré de Mme la duchesse d'Uzès, de M. le marquis de Breteuil, de M. de Martimprey et de M. A. Meyer, que le général quittât la France.

Pour faciliter les vues de ces personnages, M. Dillon avait tout fait pour obtenir des républicains qui entouraient le général un acquiescement au projet de départ. Puis, pour s'excuser devant les royalistes hostiles à l'exil volontaire, il en rejetait toute la responsabilité sur le général lui-même.

Petites habiletés de ce grand fourbe.

*
* *

Cependant le général était parti à neuf heures. On n'en savait rien.

Le soir à minuit, après avoir fait son journal et corrigé les épreuves de son discours, M. Georges Laguerre, qu'un soupçon avait pris, téléphona rue Dumont-d'Urville. On lui répondit que le général Boulanger n'était pas rentré.

La conviction de M. Laguerre était faite. Il rentra chez lui, atterré surtout de la faiblesse qu'il avait eue, dans un moment d'accablement physique après un long combat de tribune, d'écrire au général pour justifier sa désertion.

Le lendemain matin, de fort bonne heure, il téléphona encore : « Le général était sorti et ne devait pas rentrer, » lui dit-on.

Il n'y avait plus à en douter : le général n'était plus à Paris.

A trois heures, M. Laguerre se rendit à l'hôtel de la rue Dumont-d'Urville.

L'hôtel était, bien entendu, vide.

Seul, M. Laisant, obéissant aux mêmes préoccupations, venait d'y entrer.

Après avoir échangé leurs tristes pensées, les deux députés se rendirent chez M. Dillon, boulevard d'Argenson, à Neuilly.

M. Dillon était absent. Mais Mme Dillon allait recevoir ces messieurs, leur dit-on.

Quelques instants après, on vint appeler M. Laguerre.

Il trouva Mme Dillon en conférence avec Mme la duchesse d'Uzès et M. Arthur Meyer.

Celui-ci s'était rendu, dans l'après-midi, chez la duchesse et lui avait appris le départ dont il s'était assuré après la visite de M. Dillon par les mêmes moyens que M. Laguerre.

Mme d'Uzès avait d'abord été incrédule.

— Ce n'était pas possible. Le général était venu la voir l'avant-veille au soir. Il ne lui avait rien dit qui pût laisser croire qu'il allait partir. Au moins lui aurait-il parlé de son intention, avant de la mettre à exécution. Non, M. Meyer devait se tromper. Le général n'avait pas commis cette lâcheté.

Pour la convaincre, M. Arthur Meyer avait demandé à la duchesse la permission de la conduire chez Mme Dillon, à Neuilly.

Là elle avait tout appris.

Le néral était parti la veille à neuf heures. Le comte Dillon avait pris, lui, le train de six heures le matin même. Depuis midi il était à Bruxelles. Peut-être ramènerait-il le général. Il avait promis à sa femme et à M. Meyer, la veille, de s'y employer de son mieux. Mais la tentative était bien hasardeuse.

M. Laguerre, mis au courant en quelques mots, demanda que M. Laisant fût introduit. On discuta aussitôt les moyens de réparer la faute avant que la police n'eût constaté la fuite.

— Nous demandions à Mme la comtesse de partir, dit M. Arthur Meyer. Peut-être, en joignant ses instances à celles de son mari, décidera-t-elle le général.

— Partez, Madame, insistèrent MM. Laguerre et Laisant. Dites-lui qu'il n'y a présentement aucun danger.

Il y a un express à six heures. Vous serez à Bruxelles à minuit. Il faut que le général prenne le premier train demain matin. Si on apprend son départ au moment où il sera rentré, il pourra dire qu'il est allé en Belgique pour ses plaisirs ou pour ses affaires. Et le mal sera réparé.

Mme Dillon consentit à faire ce voyage.

La veille, après dîner, M. Arthur Meyer était déjà venu chez M. Dillon. Il avait passé la soirée avec lui. Celui-ci, en prévision de son départ, fixé au lendemain matin six heures, avait brûlé ses papiers. Ce faisant, M. Meyer et lui avaient examiné toutes les éventualités que rendrait possibles le non-retour du général.

— S'il reste en Belgique, il faut, avait dit M. Meyer, qu'il adresse immédiatement un manifeste aux Français. Le manifeste devra paraître en même temps que l'annonce de son départ. Il importe qu'il soit fait à l'avance. Si nous en préparions un... je le garderais et le publierais selon les événements.

M. Dillon avait trouvé l'idée bonne.

Séance tenante, le directeur du *Gaulois* avait rédigé un manifeste.

Quand Mme Dillon eut décidé de partir, M. Meyer lui remit le texte de ce document. Il trouvait préférable de le soumettre au général si on devait l'utiliser. Dans ce cas, M. Dillon le lui téléphonerait mot à mot.

Mme Dillon reçut le papier griffonné, le glissa dans son corsage et partit.

*
* *

M. Laguerre et M. Laisant rentrèrent à la *Presse*, pendant que M. Meyer ramenait Mme la duchesse d'Uzès à son hôtel. Ils trouvèrent M. Naquet, qu'ils informèrent.

Tous trois convinrent de dîner ensemble chez M. Laguerre.

— Dillon et sa femme ne seront pas d'un assez grand poids, peut-être, dirent-ils. Il faut envoyer un homme politique, un député, pour le décider à revenir.

Mais qui déléguer?

MM. Naquet, Laguerre et Laisant étaient sous le coup de poursuites pour l'affaire de la Ligue des Patriotes.

Ils ne pourraient pas traverser la frontière, on les arrêterait.

M. Laguerre pensa à M. Le Hérissé. On le fit chercher. Il accourut.

On lui dit ce qui était arrivé et le service qu'il devait rendre au parti.

M. Le Hérissé se déclara prêt à sauter dans le

premier train qui partait à onze heures et demie.

Mais où était le général? A Bruxelles? Nul ne le savait.

Un seul homme pouvait le dire : c'était M. Breuillé, le secrétaire.

On lui téléphona de venir sur l'heure chez M. Laguerre.

Là, on lui demanda :

— Où est le général?

— Je ne peux pas le dire...

M. Laguerre s'emporta.

— Je vous donne l'ordre, au nom du général, de dire à M. Le Hérissé où il est. Nous avons un message de la plus haute importance à lui faire tenir. Il faut que nous ayons son adresse.

M. Breuillé hésitait encore.

— Je vous l'ordonne, nous vous l'ordonnons, répétait M. Laguerre. Nous prenons tout sur nous.

Enfin le secrétaire consentit à écrire pour M. Le Hérissé seul le nom de M. Bruno à l'hôtel Mengelle.

M. Le Hérissé partit.

Ses amis Naquet et Laguerre allèrent prévenir Mᵐᵉ Le Hérissé que son mari ne rentrerait pas le soir et, pour dissiper chez elle toute inquiétude, ils lui dirent la vérité et quelle mission délicate son mari avait acceptée dans l'intérêt de tous.

Ensuite M. Laguerre retourna à son journal. Le secrétaire de la rédaction, M. Lauze, lui dit quand il arriva :

— Vous avez manqué Boulanger d'une minute...

— Que signifie? demanda le député de Vaucluse.

— Le général sort d'ici...

— C'est impossible...

— Demandez-le plutôt à Mermeix qui est au café de la Paix et qui a vu ici le général.

Que s'était-il passé?

* *

Le matin, à midi, le comte Dillon avait trouvé le général seul dans un salon de l'hôtel Mengelle.

Ils avaient lu ensemble les journaux. Ils ne contenaient rien d'alarmant. Le comte avait dit quelle impression fâcheuse avait produit ce départ sur les rares personnes qui l'avaient appris.

Le général, frappé de ces raisons et rassuré surtout par la lecture des journaux, avait promis de repartir à dix heures.

Ensuite Mme X..., à en croire M. Dillon, aurait fait des efforts pour que le général revînt sur sa décision. Mais il ne le voulut pas ou ne l'osa pas.

A six heures, il était monté dans le train avec M. Dillon.

En route, il avait croisé Mme Dillon. Il était arrivé à Paris presque au moment où M. Le Hérissé s'embarquait.

Pour se faire voir, il était venu à la *Presse*, pendant que M. Dillon s'en allait chez M. Arthur Meyer, au *Gaulois*, et lui disait : « Le général est rentré. Mais

' pour rien au monde il ne veut que la duchesse
d'Uzès sache qu'il était parti... »

Ainsi se termina cette chaude alerte.

Le lendemain, à la première heure, M. Laguerre
téléphona chez le général.

— C'est vous qui êtes à l'appareil, mon général?

— Oui.

— Vous ne savez pas comme je suis heureux de
causer avec vous.

— Venez déjeuner.

— Avec plaisir.

Fâcheuse invitation, car c'est à ce déjeuner que
devait être arrêtée l'interpellation si impolitique du
« saucisson », qui exaspéra M. Constans, sans aucun
profit pour le parti boulangiste.

APRÈS LE PREMIER DÉPART. — LA FUITE

(14 MARS. — 1er AVRIL 1889)

Le général rentré à Paris, les inquiétudes de ses
amis ne furent pas calmées. Puisqu'il était parti une
première fois, il repartirait, se disait-on, à gauche
chez les républicains, comme à droite chez les
royalistes.

Les républicains montrèrent plus de philosophie
que les autres. Ils n'essayèrent pas une résistance
impossible.

Ils se résignèrent à la pensée qu'un jour le général leur glisserait dans la main, et ils ne s'occupèrent que de préparer l'opinion publique à apprendre cette mauvaise nouvelle.

Ils ne renoncèrent pas cependant à donner de bons conseils au général, au contraire. Les quatre républicains qui avaient été mis au courant du premier départ trouvèrent à plusieurs reprises l'occasion de dire combien serait funeste au parti l'exil de son chef, quel déplorable effet produirait sur l'opinion publique une fuite devant ses ennemis, etc., etc.

En même temps qu'ils s'efforçaient vainement par des raisonnements de retenir le général, ils s'en allaient de l'un à l'autre, posant avec des airs dégagés la question :

« Que dirait-on si le général s'en allait? »

Invariablement la réponse était celle-ci : « Il serait perdu et nous avec lui. Il ne ferait pas cela. »

Alors M. Naquet entamait une belle dissertation :

« Au premier moment l'impression serait mauvaise. Mais tout aussitôt les paysans et les ouvriers diraient : « C'est un malin qui a joué le tour aux gendarmes, « il est plus fort que le gouvernement. »

On lui objectait qu'il valait mieux en France, surtout quand on avait la légende du général, passer pour moins malin et pour plus brave.

. On voyait à cette objection une angoisse dans les grands yeux si expressifs de M. Naquet.

Mais il ne convenait pas de la faiblesse de son

raisonnement. Il s'en allait l'exposer ailleurs. Il fut pendant deux semaines une sorte de Juif errant du sophisme.

Pas convaincu du tout, il jouait la sincérité même devant ses plus intimes amis.

Il ne pouvait pas dire : « Je cherche au général une piètre excuse parce que je sais qu'il va s'en aller. »

Le secret ébruité fût devenu rumeur publique. Mais il voulait que le jour où le départ serait un fait accompli et connu de tous, la même justification fût tentée en même temps par le plus grand nombre possible d'amis du général.

C'est pourquoi il allait avec une patience et une éloquence admirables, colportant son discours sur l'excellente impression que ressentiraient les paysans à la nouvelle que le général aurait échappé aux gendarmes.

LES ROYALISTES

Les royalistes qui manœuvraient parallèlement aux républicains du Comité national, sans avoir de contact avec eux, ne prirent pas aussi facilement leur parti de la faute qui allait se commettre.

Ils pressèrent vivement le général de renoncer à ses projets. Ils lui offraient des châteaux dans les environs de Paris. Il ne fallait pas, disaient-ils, que la police le trouvât chez lui quand elle s'y présenterait. Si le ministère faisait chou blanc rue Dumont-d'Urville, tous les rieurs seraient du côté du général. Et quand celui-ci aurait dit : « Vous ne m'avez pas arrêté, parce que je ne l'ai pas voulu, parce qu'il m'a plu de dépister votre police, mais je me livre, » il aurait cause gagnée.

On le verrait à la fois « très habile et très crâne ».

Mais le général, pour des raisons que nous avons déjà exposées, préférait l'exil.

Son ami, M. Dillon, après avoir, comme nous l'avons raconté, arraché à M. Naquet et indirectement, par M. Naquet, à MM. Laisant et Laguerre, une justification écrite du départ, travaillait les royalistes pour les familiariser avec l'idée que le général quitterait la France.

Peut-être, en manœuvrant ainsi, M. Dillon n'était-il pas seulement l'agent du général. Sans doute, nous l'avons déjà dit, il savait que, dans le haut monde royaliste, de très puissants personnages n'étaient pas hostiles au départ, au contraire.

M. Dillon, que nous avons vu annonçant avec désolation à M. Meyer le premier départ; M. Dillon, qui ramena le général de Bruxelles le 15 mars; M. Dillon, que nous verrons encore chez M. Meyer le jour du second départ, montrant un visage contrit, avait, on s'en souvient, vivement plaidé, contre M. Naquet, la cause de la fuite.

Nous allons le voir soutenir la même cause dans un important conciliabule royaliste.

Ce double jeu s'explique par le désir du comte de se ménager de tous côtés.

Aux royalistes partisans du départ, il pouvait dire :

« Voyez comme je défends votre avis. Voyez ce que j'ai obtenu de Naquet. »

Aux autres il disait :

« Je suis obligé de défendre malgré moi l'opinion du général. Je le blâme, mais j'obéis : je souffre d'être si obéissant. »

Et, de part et d'autre, on ne pouvait, chez les royalistes, que s'écrier :

« Est-il assez gentil, ce comte Dillon ! »

*
* *

A la fin de mars, très peu de jours avant la fin de ce mois, quelques personnalités royalistes, au courant de l'intrigue, étaient réunies dans un salon et parlaient de l'éventualité du départ du général.

Les avis étaient partagés : on décida de s'éclairer sans retard sur les vraies intentions du général.

On se rendit chez la duchesse d'Uzès, où M. Dillon fut appelé par le téléphone.

Les assistants étaient MM. le marquis de Beauvoir, de Mackau, de Breteuil, Arthur Meyer, de Martimprey.

Mme la duchesse d'Uzès ne prit aucune part à la discussion.

Dans son cœur de femme vaillante, elle désapprouvait les projets de départ qu'une prudence, plus politique que guerrière, inspirait.

Mais on parlait de danger de mort suspendu sur la tête du général.

Elle n'osa pas défendre son avis. Excès de délicatesse chez cette grande dame, qui jamais ne se prévalut de l'autorité que lui donnaient ses grands sacrifices.

Elle ne voulut pas imposer la politique héroïque qu'elle trouvait la meilleure.

Et pourtant, au nom de ses millions jetés dans ce gouffre, elle aurait pu commander.

Elle se renferma, dans cette circonstance comme toujours, dans son rôle de femme. Elle laissa parler les politiques qui, par de savantes manœuvres, devaient finalement perdre la cause à laquelle elle s'était attachée et pour laquelle elle prodiguait sa fortune.

Ces politiques se divisèrent en deux camps.

Le marquis de Breteuil, M. de Martimprey et M. Arthur Meyer se déclarèrent avec énergie, presque avec violence, contre toute idée de départ.

« Le peuple dirait que le général avait eu peur.

« Un général qui se sauve ! ce serait d'un effet désastreux. »

MM. Dillon et de Mackau exprimèrent l'avis contraire.

On connaît le raisonnement de M. Dillon. Il ajouta, dans ce milieu où il n'avait rien à cacher, que, pour la continuation de l'alliance entre les républicains du Comité national et les royalistes, il était indispensable que lui et le général fussent en liberté.

« Lui en prison, disait-il, les républicains tireront à gauche, où les appellent leurs tendances, et toute l'opération sera manquée.

— Mais, répondait M. Meyer, partez, vous. C'est le général qui doit rester. Vous n'avez pas de légende à sauver. La bonne politique, qui commande que le général reste en face de ses ennemis, en les défiant, conseille au contraire que vous vous mettiez à l'abri pour achever avec nous la préparation des élections. »

Mais M. Dillon répliquait « qu'il n'avait pas, lui, d'autorité sur les républicains du Comité. Ils étaient en défiance vis-à-vis de lui.

« Seul, le général pouvait les endormir, savait écarter les questions indiscrètes, calmait leurs inquiétudes.

« Rochefort, Naquet, Laguerre, Laisant, Thiébaud, Borie, Susini, Déroulède, Vacher, Laporte, tous, en un mot, seraient intraitables le jour où ils se trouveraient seuls en face de lui, Dillon.

« Mais, convenait le comte, ce n'est pas un congé définitif que nous prendrons, c'est un congé temporaire. Si nous partons, le général et moi, nous reviendrons.

« Si le général reste, je ne m'en irai certes pas.

« Je ne peux pas me séparer de lui. Je partagerai son sort jusqu'au bout. »

M. de Mackau se rangea à l'avis de M. Dillon; il

avait commencé avec M. Dillon le travail préparatoire des élections. M. Dillon était en possession de
tous les secrets de l'organisation boulangiste, il en
tenait tous les fils. Personne ne pouvait le sup-
pléer.

La disparition de M. Dillon rendrait presque impossible la continuation de l'œuvre commencée. Enfin le baron de Mackau hésitait à se charger devant
Dieu de la responsabilité de la mort du général, qui
peut-être ne sortirait pas vivant de prison.

Le marquis de Beauvoir écoutait en silence, comme
Mᵐᵉ la duchesse d'Uzès.

Représentant du comte de Paris, il n'osait pas
émettre un avis qu'on eût pu croire conforme aux
désirs du Prince.

Aussi bien, M. de Beauvoir était venu à la réunion
plutôt pour connaître les opinions de chacun et en
faire son rapport que pour donner la sienne. Cependant, à un certain moment, le tempérament fut plus
fort chez lui que la raison politique. Il s'écria :

— S'il fuit, Boulanger est déshonoré et perdu !

*
* *

La conversation ne pouvait pas avoir de conclusion. On se sépara.

Quelques jours après, on colportait dans les salons
que le comte de Paris se montrait plutôt favorable
au départ.

Il ne se prononçait pas catégoriquement. « Mais

on ne pouvait pas demander au général d'exposer sa vie en se livrant à des hommes qu'on lui représentait comme capables de tout. »

M. Dillon connut sans doute cette manière de penser du Prince. Il sut qu'il ne ferait pas œuvre de mauvais courtisan en encourageant le général dans son intention d'émigrer.

La discussion chez Mme la duchesse d'Uzès eut pourtant une conséquence immédiate. Elle montra officiellement les royalistes divisés sur l'opportunité du départ, la duchesse indécise en apparence entre les deux partis.

Le général fut enhardi à exécuter son projet.

La fréquentation des politiciens avait à ce point perverti déjà son esprit, que cet homme, qui devait tout à l'acclamation populaire, ne se demandait pas, à la veille de commettre un acte aussi grave que son départ : « Que dira le peuple ? qu'en dira la grande foule ? »

Il se disait : « J'ai la moitié au moins des royalistes, de ceux qui me fournissent mes subsides de guerre. J'ai arraché l'approbation des quatre hommes les plus considérables de mon Comité républicain, je ne risque donc rien... » .

L'événement donna à ces prévisions un cruel démenti. En partant, il exposait tout, et il perdit tout.

LE DEUXIÈME DÉPART

C'est le 1ᵉʳ avril 1889 qu'il eut lieu.

Nous avons dit que le général était entouré d'agents de police qui, selon leurs instructions, s'efforçaient de l'effrayer. Ces agents circonvenaient ses amis autant que lui-même. Ils répandaient dans son intimité les rumeurs les plus alarmantes. L'un d'eux était parvenu à entrer dans la confiance du général. Il était venu un jour lui dire : « Je viens d'être révoqué parce qu'on soupçonne mon attachement à votre personne. Mais j'ai conservé des relations au ministère, je puis savoir tout ce qui s'y passe. Employez-moi. »

On l'employa. Il circulait dans l'hôtel de la rue Dumont-d'Urville librement. Il pouvait prendre les noms des visiteurs, écouter aux portes, voler les lettres. Sans doute il n'y manquait point.

Cet homme apportait chaque jour une nouvelle inquiétante. Le ministère était disposé à tout. Le général serait arrêté, et qui sait ce qui arriverait?

Mais cet agent ne servit, comme beaucoup d'autres, qu'à préparer le terrain. C'est un homme de la brigade des recherches de M. Auger qui porta, le 1ᵉʳ avril, le dernier coup. C'est à cet agent que le gouvernement doit le départ du général Boulanger et les succès qui en suivirent. Et c'est à lui sans doute que M. Auger doit la croix d'honneur qui lui a été accordée le 14 juillet dernier.

*
* *

Le 31 mars, les murs du grand cabinet de la rue Dumont-d'Urville entendirent une terrifiante histoire : « L'ordre d'arrêter le général le surlendemain se trouvait sur la table de l'officier de paix Auger.

« Le coup devait être exécuté le 2 avril, à cinq heures du matin, avant l'arrivée des innombrables visiteurs qui envahissaient l'hôtel chaque matin. »

C'était la pure vérité, car « l'agent qui parlait ainsi venait de voir, de lire, de tenir dans ses mains l'ordre abominable de porter la main sur le général auquel il était si dévoué ».

Le général écouta, avec l'attention qu'elle méritait, cette grave communication. Pnis, avec un air de se moquer : « Mon ami, je croirai ce que vous me dites quand vous m'aurez apporté le mandat d'amener et quand, comme vous, je l'aurai tenu dans mes mains, quand je l'aurai vu de mes yeux...

— Ce que vous me demandez là, mon général, répondit l'agent, c'est ma place que j'expose et le pain de ma famille, mais je suis tout à vous.

« Si je puis prendre la pièce, vous la verrez. »

Le lendemain matin, à dix heures, le bon mouchard revenait et, de plus en plus mystérieux et fiévreux, communiquait au général un mandat d'amener lancé contre lui. Comment douter maintenant?

Le papier avait toutes les apparences d'un vrai papier de justice.

Le nom du général y était, il y avait encore des cachets, des signatures illisibles.

En une minute de réflexion, le général (c'est lui qui a conté cette histoire) se serait convaincu que cette pièce était fausse, car ce ne sont pas les officiers de paix des brigades des recherches qui sont chargés d'exécuter les mandats de justice. Leur besogne est de renseigner et n'est point autre. D'autre part, quelle que fût l'audace désespérée du gouvernement, il n'aurait pas mis la main au collet d'un député sans l'autorisation de la Chambre. « L'aspirant dictateur, le moderne Catilina », ainsi que l'appelait M. Reinach, avait donc un répit de quelques jours jusqu'au vote des poursuites. Voilà ce qu'un homme de sang-froid se serait dit.

Mais le général était dans des dispositions d'esprit à ne pas réfléchir et à croire imminent le péril qui certainement, à l'échéance de quelques jours et dans des conditions légales, le menaçait (1).

_____

(1) A notre récit, le _Temps_ a opposé une note de police qui, sans le vouloir, confirme tout notre récit. Voici cette note :

On se souvient peut-être que nous avons les premiers raconté (Dernière heure du 2 avril 1889), avec les détails es plus minutieux, la fuite du général Boulanger. Aujourd'hui, nous trouvons, dans les « Coulisses du boulangisme », un récit de cet événement par lequel on voudrait

*
* *

Cependant, à la vue du faux mandat d'amener, il
ne se troubla pas. Flegmatique d'apparence, ainsi
qu'il l'était toujours, il dit à l'agent : « Je ne crois

faire admettre que ce départ a été préparé par la police.
Un agent, que la police avait instruit à ce rôle, aurait
porté au général Boulanger un mandat d'amener décerné
contre le chef du prétendu parti national et l'aurait ainsi
convaincu de l'imminence de son arrestation ; ce mandat
aurait figuré sur la table de M. Auger, officier de paix, le
31 mars, c'est-à-dire près de trois jours avant le moment
où, selon les dires de cet agent, le général devait être
appréhendé au corps.

Il faut ne pas savoir un mot des attributions des fonctionnaires de la préfecture de police pour avancer un
tel fait. Le rôle de M. Auger ne consiste pas à arrêter les
gens. Dans le cas qui nous occupe, s'il y eut un mandat
décerné, c'est aux mains de M. Clément, commissaire aux
délégations judiciaires, ou à M. Mouquin, commissaire de
police du quartier du Faubourg-Montmartre, qui étaient
tous deux désignés pour l'exécuter, qu'il aurait été remis.
On croira sans peine aussi que les mandats ne sont pas
rédigés trois jours avant d'être présentés aux gens qu'ils
intéressent et qu'on ne les laisse pas traîner sur les tables.

Aucun agent n'a jamais été chargé de l'office dont par-
lent les « Coulisses du boulangisme ». Deux agents, les
nommés L... et G... portaient, il est vrai, en secret, des
renseignements au général Boulanger ; leurs fonctions
ne leur permettaient pas, du reste, de fournir des indications d'un réel intérêt. Dès que le préfet de police a eu
la certitude qu'ils avaient commis cet acte de trahison,

pas encore que ce mandat doive être exécuté.

« Prenez des renseignements. Revenez me voir vers cinq heures. Nous verrons ensuite.

— Mon général, mes renseignements seront les

ils ont été révoqués et ils n'ont pas été réintégrés depuis.

Mais il faut rapporter les circonstances de la fuite du général Boulanger pour bien faire paraître ce qu'il y a de romanesque dans le récit des « Coulisses ». Nous allons ajouter, en outre, quelques détails inédits, qui feront voir que la police n'était elle-même pas encore certaine du départ du général Boulanger, le lendemain du jour où il s'est produit.

Deux inspecteurs, placés sous les ordres de M. Auger, officier de paix, qui est, soit dit en passant, spécialement chargé, à la préfecture de police, de diriger ce qu'on appelle des « filatures », avaient mission de ne pas quitter les abords de l'hôtel de la rue Dumont-d'Urville. Ils opéraient séparément. L'un se tenait à la droite de l'hôtel; le second, à la gauche. Le soir du départ, l'un de ces inspecteurs (nous n'avons aucune raison de ne pas le nommer maintenant : c'est M. Godefroy) vit sortir une voiture où se tenait dissimulé le général; il n'eut pas le temps de prévenir son collègue qui stationnait du côté opposé à celui où il se trouvait lui-même ; il sauta dans un fiacre et suivit la voiture du général. S'il avait pu avertir son camarade, M. Godefroy aurait pris place dans le train où le général devait monter, et il l'aurait suivi jusqu'à Bruxelles.

Cet inspecteur arriva donc seul à la gare du Nord. Il se rendit bien compte, sur le quai d'embarquement, qu'il ne se trompait point, et, dès que le train fut parti, il courut à bride abattue à la préfecture de police. Il informe M. Auger de l'événement, qui suscite un grand émoi. On court chez M. Lozé : celui-ci s'attendait si peu à cette fuite, mêmes à cinq heures qu'en ce moment. Je puis assurer votre départ avant votre arrestation. Je viendrai ce soir. Je donnerai congé à mes hommes sous le prétexte que je ferai moi-même la surveillance.

qu'il était allé passer avec sa famille la soirée à l'Opéra. M. Viguier, chef de cabinet, va immédiatement lui apprendre la nouvelle. Là-dessus M. Lozé quitte le spectacle et court informer à son tour M. Constans; puis M. Tirard, président du conseil, est prévenu. On délibère sur ce qu'il y a à faire. Arrêtera-t-on ou non le général Boulanger?

Tandis qu'on se consulte ainsi, M. Escourrou, commissaire spécial de police à la gare du Nord, informe le commissaire de la gare frontière du passage du général Boulanger, pour le cas où un ordre d'arrestation serait transmis. Enfin on décide de laisser passer le général-voyageur.

On sait que le lendemain de la fuite, le public ne voulait y croire. C'est alors que l'on commença aussi à en douter à la préfecture de police. M. Godefroy est mandé et interrogé avec soin sur le rapport qu'il a adressé relativement à ce départ. « Êtes-vous bien sûr que ce soit lui? » lui demandait-on. Cet inspecteur affirmait qu'il ne se trompait point, et M. Augé, qui avait pleine confiance dans son intelligence, appuyait le dire de son subordonné; mais le service du contrôle général de la préfecture de police, qui, lui aussi, épiait les allées et venues du général Boulanger, soutenait, de son côté, que le général n'était pas parti. Devant ces affirmations opposées, le préfet de police pouvait hésiter maintenant. Bref, on ne fut véritablement certain de cette fuite que vingt-quatre heures après qu'elle eut été accomplie.

Nous pouvons assurer, d'autre part, qu'il n'y a jamais eu, avant la réunion de la haute Cour, de mandat d'amener

Vous aurez donc toute facilité pour sortir sans être remarqué.

« Personne ne soupçonnera votre absence.

« Dans la retraite que vous aurez choisie vous apprendrez la nouvelle. Si demain, à cinq heures, la police ne s'est pas présentée ici, vous pourrez croire que j'ai menti et vous pourrez rentrer, car on aura reculé au dernier moment. »

Sur ces paroles, le bon apôtre se retira pour rapporter chez son chef le faux mandat et la bonne

décerné contre M. Boulanger. On ne s'est préoccupé qu'une seule fois, à la préfecture de police, de l'arrestation du général. C'était environ deux mois après la fuite, un soir. Le ministère de l'intérieur avait fait aviser le préfet qu'il était informé que M. Boulanger allait rentrer à Paris ; les agents de la sûreté générale, qui gardaient les côtes de la France, avaient transmis là-dessus des indications précises. Aussitôt le préfet manda dans son cabinet les personnes de son service (elles n'étaient que quatre) avec lesquelles il avait coutume de s'entretenir de l'affaire Boulanger, et il rédigea un ordre d'arrestation. Mais on sait que le général n'est jamais venu.

L'arrestation du général Boulanger était inévitable ; il ne l'ignorait pas, c'était un bruit comme public et la préfecture n'a pas eu, pour le décider à passer la frontière, à lui dépêcher un agent qui l'aurait averti de ce que tout le monde savait. Le général Boulanger à fui parce qu'il redoutait que des faits de la plus haute gravité, comme notamment son entrevue avec le prince Napoléon, fussent établis dans un débat contradictoire devant la haute Cour ou devant le conseil de guerre et qu'il avait à redouter les suites de sa comparution.

nouvelle que le chef de l'opposition débarrasserait
sans doute le soir le sol de la République de sa dangereuse personnalité.

Presque en même temps, un autre avis alarmant
fut apporté par un homme d'un haut honneur. M. le
comte Maurice d'Andigné, ancien secrétaire du comte
de Chambord. M. d'Andigné, qui fait revivre, de nos
jours, ces nobles et loyaux gentilshommes de la
Vendée héroïque, s'était attaché à la cause du général Boulanger, parce que Boulanger lui avait maintes
fois donné sa parole d'honneur qu'il ne connaissait
qu'un ennemi : l'orléanisme !

L'ancien confident du comte et de la comtesse de
Chambord avait été mis fortuitement en relation
avec un haut fonctionnaire. Celui-ci, dans des entrevues mystérieuses, était venu dire à M. d'Andigné
que le général allait être arrêté.

Aussitôt le comte courut rue Dumont-d'Urville, où
il arriva vers deux ou trois heures. Le général l'é-
couta, lui demanda de s'informer encore et le pria
de revenir vers six heures.

*
* *

Resté seul, Boulanger dut prévenir le comte Dillon, car celui-ci s'en fut à quatre heures chez M. Arthur Meyer et lui dit, comme la première fois :

— Tout est fini, nous partons. J'ai l'ordre écrit de
prendre le train pour Bruxelles à six heures un quart.

En sortant de chez M. Meyer, M. Dillon revint rue

Dumont-d'Urville. Il s'y rencontra sur l'escalier avec un rédacteur du *Gaulois*, M. Bois-Glavy, et il attendit quelques instants, car MM. Naquet, Laguerre et Laisant étaient en conférence avec le général.

Les débats de l'affaire de la Ligue des Patriotes avaient commencé le matin devant la 8e Chambre présidée par M. Gillet. Après l'audience, dont la suite avait été renvoyée au lendemain, les prévenus étaient venus donner à leur ami leur impression. Elle était bonne. Le substitut, M. Lombard, apportait, il est vrai, beaucoup de passion politique dans son réquisitoire. Mais le président, M. Gillet, semblait un magistrat impartial. En somme, l'affaire prenait bonne tournure.

On se sépara donc de fort bonne humeur.

Le général n'avait pas l'air préoccupé du tout.

Sur l'escalier, MM. Naquet et Laguerre rencontrèrent M. Dillon qui, lui, était nerveux et impatient.

Il voulait être reçu tout de suite, mais une autre personne avait remplacé MM. Naquet, Laguerre et Laisant dans le cabinet, et personne ne pouvait y pénétrer.

Le comte fut donc obligé d'attendre.

Il était cinq heures et demie à peu près quand enfin il fut introduit.

**
* **

Que se passait-il?

Avant de recevoir son ami, Boulanger avait fait

appeler l'agent de police que nous avons déjà vu
« travailler » le matin, celui qui avait apporté le
mandat d'amener.

Cet agent avait confirmé tous ses premiers renseignements.

L'arrestation était certaine pour le lendemain
matin. Mais les voies étaient encore libres, car, ainsi
qu'il l'avait promis le matin, l'agent avait renvoyé
tous ses subordonnés. Il était seul à l'hôtel.

Le général pouvait donc s'en aller sans crainte et
se mettre à l'abri où il le jugerait bon.

Il est vraisemblable que l'ordre de départ donné
le matin à M. Dillon et que celui-ci avait communiqué à M. Arthur Meyer lui fut renouvelé de vive-voix.

Il sortit très pressé du cabinet où le rédacteur du
Gaulois fut admis après lui, courut à Neuilly et de
là à la gare du Nord.

Mais il arriva au moment où le train s'ébranlait.
Il était en retard.

Il dîna alors dans le voisinage et rentra dans la
gare pour prendre le train de 9 h. 45. C'était celui
dans lequel devait monter le général.

Celui-ci avait bien recommandé à son ami de se
hâter de partir à six heures. « Pour ne pas éveiller
des soupçons, il fallait voyager séparément. »

Craignant une algarade, M. le comte Dillon se
glissa dans un wagon et réussit à n'être pas vu.

Ils voyagèrent ainsi sans se rencontrer. A Bruxelles
même, le comte put se dérober. Longtemps le gé-

. néral crut que son ordre avait été exécuté et que son *alter ego* était parti à six heures.

Les incidents du voyage ne sont pas émouvants.

Le général sortit de chez lui en fiacre par la rue Lapérouse, se rendit rue de Berry où il prit Mme X...

Ils allèrent ensemble à la gare du Nord où Mme X... acheta des oranges.

Toutes ces démarches furent épiées par un agent de la Sûreté, par celui-là même dont cette fuite était l'œuvre.

Les uns prétendent que M. Constans fit partir un de ses subordonnés dans le train pour empêcher un commissaire de gare trop zélé d'arrêter le fugitif.

D'après ces dires, le ministre de l'intérieur n'aurait été délivré de toute inquiétude qu'en recevant une dépêche disant : « Il a passé la frontière. »

D'autres assurent qu'il n'y avait pas d'agent dans le train; que, même, on fit un arrêt extraordinaire de dix minutes à une station; que pendant cet arrêt on télégraphia à Paris, et qu'on en reçut l'ordre de laisser le général continuer sa route.

Quand les premiers rapports arrivèrent, mentionnant que le général s'était embarqué à neuf heures avec Mme X..., quelques ministres se réunirent. On a raconté que M. Constans, qui était fort mal avec M. Tirard, demanda aussitôt que le fugitif fût saisi avant la frontière, et que le président du Conseil, pour faire pièce au ministre de l'intérieur, s'opposa à l'arrestation. M. Tirard aurait ainsi sans le savoir joué le jeu de M. Constans. D'autres disent que M. Thé-

venet et M. Tirard voulaient au contraire qu'on ar-
rêtât en route, au milieu de la nuit, cet homme redoutable, qui s'en allait devant la peur qu'il inspirait.

« Non, aurait dit M. Constans, ne défaisons pas ce
qu'on a eu tant de peine à faire.

« Maintenant, il est fini. La partie est gagnée.

« Il ne reste plus qu'à accomplir les formalités. »

*
* *

Entre ces deux versions on peut choisir. Mais ce
qui est vrai, c'est le mot attribué à M. Constans,
même s'il n'a pas été prononcé. Oui : c'était fini. Le
général venait de tuer son parti et d'arrêter brusquement sa fortune.

Cette pente que l'on avait mis deux ans à gravir,
on allait la descendre avec une rapidité vertigineuse.

Le boulangisme, qui avait eu la gare de Lyon à
son aurore, fut frappé à mort dans la gare du Nord.

Cet accident se produisit un an et deux semaines
après le rappel de Clermont-Ferrand.

Dans ce court espace de temps, le météore avait
décrit une parabole immense.

Les vieux partis agonisaient, la révolution était
faite dans les esprits et prête à passer dans les choses.

On avait obtenu un grand résultat par le courage
de quarante hommes — de ceux qu'on appelait hai-
neusement la bande, et qui furent un si bel état-major.

Les frais faits au 1er avril s'élevaient à 2 525 000 fr.
sans compter les « lettres chargées ».

Quand le général Boulanger débarqua à Bruxelles, la faute qu'il avait commise en montant dans le train qui emporta sa fortune était irréparable.

Elle était irréparable parce que le départ était connu.

Le départ s'effectua le 1er avril au soir, à l'heure même où M. Gaston Jollivet, le journaliste si apprécié, attendait chez lui avec de nombreux convives le général, qui se fit tardivement excuser par son secrétaire. Le lendemain, les journaux de quatre heures annonçaient l'exode. Aussitôt les boulangistes protestèrent. Cet acte était si peu conforme à ce qu'ils pensaient du général, à ce qu'ils attendaient de lui ! La *Cocarde* fit deux éditions successives pour démentir la « calomnie ».

Et elle était bien sincère, la *Cocarde!* Sans doute, son directeur, M. Le Hérissé, connaissait la triste vérité de la première fuite. Mais son rédacteur en chef, M. Mermeix, et tous ses rédacteurs, qui ignoraient tout, ne feignaient pas l'indignation devant « le mensonge de la presse ministérielle ». Oser dire que leur général, que l'homme si brave qu'ils aimaient tant, qu'ils étaient habitués à considérer comme ne pouvant jamais reculer devant un péril, s'était sauvé ; oser dire cela ! C'était une infamie sans nom !

En même temps, à la Chambre, M. Le Hérissé, M. Chevillon et bien d'autres encore affirmaient qu'ils avaient vu le général le matin, qu'ils avaient déjeuné avec lui.

Leur assurance inquiéta même un instant les ministériels. Si on s'était trompé, si on avait filé un sosie de Boulanger, quelque Salis! N'avait-on pas été dupe d'une manœuvre habilement préparée?

Hélas! il n'en était rien. Parmi ceux qui démentaient, il en était qui ne doutaient point que la nouvelle ne fût vraie. Tel était le cas de M. Le Hérissé, qui avait reçu le matin, à son journal, la visite du capitaine Guiraud. Mais M. Le Hérissé espérait encore que ce départ, comme le premier, serait suivi d'un retour.

*
* *

Ce fut aussi l'espoir suprême de MM. Laguerre, Naquet et Laisant.

Ils étaient au Palais de Justice, à l'audience du tribunal qui jugeait l'affaire de la Ligue des Patriotes, quand on vint leur dire que le général avait quitté Paris. A six heures, pleins d'inquiétude, ils se rendirent rue Dumont-d'Urville. Le général n'y était pas. Mais on répondait aux visiteurs qu'il était occupé.

MM. Naquet, Laisant et Laguerre entrèrent dans le cabinet et s'y enfermèrent. MM. Xavier Feuillant et le capitaine Guiraud s'y trouvaient déjà. L'escalier était encombré de reporters.

L'un d'eux, M. Chincholle, qui avait plus que les autres ses entrées auprès du général, insista pour être introduit. M. Laguerre sortit alors et lui dit :

« Le général est là. Quand j'ai ouvert la porte,

vous avez pu entendre sa voix. Nous préparons avec lui notre défense devant le tribunal. C'est pourquoi il ne peut recevoir personne. Mais il est là, avec nous. »

M. Chincholle demanda où le général dînerait.

« Il dîne en ville et ne sera visible qu'à minuit à la *Presse;* venez-y », répondit M. Laguerre, qui voulait croire encore que le général reprendrait confiance et, comme il l'avait fait le 15 mars, rentrerait.

Dans le cabinet on prit à la hâte des dispositions pour que ce retour s'effectuât. M. Xavier Feuillant s'offrit à partir pour Bruxelles.

M. Laguerre l'emmena à la *Presse.* Il lui remit les journaux. Mais, piquant détail, ces journaux étaient ceux de la rédaction. Ils avaient été découpés, et les informations qui intéressaient le général Boulanger précisément ne s'y trouvaient plus.

A neuf heures, M. Feuillant montait dans le train pour s'acquitter, mais en vain, de sa mission auprès de « M. Bruno ».

A minuit, il y avait foule à la *Presse.* A tous les reporters on disait : « Patientez, patientez, le général ne va pas tarder. »

L'heure de l'arrivée du train de Bruxelles avait sonné depuis longtemps. Le désarroi était à son comble et aussi le découragement.

* *

Enfin, M. Arthur Meyer, directeur du *Gaulois*, en

s'excusant de ne pas se déranger lui-même, fit prier
MM. Laguerre et Laisant de passer à son journal.
Ces messieurs se rendirent à l'invitation.

Et M. Meyer leur communiqua le texte du manifeste expédié de Bruxelles par téléphone et que tout
le monde connait.

Voici ce manifeste

Français,

Les exécuteurs des hautes et basses œuvres qui détiennent le pouvoir au mépris de la conscience publique ont
entrepris de contraindre un procureur général à lancer
contre moi un acte d'accusation qui ne peut être relevé
que par un tribunal exceptionnel constitué par des lois
d'exception.

Jamais je ne consentirai à me soumettre à la juridiction
d'un Sénat composé de gens qu'aveuglent leurs passions
personnelles, leurs folles rancunes et la conscience de
leur impopularité.

Les devoirs que m'imposent les suffrages de tous les
Français légalement consultés m'interdisent de me prêter
à tout acte arbitraire tendant à la suppression de nos
libertés, constatant le mépris de nos lois et faisant litière
de la volonté nationale.

Le jour où, appelé à comparaître devant mes juges
naturels (magistrats ou jurés), j'aurai à répondre à l'accusation que le bon sens et l'équité publique ont déjà
repoussée, je tiendrai à honneur de me rendre à l'appel
de ces magistrats qui sauront faire bonne justice entre le
pays et ceux qui, depuis trop longtemps, le corrompent,
l'exploitent et le ruinent.

D'ici là, travaillant sans cesse à l'affranchissement de

mes concitoyens, j'attendrai en ce pays de liberté que les élections générales aient enfin constitué la république habitable, honnête et libre.

GÉNÉRAL BOULANGER.

Bruxelles, 2 avril 1889.

Tout était fini, qu'allait-on faire?

Le général venait d'abandonner ses amis. Eux furent admirables. Ils résolurent de se solidariser malgré tout avec lui.

A quatre heures du matin, le généreux et si vaillant Paul Déroulède arrivait chez Laguerre, qui se levait immédiatement pour le recevoir.

Ces deux hommes furent tout de suite d'accord : « Il faut le couvrir, dit Déroulède. — C'est mon avis, » répondit Laguerre.

— Eh bien! reprit Déroulède, venez déjeuner demain à l'hôtel Saint-James avec Mme Laguerre. J'ai déjà invité Thiébaud. Nous aviserons.

A ce déjeuner, M. Georges Thiébaud se montra exaspéré. Il récita la lettre qu'il avait écrite déjà et par laquelle il désavouait hautement le général et les conseillers monarchistes auxquels il attribuait la responsabilité de la fuite.

On supplia M. Thiébaud de ne pas publier cette lettre, d'attendre au moins jusqu'au lendemain. Il ne se laissa pas fléchir.

Quelques instants après, il la dictait aux rédac-

teurs des journaux, dans la salle des Pas-Perdus du
Palais-Bourbon. Voici ce document désormais historique :

Je donne ma démission de membre du Comité républicain national. Je revendique, néanmoins, ma large part
des responsabilités qu'il a pu encourir, et j'en réclame la
discussion où l'on voudra, devant qui l'on voudra.

Mais je ne veux pas rester une minute de plus solidaire
de qui que ce soit ayant donné au général Boulanger le
conseil de passer la frontière.

Des agents réactionnaires avaient déjà pris à tâche de
faire douter de la fidélité du général Boulanger. Je les ai
combattus. Ils entreprennent maintenant de faire douter
de son courage : je les désavoue et les répudie.

Peu m'importent les juges et leurs arrêts, cassés d'avance
par le sentiment national. Ce n'est pas dans les juges,
quels qu'ils soient, que j'ai mis ma confiance, c'est dans
l'incorruptible bon sens de mon pays.

Au surplus, quand on embrasse la cause du peuple
contre les oligarchies qui l'exploitent, ce n'est pas pour
faire la fête, c'est pour partager avec l'éternelle victime
qu'on défend le pain amer des exactions et des injustices.

Vive la patrie! Vive la République!

GEORGES THIÉBAUD.

Cette protestation éloquente aurait eu la plus bien-
faisante influence sur les destinées du parti républicain national, si elle avait été appuyée d'une
protestation analogue de MM. Déroulède, Naquet,
Laguerre, Laisant.

Malheureusement ces messieurs, comme tous les

boulangistes d'ailleurs, crurent de leur honneur d'approuver tout haut ce qu'ils déploraient entre eux tout bas. Ils craignirent qu'on ne les accusât de désertion. « La bande » fit tête avec d'autant plus d'énergie qu'elle était plus convaincue de la gravité de la faute commise.

*
* *

Le matin, M. Laguerre avait résolu de convoquer pour le soir les membres du Comité national et quelques amis du général.

Les membres du Comité vinrent presque tous. Parmi les autres personnes présentes, les plus marquantes étaient MM. Millevoye, Silvy, Lenglé, Pierre Richard, Gallian — ce dernier s'était déjà séparé du boulangisme, qu'il voyait trop incliner à droite. A l'arrivée de M. Thiébaud, un incident se produisit, soulevé par M. Saint-Martin, qui demanda si, après la publication de sa lettre, M. Thiébaud avait encore le droit de prendre part aux délibérations du Comité.

L'incident fut vite apaisé. Mais, sur l'observation faite par quelqu'un que les membres du Comité devaient être seuls, on se sépara en deux groupes. MM. Millevoye, Lenglé, Silvy, Richard, Gallian demeurèrent dans le grand salon, pendant que les autres passaient dans le boudoir de Mme Laguerre.

La discussion fut très orageuse. MM. Vergoin, de Susini, Borie, très montés, rappelaient tout le passé, les choses suspectes qu'ils avaient vues, l'abstention dans la Somme, l'abstention dans les Ardennes.

Enfin, on vota cet ordre du jour proposé par M. Déroulède :

Les membres du Comité républicain national, dégagés du secret promis, déclarent que ce sont eux qui ont imposé, à l'unanimité moins quatre voix, le départ du général Boulanger, menacé dans sa liberté et dans sa vie par les parlementaires, décidés à tout pour se maintenir au pouvoir.

Pour le Comité républicain national :

Le vice-président,

A. NAQUET.

Ainsi le Comité avait le courage d'assumer la responsabilité de l'acte qu'aucun de ses membres n'approuvait. Tant de ce côté les liens de dévouement étaient solides !

Cela se passait le 2 avril.

★
★ ★

Le 3, c'était le jour de la dernière audience du procès des Patriotes.

M. Laguerre, après les plaidoiries, avertit le tribunal que lui et ses amis allaient partir en voyage, mais, en leur nom et au sien, il prit l'engagement d'honneur d'être revenu pour le jour du jugement.

Le président répondit que les accusés étaient libres.

Ils prirent à 6 h. 40 le train pour Bruxelles.

Une étrange proposition les y attendait. Le général voulaient qu'ils restassent avec lui en exil. « Si

vous rentrez en France, vous me désavouez, » dit-il
à M. Laguerre et à ses amis.

Mais c'était trop demander; ils ne purent pas aller
jusque-là. Ne fallait-il pas d'abord qu'ils rentrassent
à Paris pour le jugement? M. Naquet, auprès duquel
le général et M. Dillon insistèrent plus particulièrement, répondit qu'il n'obéirait qu'à un ordre du
Comité, et qu'il convenait donc d'attendre que ce
Comité eût été réuni.

Le vice-président du Comité national repartit pour
Paris, pendant que MM. Laisant et Laguerre allaient
à Rouen faire une conférence.

Chez lui, il reçut la visite d'un ami du général, l'ex-
directeur de l'élection de la Somme, M. de Cesti.
M. de Cesti lui dit : « Vous allez être arrêté, j'en suis
sûr. Vous ne pouvez pas refuser de vous mettre pro-
visoirement à l'abri. Une de mes amies, M^mo D...,
vous offre son hôtel. Vous y serez à l'abri de toutes
les indiscrétions et vous attendrez les événements
qui vont se produire avant quarante-huit heures. »

M. Naquet se laissa convaincre. Après tout il ne
s'agissait que d'une disparition temporaire, et non
pas d'une fuite. Il suivit M. de Cesti qui le mena dans
un hôtel du quartier des Ternes.

Aussitôt après, M. de Cesti courut à la gare Saint-
Lazare au devant du train de Rouen, qui ramenait
MM. Laisant et Laguerre. Il les aborda sur le quai,
avant l'arrêt de la machine, les informa qu'on les attendait dans la cour pour les arrêter, les fit passer

tout ahuris par une petite porte et les fit monter
dans une voiture de maître, conduite par son propre
secrétaire, et qui stationnait rue de Rome.

*
* *

Chez Mme D..., où la voiture alla au grand trot, ils
retrouvèrent M. Naquet. On les établit dans des
chambres hermétiquement closes. Le lendemain, les
journaux ne parlaient pas du tout du projet d'arrestation dont s'était effrayé M. de Cesti. Laguerre, Laisant et Naquet voulaient sortir. A force d'instances,
on obtint d'eux qu'ils attendraient les journaux de
quatre heures.

Mais dans ceux-ci il n'y avait rien encore. Alors,
malgré toutes les objurgations, ils prirent congé de
leur hôtesse et se rendirent rue Dumont-d'Urville
au Comité national.

La séance fut consacrée à l'examen de la question
de savoir si quelques membres du Comité devaient
rejoindre le général en exil.

On vota à l'unanimité que, pour la préparation des
élections et pour ne pas laisser M. Dillon seul maître
des listes, M. Naquet irait à Bruxelles. Puis on décida de nommer M. Déroulède vice-président à la
place de M. Naquet. Cette nomination ne se fit pas. Le
général craignit que, soutenu par ses Ligueurs,
M. Paul Déroulède ne prît trop d'importance. Plus
tard, à Bruxelles, il fit donner la vice-présidence à
M. Vacher.

M. de Cesti, que rien ne rassurait, voulait encore,
après cette délibération solennelle, que MM. Naquet,
Laguerre et Laisant missent la frontière entre eux et
la haute Cour. Il parlait de les embarquer sur un
bateau de charbon qui descendrait la Seine. Mais
ses appréhensions ne furent point partagées par
ceux qui en étaient l'objet. Ils ne se laissèrent pas,
eux, emporter par la panique.

Après une seconde nuit passée chez Mme D..., ils
reprirent toutes leurs habitudes.

Et voilà pourquoi, au lieu de six condamnés par
la justice politique du Sénat, il n'y en eut que trois.

LES NUITS HISTORIQUES

« La Nuit historique » c'est ainsi que les journaux
ont appelé la nuit du mardi 29 au mercredi 30 novembre 1887.

Dans cette nuit, « un certain nombre de membres
de l'extrême gauche s'étaient réunis, après dîner,
chez M. Georges Laguerre, 19, rue Saint-Honoré ».

« Là, ils avaient comploté de maintenir M. Grévy
à l'Élysée contre le sentiment des Chambres, et agité
des projets de coup de force pour empêcher l'élection
de M. Jules Ferry à la Présidence de la République.. »

Dans cette nuit du 29 au 30 novembre, il y eut, en
effet, un conciliabule important chez M. Laguerre,

en présence du général Boulanger; mais ce conciliabule était la suite de pourparlers commencés la veille, le 28 novembre au soir, et poursuivis pendant toute la nuit du 28 au 29 et pendant la journée du 29 novembre.

On peut donc dire qu'il y eut deux nuits historiques.

La première du 28 au 29 novembre, et la seconde, du 29 au 30 novembre.

Enfin, dans cette seconde nuit, l'intérêt se partage entre la réunion républicaine tenue chez M. Laguerre et la réunion royaliste tenue chez M. le comte de Martimprey.

Nous allons conter ces événements, ou plutôt ces incidents.

LA PREMIÈRE NUIT

Le 28 novembre, à la Chambre, M. Granet aborda M. Laguerre et lui fit part des craintes que lui inspirait l'ambition de M. Jules Ferry. « Son élection déchaînerait la guerre civile, disait M. Granet; or l'élection est certaine si Grévy se retire. Nous ne pouvons donc écarter de grands malheurs de la République qu'en gardant le Président. Ne vous semble-t-il pas qu'il serait urgent de se concerter? Que penseriez-vous d'une réunion des principaux membres du parti radical? Il faudrait que cette réunion

eût lieu aujourd'hui même. Il y a urgence à faire
savoir à M. Grévy qu'il n'est pas complètement
abandonné et lui apporter un secours sans lequel il
se retirera en laissant la place à M. Ferry. »

M. Laguerre approuva le projet de M. Granet. Il
en parla aussitôt à M. Clémenceau qu'il n'eut pas de
peine à gagner.

La réunion fut donc décidée. Où aurait-elle lieu, et
qui inviterait-on ? M. Camille Dreyfus proposa une
salle au Grand-Orient, rue Cadet. On accepta.

MM. Pelletan, Pichon, Georges Perin, Tony Révillon, Granet, Clémenceau, Laguerre, Camille Dreyfus, Laisant, Millerand, Leporché, convinrent donc
de se réunir le soir. Trois directeurs de journaux
importants furent avisés de la réunion. C'étaient
M. Rochefort, directeur de l'*Intransigeant* ; Eugène
Mayer, directeur de la *Lanterne* ; Victor Simond, directeur du *Radical*.

Le soir, ces personnes se trouvaient assemblées.
M. Granet prit la parole le premier. Il répéta ce qu'il
avait dit individuellement à chacun.

L'élection de M. Jules Ferry serait un malheur
public. On ne pouvait en préserver le pays qu'en sau-
vant la situation du Président Grévy.

Que l'on ne se berçât pas de l'espoir chimérique
de faire entrer à l'Élysée un des candidats du parti
radical. Il y avait des négociations pendantes entre
la droite et les opportunistes. La droite donnerait des
suffrages à M. Jules Ferry contre la promesse d'une

orientation nouvelle de la politique. On n'irait plus
à gauche. On n'appliquerait pas dans toute leur rigueur les lois de laïcisation. Bref, le péril ne pouvait
être conjuré que par la consolidation du Président.
Pour obtenir ce résultat il fallait seulement un ministère.

Deux hommes étaient seuls « ministrables » dans
cette crise : M. Floquet et M. de Freycinet. Il importait donc de faire des démarches auprès de ces deux
hommes politiques et de décider l'un d'eux à se
charger du pouvoir.

Cette communication fut presque unanimement
approuvée.

Avant tout, il fallait empêcher M. Ferry de passer,
et, pour cela, on ne devait reculer devant aucun
moyen.

Deux des assistants seulement combattirent l'avis
de la majorité.

MM. Pelletan et Georges Perin trouvaient que le
maintien de M. Jules Grévy était impossible.

Le public ne comprendrait pas que le beau-père
de M. Wilson fût maintenu quand même à la tête de
la République.

Si le parti radical tentait de faire cette violence à
l'opinion publique, il serait enveloppé dans la défa-
veur, dans le discrédit qui entouraient l'Élysée. Quoi
qu'on fît, M. Grévy devrait s'en aller. On pouvait,
comme par des moyens artificiels on prolonge la vie
d'un malade, faire durer quelques mois ou quelques

semaines encore son existence présidentielle. Mais quand il tomberait après une tentative de résistance, les chances de M. Jules Ferry seraient accrues de toute l'impopularité dont se serait chargé le parti radical, en voulant imposer à la France un homme que l'opinion publique justement ou injustement avait condamné.

Telles furent les raisons par lesquelles MM. Pelletan et Georges Perin motivèrent leur opposition au plan de M. Granet.

Alors M. Clémenceau, qui s'était jusque-là tenu silencieux, dit : « Messieurs, je partage absolument la manière de voir de Granet, je suis de l'avis qui prédomine parmi vous. Mais nous sommes ici une élite, et parmi nous il y a désaccord. Si Pelletan et Georges Perin refusent de s'associer à la manœuvre politique que vous proposez, s'ils la désapprouvent, eux qui comptent parmi les chefs de notre parti, les autres, les soldats, le pays, ne la comprendront pas davantage. Pour moi, je suis frappé moins par les arguments qu'ils font valoir que par leur opposition en elle-même. Je considère donc que nous n'avons plus rien à faire ici. L'opération est manquée, n'en parlons plus. »

Là-dessus la séance fut levée au milieu d'une grande confusion.

On s'en alla.

Sous le porche du Grand-Orient, M. Eugène Mayer aborda M. Laguerre et lui dit : « C'est insensé, ce que

nous venons de faire. Comment ! nous sommes tous
d'accord ; et parce que deux caudataires de M. Clémenceau élèvent des objections sans valeur, nous
allons laisser fondre sur le pays tous les malheurs
que lui réserve l'élection de M. Jules Ferry ! »

M. Eugène Mayer continua avec amertume : « Qu'é-
taient MM. Pelletan et Perin ? Ils n'avaient pas de
journaux, pas de moyens d'action. Par un hasard dont
il fallait se louer, les directeurs des trois grands journaux radicaux étaient d'accord. Il n'y aurait pas de
divergence dans la presse.

« Le *Radical*, la *Lanterne*, l'*Intransigeant* donnant
la même note, toute la clientèle radicale, la majorité à Paris, se résignerait par haine de M. Ferry à
laisser encore gouverner M. Grévy. »

M. Granet avait rejoint MM. Laguerre et Eugène
Mayer. Il était consterné, lui, agent de l'Élysée, et
qui visiblement n'agissait que sur les instructions de
M. Jules Grévy, de l'échec de sa proposition.

— Allons voir Clémenceau, dit-il, tout peut encore
s'arranger. M. Laisant était là, on le pria de venir. Et
tous quatre, MM. Laguerre, Laisant, Granet et Eugène
Mayer, se rendirent aux bureaux de la *Justice*, faubourg Montmartre.

*
* *

M. Granet recommença à plaider sa cause, c'est-à-
dire celle de l'Élysée.

Les autres insistaient très vivement.

— C'est vrai, tout peut se reprendre, dit M. Clémenceau.

« Mais allons vite, car je n'ai qu'un quart d'heure.

« Il est minuit, dit-il, à minuit et demi j'ai un rendez-vous... Devinez avec qui?.. Avec Boul-boul.

— Baste ! dit M. Laguerre, avec le général Boulanger?...

— Oui, notre rendez-vous est presque romanesque. Boul-boul m'attend dans un fiacre en face du n° 3 de la rue de Rougemont.

Ici, il est nécessaire d'ouvrir une parenthèse. Après le départ du général Boulanger à la gare de Lyon, M. Clémenceau et le général s'étaient brouillés.

Il y avait même une certaine dépêche de Clermont-Ferrand très dédaigneuse pour les courtisans de la prospérité qui donnent à leurs amis vaincus le coup de pied de l'âne.

Cette brouille du chef parlementaire de l'extrême gauche et du général populaire ennuyait leurs amis communs. M. Laisant, profitant de la présence à Paris du commandant du 13ᵉ corps pour les travaux de la Commission de classement, avait entrepris de le réconcilier avec son ancien camarade de collège. Il avait fini par décider le général et M. Clémenceau à faire la paix. Elle avait été conclue et scellée par un déjeuner qui avait eu lieu le matin du 28 novembre au restaurant Voisin.

Aussitôt après avoir parlé de son rendez-vous avec le général Boulanger, Clémenceau avait ajouté :

« Eh bien! venez tous avec moi, nous souperons avec lui. »

— Entendu, répondirent les autres. Allons!

Ils sortirent tous les cinq.

MM. Clémenceau, Laguerre, Granet, Laisant se dirigèrent vers la rue de Rougemont.

M. Mayer se sépara d'eux pour aller à son journal.

Au coin de la rue de Rougemont, au numéro 3, le fiacre stationnait. Le général en descendit, et c'est à pied que l'on alla, par les boulevards, vers la place de la Madeleine.

Avant de quitter les bureaux de la *Justice*, on avait décidé d'aller, avec le général, souper chez Durand. M. Laguerre avait pensé que la présence de Rochefort à ce souper serait utile. Il lui avait envoyé, par un des garçons de bureau du journal, une carte où il lui disait :

« Venez chez Durand avec Clémenceau et Boulanger. »

Bientôt chez Durand tout le monde fut assemblé. M. Rochefort avait amené M. Paul Déroulède, qui se trouvait dans son cabinet à l'*Intransigeant* au moment où le message de M. Laguerre était arrivé. En ce moment, on s'en souvient, M. Paul Déroulède, de concert avec les blanquistes, agitait violemment la rue contre la candidature Jules Ferry.

La conversation reprit au point où on l'avait laissée au Grand-Orient. Elle aboutit assez vite à une résolution. On enverrait sur l'heure des délégués chez

M. de Freycinet et chez M. Floquet pour les solliciter d'accepter le pouvoir.

Les deux délégations furent immédiatement formées.

MM. Clémenceau, Rochefort et Eugène Mayer —
celui-ci avait rejoint ses amis chez Durand après
avoir vu les épreuves de son journal — furent chargés de M. Floquet; M. Laisant et M. Paul Déroulède,
de M. de Freycinet.

MM. le général Boulanger, Granet et Laguerre
demeurèrent donc seuls. Ils étaient pleins d'espoir.
Au moins l'une des deux combinaisons réussirait,
pensaient-ils, et la situation serait sauvée.

Bien entendu, le général, dans la pensée de chacun, devait reprendre le ministère de la guerre. Sa
popularité ferait contrepoids à l'impopularité de
Grévy. Ainsi en jugeaient ses amis. A quatre heures
du matin, ce cabinet de restaurant où l'on s'était
réuni pour faire le bonheur de la République fut le
théâtre d'une bouffonnerie.

La délégation envoyée chez M. Floquet, et qui se
composait de MM. Clémenceau, Rochefort et Eugène
Mayer, revint la première.

Les délégués avaient trouvé le président de la
Chambre dans les meilleures dispositions. Lui aussi
était frappé du danger où l'élection de M. Jules
Ferry jetterait la République. Mais il avait trouvé le
moyen de conjurer le péril, c'était de se faire élire
président à la place de M. Grévy.

« M. Floquet était certain d'être élu. Pourquoi alors accepterait-il d'être premier ministre quand il n'avait que quelques heures à attendre pour être chef de l'État? Il parlait à des amis. Il comptait bien qu'ils n'insisteraient plus pour lui faire accepter une situation inférieure à celle où il allait atteindre. Aussi bien, que voulaient-ils? Empêcher l'élection de M. Ferry. Elle était empêchée par son élection à lui, Floquet. Cette solution présentait encore l'avantage de liquider l'affaire Jules Grévy. En élisant M. Floquet — et celui-ci ne doutait pas et priait avec bienveillance ses amis de ne pas douter de son succès — le Congrès arrangerait donc au mieux les affaires de la République. Il n'y aurait pas de guerre civile, l'opinion publique recevrait par le départ de M. Jules Grévy une satisfaction. Aussi M. Floquet était-il content. Il se réjouissait comme particulier, comme citoyen et comme patriote. »

C'est le cœur à l'aise qu'il serra la main de MM. Clémenceau, Rochefort et Eugène Mayer. Peut-être les invita-t-il à dîner à l'Élysée pour le lundi suivant.

Ces messieurs se retrouvèrent dans l'escalier tout déconfits. Ils ne s'attendaient pas à celle-là. Mais s'ils étaient déçus, leur déception n'allait pas sans quelque drôlerie. L'honorable M. Floquet était si convaincu! Il leur avait fait son petit raisonnement avec une foi si candide qu'ils ne pouvaient s'empêcher de rire.

M. Clémenceau fit avec humour le récit de l'entretien avec le président de la Chambre. MM: le
général Boulanger, Granet et Laguerre s'en amu-
sèrent. Et chacun pensait : « Pourvu que Freycinet,
qui est candidat lui aussi, ne croie pas comme Floquet que c'est déjà arrivé... »

*
* *

Survinrent alors MM. Déroulède et Laisant.

— Il ne veut pas, dit M. Déroulède en entrant.
Mais c'est très drôle. Et Floquet?

— Floquet est déjà président de la République.

— Freycinet aussi...

M. Déroulède raconta en détail l'entrevue avec
M. de Freycinet. Ils l'avaient trouvé endormi. M. de
Freycinet s'était levé et avait passé une robe de
chambre. Dans cet accoutrement, avec sa tête blanche et proprette, il ressemblait à une petite vieille
fille.

Comme M. Floquet, M. de Freycinet redoutait
l'avènement de M. Jules Ferry. Mais il conjurait le
mauvais destin en prenant pour lui-même la place
de président de la République. Cette solution était la
meilleure de toutes, celle que devaient préférer tous
les bons citoyens et tous les patriotes. Aussi M. de
Freycinet, doux et souriant, avait prié MM. Déroulède
et Laisant de ne pas insister pour qu'il acceptât une
présidence du Conseil qu'il allait bientôt pouvoir offrir lui-même à qui bon lui semblerait.

Cette communication de MM. Laisant et Déroulède venant après celle de MM. Clémenceau, Rochefort et Eugène Mayer, renversait tous les projets de l'extrême gauche. On se retrouvait au même point que la veille au soir avec une déception de plus et maintenant sans espoir.

Mais dans leur déception le général Boulanger et ses amis trouvaient quelque chose de plaisant. C'était le double refus de MM. Floquet et de Freycinet, appuyé de motifs identiques. Aussi, en se serrant la main sur le boulevard, les « conjurés », puisque c'est ainsi qu'on les a appelés devant la haute Cour, n'avaient pas l'air trop morne.

Ils riaient encore des deux graves hommes qui, naïvement, « vendaient la peau de l'ours » avant de l'avoir tué.

M. Eugène Mayer offrit dans sa voiture une place au général. Il le reconduisit avec M. G. Laguerre jusqu'à l'hôtel du Louvre, où ils constatèrent la présence d'une couple d'agents qui attendaient la rentrée du commandant du 13e corps pour faire leur rapport.

Ainsi s'acheva la première nuit historique (28 au 29 novembre 1887).

LA SECONDE NUIT

Depuis longtemps déjà, M. Georges Laguerre avait retenu à dîner le général Boulanger pour le mardi 29 novembre.

Par une coïncidence, ce dîner se trouva avoir lieu juste au lendemain de la réunion improvisée par M. Granet au Grand-Orient de France et le soir du jour où furent faites les démarches auprès de MM. Floquet et de Freycinet pour les décider à accepter la présidence du Conseil.

M. Laguerre avait pensé seulement à recevoir amicalement le général Boulanger. Il n'avait pas voulu, en l'invitant, l'introduire dans un conciliabule politique; mais les événements s'étaient précipités depuis que le général avait accepté l'invitation.

La soirée chez M. Laguerre, en pleine crise, devait avoir forcément le caractère d'une réunion politique.

C'est ce qui fut. Avant de se séparer de ses convives du souper chez Durand, le jeune député de Vaucluse les pria à dîner pour le soir. A la Chambre, il invita encore M. Dreyfus.

C'est ainsi que le nombre de ses hôtes fut porté à huit.

Voici la liste de ces acteurs de la deuxième nuit historique :

Le général, MM. Clémenceau, Rochefort, Mayer,

Laisant, Granet, Paul Déroulède, Dreyfus, M. et Mme Laguerre.

A sept heures et demie, on était à table. Mais pendant la journée, d'autres incidents s'étaient passés où M. Jules Grévy joua un rôle.

M. Granet, revoyant M. Laguerre au Palais-Bourbon, lui avait demandé de venir à l'Élysée chez le Président de la République.

M. Jules Grévy, tout comme M. de Freycinet et M. Floquet, estimait que l'élection de M. Jules Ferry serait funeste à la République. Il pensait que le bien de l'État commandait que lui, Grévy, demeurât au pouvoir.

— Trouvez-moi un ministère, Messieurs, dit-il, et surtout un président du Conseil. Je vous en prie et vous en charge officieusement. Le président du Conseil nécessaire pour surmonter les difficultés du moment doit être un homme considérable, jouissant d'une grande autorité !

MM. Laguerre et Granet avaient promis de rechercher cet oiseau rare, et les deux députés étaient partis fort embarrassés de le découvrir, après l'échec des pourparlers avec MM. de Freycinet et Floquet.

Ils n'étaient pas plus avancés quand le dîner commença.

* * *

La conversation politique sérieuse s'engagea avec

une grande confusion vers dix heures et demie, dans la bibliothèque de M. Laguerre, en présence de Mme Laguerre et du général Boulanger.

— Nous n'avons plus que deux solutions, résuma-t-on. C'est un ministère Clémenceau ou un ministère Andrieux, avec le général Boulanger.

D'autres élevèrent la voix et voici le plan que l'on exposa : Il faut d'abord sauver Grévy. Dès demain matin, les journaux vont commencer un mouvement tournant en faveur du Président.

M. Eugène Mayer et M. Rochefort, sans le moindre enthousiasme d'ailleurs, mais plutôt avec résignation, promirent de publier le lendemain des articles tendant à calmer l'opinion publique, à lui montrer le danger ferryste et la nécessité de subir encore la présidence Grévy.

On ferait alors un ministère qui prorogerait les Chambres, négocierait pendant un mois.

Ensuite on verrait.

Mais les objections se pressaient. La Chambre reviendrait furieuse. On n'avait pas de budget. Elle refuserait des douzièmes provisoires.

La situation où l'on se trouverait serait inextricable. Chacun le sentait. On ne pouvait en sortir que par un coup de force...

... Mais comment ? Pourtant nulle autre issue ne s'offrait. M. Eugène Mayer disait qu'il y avait des heures dans la vie des peuples où la violence était légitime, la violence contre l'ambition néfaste d'un

homme ou d'une assemblée, et au profit de la sûreté
nationale (1).

Ces bavardages où les esprits s'échauffaient et qui
manquaient de conclusion recommençaient sans
cesse; on tournait dans le même cercle. On piétinait.

M. Clémenceau, interpellé directement sur ses
intentions, répondit qu'il refusait de former un
cabinet.

Il ne le pouvait pas, à cause de la résistance que
la politique qu'il croyait bonne rencontrait chez
quelques-uns de ses amis.

C'était là une allusion à l'attitude de MM. Georges
Perin et Pelletan dans la nuit précédente au Grand-
Orient.

Mais M. Clémenceau, tout en refusant le premier
rôle et la responsabilité, s'engageait à soutenir la
combinaison ministérielle à laquelle il espérait qu'on
aboutirait.

Visiblement, pour ceux qui le connaissaient,
M. Clémenceau voyait avec déplaisir la place que le
général Boulanger occupait dans les préoccupations
de tous et tiendrait dans la combinaison. On cherchait un ministère et un chef de cabinet, mais les
ministres et leur président ne seraient que des com-
parses chargés d'encadrer le général.

L'orgueil de M. Clémenceau ne se pliait pas à ce

(1) L'impartialité nous commande de dire que M. Eugène
Mayer a nié avoir tenu ce langage. Mais d'autres affirment le
lui avoir entendu tenir.

rôle effacé. Le chef de l'extrême gauche avait été
très sincère la veille dans sa réconciliation avec son
camarade de collège. Mais, dans cette soirée, il lui
témoigna de la défiance.

On devinait en lui un sentiment jaloux. Boulanger
devenait le pivot de la politique radicale. Il était
l'espoir suprême du parti radical. Alors, que deviendrait donc M. Clémenceau ? Il serait le satellite du
général dont il avait fait la fortune en l'imposant au
ministère de la guerre !

Déjà Boulanger ministre lui avait glissé dans la
main. Il ne s'était pas laissé conduire docilement,
il avait gagné rapidement une immense popularité.
M. Clémenceau recommencerait-il la faute déjà une
fois commise?

Prendrait-il le pouvoir en apparence pour en
laisser toute la réalité à son ancien camarade, à son
ancien collègue, devenu, par la force des événements,
son rival ?

Chef de cabinet avec Boulanger pour subordonné,
il disparaîtrait, qu'il le voulût ou non, derrière la
popularité du général que les foules acclamaient. Il
ne serait pas le maître et serait, au contraire, à la
merci d'un collaborateur.

Voilà les pensées qui se pressaient dans l'esprit
de M. Clémenceau.

Il refusa de se sacrifier en acceptant le pouvoir ;
ce sacrifice, il avait demandé à M. Floquet et à
M. de Freycinet de le faire dans l'intérêt de la patrie

et de la République. Mais la patrie et la République n'étaient pas avec lui si exigeantes.

*
* *

Cependant, les heures avaient marché, les directeurs des journaux étaient partis et étaient revenus. Le général Boulanger lui-même, appelé à minuit par un mystérieux personnage, était sorti et rentré au bout d'une heure et demie. M. Lockroy, que l'on avait prévenu par dépêche pressante, était arrivé.

A deux heures du matin, on n'avait encore arrêté aucune résolution. Cela sentait le désastre.

La conversation pour la vingtième fois reprenait.

On allait s'adresser à Andrieux. Il prorogerait la Chambre.

Il lui demanderait ensuite des douzièmes provisoires. Mais si elle refusait...

Il faudrait alors la faire envahir. Mais ce serait la guerre civile comme avec Ferry!

— Je vois bien Augereau, disait ironiquement M. Clémenceau. Mais après...

La garnison de Paris, que ferait-elle... demandaient quelques-uns, si pour maintenir l'ordre on lui commandait de marcher?

Alors le général Boulanger, qui n'avait pas une seule fois pris part à la conversation, et qui se trouvait assis auprès de Mme Laguerre, derrière M. Clémenceau, dit textuellement:

— On n'a pas besoin de commander l'armée, on la consigne.

M. Clémenceau se retourna d'un mouvement brusque, fixa le général pendant quelques secondes, puis s'adressant à Mme Laguerre, lui dit : « Venez m'offrir une tranche de viande froide. » Mme Laguerre se leva, prit le bras de M. Clémenceau, qui la conduisit à la salle à manger. En traversant le salon voisin, il lui dit : « Dire que c'est un général français qui entend tout ce que nous disons ! »

Quelques instants après, vers trois heures et demie, M. Andrieux arriva. En revenant de la *Justice*, M. Clémenceau avait présenté M. Malaspina, qui plus tard fut témoin devant la haute Cour et candidat malheureux en Corse. M. Malaspina était inconnu de toutes les personnes assemblées chez M. Laguerre. Quand le nom de M. Andrieux fut prononcé *in extremis* et qu'on décida d'envoyer chercher l'ancien préfet de police, c'est M. Malaspina que M. Clémenceau proposa comme émissaire. C'est donc sur une carte pressante de M. Clémenceau, carte portée par M. Malaspina, que M. Andrieux fut appelé d'urgence entre trois et quatre heures du matin.

L'ancien préfet de police a conté cet épisode avec son humour ordinaire. Il n'avait jamais vu M. Malaspina, dit-il, et, craignant d'être conduit dans un guet-apens, il mit un revolver dans sa poche. Bref, il tomba dans la réunion en plein désarroi, et il y fut accueilli comme un oncle d'Amérique

dans une famille pauvre. C'était le sauveur attendu.
Nul ne pensait que M. Andrieux reculerait. Chacun
pensait que l'ancien ambassadeur dont l'ambition
n'avait pas reçu de satisfaction depuis longtemps,
accepterait avec enthousiasme la tâche difficile et
grande de conduire le parti radical à cette bataille
décisive contre le parti opportuniste.

Mais bientôt il fallut déchanter. Presque tous ces
hommes que la haine de M. Ferry avait groupés
pensaient que, seul, le général Boulanger avait
assez de force populaire pour faire contrepoids
à l'impopularité que M. Wilson avait attirée sur
l'Élysée.

L'homme indispensable dans toute combinaison
ministérielle était donc à leurs yeux le commandant
du 13e corps.

M. Andrieux, mis au courant de la situation et des
projets qui avaient été agités dans la réunion avant
son arrivée, se déclara prêt à tenter l'aventure d'un
cabinet de résistance. « Mais, ajouta-t-il, je ne pren-
drai pas le général Boulanger pour collaborateur. »

Puis, se tournant vers le général :

— Excusez-moi, mon général, ce n'est point par
malveillance, croyez-le bien, vous savez quelle estime j'ai pour vous. Mais votre nom rendrait tout
arrangement avec la Chambre impossible dans les
circonstances présentes.

« Un cabinet dont vous feriez partie ne serait qu'un
cabinet de combat à outrance. Or, je crois qu'on

13.

peut encore tenter quelque chose avec le Parlement.
Je vous donnerai le plus beau commandement du
monde — chacun comprit qu'il s'agissait du gouvernement militaire de Paris — je vous donnerai en un
mot le commandement que vous voudrez.

« J'accepterai le ministre de la guerre de votre
main. — Qui me désignez-vous ? Nommez-le. Si je
forme le cabinet, celui que vous m'aurez désigné
sera ministre. Dans deux ou trois mois, avant peut-
être, quand nous aurons épuisé tous les moyens de
conciliation, vous entrerez dans le cabinet. Mais, dès
aujourd'hui, ce serait imprudent, ce serait trop
grave. »

Les assistants écoutaient avec des attitudes de dés-
approbation, au milieu d'un grand silence. M. Andrieux écartait ce que chacun considérait comme le
meilleur, comme le seul atout dans la partie que l'on
voulait jouer.

La discussion se rouvrit plutôt pour la forme.
Quel arrangement M. Andrieux espérait-il faire avec
la Chambre ? Il n'était pas fixé lui-même. Ce qu'il
fallait, c'était que M. Grévy donnât à l'opinion parisienne une satisfaction immédiate par le rappel du
général Boulanger aux affaires. Toute combinaison
où n'entrerait pas le général manquerait de base
populaire, on s'y compromettrait en vain.

Mais M. Andrieux avait une résolution arrêtée. Il
n'en voulut pas démordre. Tout, dès lors, fut fini.
Des conversations particulières s'engagèrent sur les

événements. On cribla de sarcasmes MM. de Freycinet
et Floquet pour leur présomption ; on médit un peu
de M. Andrieux dont l'habileté était suspecte.

Enfin, les journaux du matin furent apportés.
Leur lecture causa à tous une nouvelle déconvenue.
Il avait été entendu après le dîner que les journaux
la *Lanterne* et l'*Intransigeant* publiraient le lendemain
des articles à tendance plutôt favorable à M. Grévy.
La *Lanterne* avait observé l'engagement. M. Eugène
Mayer avait fait écrire un *leader* où il commençait
brusquement l'évolution en faveur de l'Élysée.

Mais M. Rochefort au contraire, dans son article
de tête, malmenait aussi fort que jamais M. Wilson
et son beau-père.

Par déférence pour le grand journaliste, dont le
talent était le plus puissant rempart du parti radical,
on n'osa pas lui reprocher son oubli du mot d'ordre. M. Laguerre cependant lui témoigna quelque
surprise.

— Le public n'aurait pas compris, répondit M. Rochefort. Il faut tourner lentement. Dans deux ou trois
jours...

Mais les heures n'avaient pas de prix à ce moment
critique.

L'article de M. Rochefort aurait peut-être fait
échouer la combinaison si elle avait été édifiée. Elle
ne l'était pas.

⁂

A six heures du matin, les « conjurés » de la Nuit
historique étaient tous partis.

Ils avaient parlé sans agir pendant deux nuits et
un jour. Les choses, après tant de pourparlers,
étaient au même point qu'avant, avec cette différence pourtant que « l'homme malade » de l'Élysée
était encore plus malade, et que l'espérance de résister à M. Ferry, par la force de l'État mise au service du parti radical, était absolument perdue.

Le mercredi 30 novembre, à six heures, M. Granet
dit à M. Laguerre : « Ne trouvez-vous pas qu'il serait
convenable d'aller informer M. Grévy de l'insuccès
de la mission officieuse qu'il nous a confiée ? »

M. Laguerre accepta.

Admis chez le Président, ils lui firent part de leurs
efforts. M. Grévy leur parla avec une grande élévation. Il était très calme.

— Tout est fini, j'enverrai demain mon message.
Le voici.

Il leur en lut un passage, celui où il rappelait les
temps heureux de son gouvernement.

« Messieurs, reprit-il, il n'y a plus rien à tenter. La
France expiera l'abandon où on me laisse. Je suis
seul. Tous ceux qui devraient être auprès de moi
fuient ma maison.

« Pour tirer la République des périls de cette crise,
il fallait un homme d'une haute autorité.

«Ceux qui s'offrent à moi sont pleins de dévouement. Mais ils ne seraient pas à la hauteur de la tâche. On m'a parlé de M. Lockroy, mais non... Je ne veux pas l'engager dans un combat à l'issue incertaine. M. Andrieux ?... Non, Messieurs, tout est fini. Merci encore... Croyez bien que je n'oublierai jamais le service que vous avez essayé de rendre à la France, à la République et à moi. »

C'est sur ces mots que le vieux président prit congé des deux jeunes députés.

Cette scène est comme l'épilogue de ces « Nuits historiques » où les boulangistes complotèrent de mettre aux mains du général Boulanger un pouvoir dont, sans doute, il ne se serait pas dessaisi.

En traversant la cour de l'Élysée, quand sonnaient sept heures, MM. Laguerre et Granet se heurtèrent à M. Andrieux, qui, lui aussi, s'était vainement agité pendant ces jours de crise, et qui, aspirant au pouvoir, avait tout fait pour y atteindre ; tout, excepté le nécessaire : une entente avec le général Boulanger.

LE COMITÉ NATIONAL

Nous avons vu, jusqu'ici, l'action royaliste dans le Boulangisme. Le moment est venu de considérer le Comité national, cette réunion de républicains que le général appelait son paravent.

C'est derrière ce paravent que s'ourdit la grande intrigue réactionnaire qui rendit infécond le mouvement démocratique dont, pour les foules, le nom de Boulanger était l'expression.

Les hommes du Comité furent sincères.

Pour eux, le programme du Parti républicain national était bien une chose sérieuse.

La plupart d'entre eux avaient appartenu longtemps aux vieux groupes républicains, dont l'esprit sectaire et les querelles avaient empêché la République d'absorber les éléments conservateurs.

Ils avaient été associés à cette fâcheuse politique qui a coupé la France en deux tronçons presque égaux.

En adoptant le programme nouveau, le programme où était écrit : Liberté de conscience pour tous, réforme démocratique de la Constitution par la consultation du pays, ils faisaient implicitement l'abjuration très noble de leur erreur. Ils voulurent, vraiment, eux, ouvrir la République à ceux qui n'y étaient pas encore entrés.

Ils voulurent l'ouvrir, non pas pour la livrer à ses ennemis, mais pour la fortifier en intéressant à sa conservation, à son amélioration, le plus grand nombre possible de Français.

Du côté de ces hommes du Comité national, il n'y eut pas intrigue, il n'y eut pas préméditation de jouer tout le monde.

On va voir comment on s'y prit pour les tromper,

pour endormir leur vigilance, pour surprendre leur bonne foi.

Pendant la lutte héroïque qu'ils soutenaient, à trente ou quarante, contre un gouvernement, on négociait et on agissait de telle sorte que, seuls, les ennemis de la République auraient profité de leurs efforts, du dévouement, de la vaillance de tous ces républicains.

*
* *

L'histoire du Comité républicain national doit être divisée en quatre phases.

La première phase s'étend de la mise à la retraite du général Boulanger jusqu'au banquet du café Riche (15 mars-27 avril 1888).

Dans cette période, le Comité s'appelle Comité républicain de la protestation nationale.

La seconde phase s'étend de mai 1888 à avril 1889, à l'exil.

La troisième, de l'exil aux élections d'octobre 1889.

La quatrième, des élections d'octobre à la dissolution du Comité, en mai 1890.

Dans cette quatrième phase, le Comité se composa, en outre des anciens membres, des députés élus aux élections générales avec le programme du parti.

Dans les trois premières périodes de son existence, le Comité se recruta lui-même. Dans la dernière, on n'y entra plus que par la grâce du suffrage universel.

Le 15 mars 1888, le décret signé Carnot et contre-signé Logerot, retirant au général Boulanger le commandement du 13ᵉ corps, avait paru au *Journal Officiel*.

Le général, avisé par un télégramme de M. Georges Laguerre, lui avait immédiatement répondu qu'il arriverait à Paris le lendemain matin, par le premier train, et il le priait, en même temps, de prévenir ses amis.

A cinq heures du matin, le 16 mars, MM. Rochefort, Laguerre, Laisant, Le Hérissé, Laur (les Quatre L comme on les appela), se trouvèrent réunis chez M. Laguerre avec le général, que deux d'entre eux, MM. Le Hérissé et Laguerre, étaient allés rejoindre à Moret dans son compartiment, à trois heures.

Dans ce premier conciliabule, on arrêta les termes d'une dépêche aux électeurs des Bouches-du-Rhône pour les engager à voter « à titre de protestation nationale » pour le général Boulanger.

Dans la journée, les quatre L et Rochefort recueillaient plusieurs adhésions.

Le manifeste qui recommandait la candidature du général aux électeurs des Bouches-du-Rhône était signé : Borie, Brugeilles, Chevillon, Susini, Duguyot, Paul Déroulède, Lalou, Eug. Mayer, Rochefort, Michelin, Vergoin, Laur, Le Hérissé, Laguerre, Laisant.

Et bientôt, à ces signatures, se joignaient celles de MM. Vacher, député de la Corrèze, et Laporte, député de la Nièvre.

Ce Comité tint une ou deux séances chez M. Laguerre.

- Le général y vint une fois pour apporter sa souscription, « dix mille francs », pour l'élection de
l'Aisne, mais il n'assista pas à la délibération. Il ne
voulait pas donner d'armes contre lui au gouvernement qui allait le traduire devant un conseil
d'enquête.

Deux ou trois jours se passèrent ainsi, au bout
desquels, mus par la même crainte que le général
Boulanger, ses amis déclarèrent, dans un document
officiel, « qu'ils suspendaient l'action électorale du
Comité de protestation nationale ».

Nous avons déjà dit que, malgré cette déclaration,
la campagne électorale fut activement menée, à titre
individuel, par les boulangistes, dans l'Aisne, où le
succès fut très grand.

Aussitôt après cette élection, le conseil d'enquête
s'assemblait et se prononçait pour la mise à la retraite de l'ancien ministre de la guerre.

Le général Boulanger rendu à la vie civile, c'était
pour lui la carrière politique ouverte. Il s'y lança.
Son Comité se reforma chez M. Lalou, directeur de
la *France*, dans l'hôtel de l'avenue Hoche.

*   *

Aussitôt on vit apparaître, dans le parti boulangiste, un double courant.

Le Comité se montra, tout d'abord, hostile à la

politique plébiscitaire en se prononçant seulement
pour la candidature dans le Nord.

La Dordogne et l'Aude, où des élections devaient
avoir lieu, furent négligées.

Mais M. Thiébaud, qui n'était pas membre du
Comité et qui s'appuyait sur la *Cocarde*, n'en continua pas moins sa propagande dans la Dordogne.
Le général lui en fournit les moyens. On négocia
avec les bonapartistes, et l'élection de la Dordogne
fut tout à fait victorieuse. Par elle, on préluda de la
plus glorieuse manière au grand triomphe du Nord,
qui eut lieu le 15 avril.

C'est alors que l'on pensa à donner une organisation définitive au parti qui venait de fournir une
preuve si éclatante de sa force.

D'abord, il fallait renforcer le Comité national. On
s'y employa par des démarches à la Chambre et dans
le journalisme.

*
* *

Le général, invité à dîner chez M. Lalou, après
l'élection du Nord, avait dit au dessert : « Il faut que
je vous rende ce dîner. Nous nous retrouverons chez
Durand dans quelques jours. »

Mais chez Durand il ne se trouva pas de salon
assez vaste; c'est pourquoi on alla au café Riche.
Les intimes amis du général voulurent que ce dîner
fût l'occasion d'une manifestation politique importante. En cherchant des convives, on cherchait des

partisans. Dans ces négociations on ne fut pas très heureux. Aux anciens membres du Comité on ne put joindre que deux convives très marquants, MM. Alfred Naquet et Aurélien Scholl. Ce dernier, dont la politique n'est pas la plus grande préoccupation, avait goûté l'allure entraînante, la bonne humeur du général. Il lui avait écrit : « Je serai avec vous jusqu'au 17 Brumaire. » Sa présence au café Riche était l'indice des sympathies d'un homme de beaucoup d'esprit et d'un patriote pour le jeune général à qui l'affaire Schnæbelé avait fait une si belle légende.

Mais en allant dîner, M. Scholl n'avait certainement pas l'intention de faire un acte politique.

Il n'en était pas de même de M. Alfred Naquet.

On n'a pas oublié les premières relations entre le sénateur de Vaucluse et le général Boulanger, ministre de la guerre.

Après la mise à la retraite, M. Naquet fut sollicité d'entrer au Comité de protestation nationale. Il s'y refusa. Il répondait que sa santé était trop délicate pour qu'il se lançât dans une bagarre aussi violente que celle dans laquelle les boulangistes allaient entrer. A M. Eugène Mayer, à M. Laguerre, il apporta cette objection. Il l'opposa même au général.

Mais la personnalité politique de M. Naquet était trop considérable pour qu'on n'insistât pas auprès de lui plus vivement qu'auprès de personne. M. Eugène Mayer trouva un moyen détourné de l'amener au café Riche. Dans un déjeuner auquel assistaient le

général Boulanger, M. Naquet et le directeur de la
Lanterne, ce dernier proposa au sénateur de lui donner « quelques articles ».

La *Lanterne* étant un journal anonyme, M. Naquet
pensa qu'il ne se mettrait pas trop en avant en y
collaborant. Il accepta donc l'offre de M. Eugène
Mayer. Quand celui-ci tint le premier article, il dit
à son nouveau collaborateur : « Je vais annoncer
votre entrée au journal et dire que cet article (c'était
un appel aux bonapartistes démocrates) est de vous. »

M. Naquet ne pouvait pas répondre qu'il refusait
la responsabilité de ses idées : « Annoncez, si vous
le voulez, » dit-il.

Alors on lui fit remarquer qu'il ne pouvait plus se
dispenser de venir au café Riche, que le fait d'entrer
à la *Lanterne* était une adhésion éclatante au boulangisme. Il n'y avait là que la stricte vérité. M. Naquet,
entraîné par M. Mayer, alla donc au café Riche (où il
amena M. Saint-Martin, député de Vaucluse) après
avoir écrit le discours que le général prononça en
cette circonstance.

Quelques jours après eut lieu la constitution définitive du Comité qui s'établit rue de Sèze. M. Naquet
avait qualifié la République nouvelle de République
nationale, il proposa donc que le Comité prît le nom
de Comité républicain national, ce qui fut adopté.

Tout d'abord on fit bon ménage. Le Comité aimait

le général pour lui-même. Si celui-ci avait des arrière-pensées, ses amis républicains n'en avaient pas. Ils étaient tout à la confiance, à l'abandon.

Boulanger leur en imposait, mais sans les gêner. Il était le général, l'homme populaire, l'homme acclamé. Mais avec cela si bon garçon! si bon camarade! Ah! il n'était pas fier. Il riait de bon cœur, écoutait toutes les histoires. Et dans les séances qu'il présidait, comme il ressemblait peu à la caricature de dictateur que ses adversaires faisaient de lui! Il suivait avec attention les discussions, prenant la parole à son tour et s'inclinant, encore qu'il fût d'un avis contraire, devant la majorité.

Comment mettre sur la sellette un aussi bon compagnon? Aussi ne le questionnait-on pas, et quand il avait donné sa parole d'honneur, on s'en contentait. Cela suffisait. Il n'y avait pas besoin d'autres preuves. S'agissait-il d'argent, il accueillait avec une pitié méprisante les « calomnies ministérielles » sur la provenance royaliste de ses ressources. Et, de bonne foi alors, le Comité, qui n'osait pas trop l'interroger parce qu'il était à la fois imposant, troublant et aimable, s'indignait de « ces odieux mensonges ».

Chose curieuse, et, si l'on veut bien y réfléchir, très naturelle pourtant, c'étaient les moins en vue, sinon les plus dévoués, — citons au hasard MM. Borie, de Susini, Michelin, Vergoin, Vacher, sans parler, bien entendu de M. Thiébaud, — qui se montraient les moins soumis. Le général ne laissait rien

paraître du léger ennui que lui causaient ces intran-
sigeances passagères. Il employait contre ses soupçonneux amis la séduction et la ruse au besoin. Il
endormait leurs scrupules, feignait de se ranger à
leur avis et ainsi en venait à bout.

*
* *

M. Michelin fut un des plus difficiles à manier. Il
arriva, un jour, au Comité, avec un long programme
de réformes dont il donna lecture. Le général déclara que ce programme contenait de grandes beau-
tés, qu'il en était séduit, mais qu'il ne lui paraissait
pas opportun d'en essayer immédiatement les
charmes sur le public. M. Naquet raconta, à ce propos, qu'en 1867 il était allé trouver Blanqui en Belgique pour conspirer avec lui. Comme il lui demandait son programme, le vieux révolutionnaire lui
avait répondu qu'il n'en avait point et qu'il n'en fallait
point avoir, car, sans programme, on pouvait avoir
tous les mécontents, et qu'avec un programme, on en
écartait forcément quelques-uns. Peut-être, continua
M. Naquet, était-il bon d'attendre un moment plus
opportun pour que le Comité national fît sien ce programme de M. Michelin, qui, d'ailleurs, allait faire l'objet de l'examen sérieux d'une Commission spéciale.

M. Michelin n'insista pas. On nomma la Commission. De temps à autre, l'honorable député se
risquait bien à demander des nouvelles de son programme. Alors, on lui répondait que les circon-

stances présentes réclamaient tous les instants du
Comité, qu'aussitôt que l'on aurait paré aux événements, on discuterait sérieusement ses idées; mais
ajoutait-on, il devait comprendre lui-même que le
moment était mal choisi pour qu'on s'enfermât dans
des formules absolues. Et de quinzaine en quinzaine,
comme on profitait du moindre prétexte — et les
prétextes ne manquaient pas! — le programme de
M. Michelin finit par avoir le sort de ces promesses
dont on renvoyait l'exécution aux calendes grecques.

Le général, qui trompait les républicains avec les
royalistes dès cette première partie de la vie du Comité national, trompait encore les républicains du
Comité avec d'autres républicains qui ne faisaient
pas partie du Comité.

Nous avons déjà vu qu'il se fit présenter par
M. Thiébaud dans la Dordogne, au moment même
où, candidat dans le Nord, il déclarait à son Comité
et à ses électeurs qu'il n'était candidat que dans ce
dernier département.

Plus tard, quand vint l'élection ae l'Isère, un article de la *Cocarde* ayant proposé la candidature Boulanger aux électeurs dauphinois, le Comité s'assem-
bla et, sous l'empire du sentiment antiplébiscitaire
qui y dominait, il déclara que le général déclinait
cette candidature. Lui-même s'associa hautement
au vote du Comité.

La *Cocarde* ayant passé outre, comme une personne lui apportait le numéro même du journal où l'on maintenait sa candidature, le général, qui traversait à ce moment la cour de l'hôtel du Louvre, brisa dans un mouvement de colère sa canne sur les dalles de la cour. Ce qui ne l'empêcha pas, huit jours plus tard, de faire envoyer par le comte Dillon un rédacteur de la *Cocarde* dans l'Isère pour travailler au succès de l'élection.

*
* *

Au mois de mai 1888, une vacance s'étant produite dans la Charente, M. Cunéo d'Ornano vint proposer ce siège au général Boulanger, qui accepta; mais, après en avoir référé au Comité, où le courant antiplébiscitaire se faisait encore sentir avec une grande force, il dut décliner personnellement cette candidature et annonça que le Comité posait celle de Paul Déroulède. M. Cunéo d'Ornano dit au général : « Si vous vous étiez présenté, nous n'aurions présenté personne ; mais si c'est un des vôtres, ce n'est pas la même chose, nous lutterons donc sur le nom d'un candidat à nous. » Le général n'était pas, comme on pourrait le croire, partisan de la candidature Déroulède. Cette candidature fut même cause de grands dissentiments dans le Comité national. Un seul membre, M. Eugène Mayer, la soutint résolument. L'avis du général, poussé d'ailleurs par ses amis de la droite, était que le nom de Déroulède était de nature à impressionner défavorablement les populations de la Charente. Ce nom était trop associé à l'idée de revanche pour ne pas porter ombrage aux électeurs d'un département du centre.

Quant à M. Paul Déroulède, il ne disait rien ; il était prêt à entrer en campagne ou à se retirer devant tout autre candidat que le Comité lui préférerait. Il montra dans cette circonstance, comme toujours, le plus grand désintéressement.

Quoi qu'il en soit, et contre le gré du général et de M. Naquet qui redoutait un échec, la candidature de M. Déroulède fut maintenue.

Le comte Dillon raconte qu'il dut alors négocier la retraite de M. Gellibert des Séguins, le candidat impérialiste.

Moyennant le remboursement d'une somme de 35 000 francs qu'il avait déjà sacrifiée pour sa propagande, M. Gellibert des Séguins aurait, d'après M. Dillon, consenti à se retirer devant M. Déroulède. Mais une complication serait survenue du côté des royalistes, qui auraient parlé de réclamer aux impérialistes 85 000 francs que ceux-ci restaient leur devoir depuis les élections de 1885 pour les frais communs de la liste. Devant cette menace, M. Gellibert des Séguins n'aurait pas pu, toujours d'après Dillon, s'arranger avec les boulangistes.

Après tant de discussions et de négociations, M. Déroulède fut battu. Il faut dire qu'il ne reçut peut-être pas tout ce qu'il était en droit d'attendre

14

du général. Celui-ci, il est vrai, écrivit : « Voter pour
Déroulède, c'est voter pour moi. » Mais il ne vint
pas en Charente, où sa présence eût enlevé la victoire. En vain M. Naquet voulait-il que Déroulède
fût soutenu à outrance.

Le vice-président du comité national, qui avait
combattu la candidature Déroulède tout le temps
qu'elle avait été discutée, avait, aussitôt qu'elle eut
été votée, demandé qu'on ne négligeât rien pour la
faire réussir. Elle devait, à son avis, leur tenir à
cœur plus qu'aucune autre. L'élection du général
n'aurait pas, disait-il, autant de signification que
celle d'un de ses lieutenants. La première aurait
été le succès d'un homme. La seconde serait le
triomphe du parti. L'élection de Déroulède, c'était
comme la préface de l'élection de tous les candidats
patronnés par le général. « Un homme qui fait passer ses candidats, concluait M. Naquet, est bien plus
puissant qu'un homme qui passe lui-même. »

* * *

Une séance très animée eut lieu à la suite du scrutin de ballottage. Par suite d'une erreur de trans-
mission, Rochefort crut un instant que Déroulède
arrivait second sur la liste, après M. Gellibert des
Séguins. Aussi déclara-t-il qu'il convenait d'invoquer
la discipline républicaine pour obliger M. Lazare
Weiller, candidat républicain, à se désister en faveur
de Déroulède. Mais le lendemain on apprit que les

chiffres, d'après lesquels Rochefort avait raisonné, étaient inexacts et que le second sur la liste était, au contraire, M. Lazare Weiller. Déroulède n'était que troisième.

M. Naquet reprit alors l'argument de Rochefort. C'était là une excellente occasion d'affirmer les sentiments républicains du parti; il n'y avait pas à hésiter; il fallait se retirer et engager les électeurs à porter leurs suffrages sur M. Lazare Weiller.

M. Eugène Mayer insista pour le maintien de la candidature Déroulède, qui, croyait-il, devait finalement triompher.

Le Comité pourtant décida de ne pas continuer la campagne et, comme le désirait M. Naquet, et malgré la résistance du général, on invita les électeurs républicains à donner leurs voix à M. Lazare Weiller.

Ce fut la dernière séance du Comité à laquelle assista M. Eugène Mayer. A partir de ce jour, il ne chercha plus qu'une occasion pour donner sa démission de membre du Comité. Il trouva un prétexte dans le dépôt quelques jours après, par le général Boulanger, du projet de revision de la Constitution.

Ce projet était l'œuvre de M. Dugué de la Fauconnerie. Il avait été revu par M. Naquet, qui y avait fait de nombreuses retouches, puis il avait été soumis à MM. Laguerre et Le Hérissé, qui, de leur côté, y avaient apporté quelques modifications. Mais les autres membres du comité n'en avaient pas reçu communication.

Ce procédé du général mécontenta beaucoup les membres du Comité. Rochefort même qu'une amitié étroite liait à Boulanger montra quelque humeur. M. Laisant dit au général que, si les membres du Comité n'avaient pas sa confiance, ils n'avaient plus qu'à se retirer. Le général répondit qu'il avait montré ce projet à M. Naquet, vice-président du Comité, et que les autres ne devaient pas voir là un acte de défiance à leur endroit. L'affaire fut ainsi terminée.

Depuis ce moment jusqu'en décembre 1888, il ne se produisit aucun nouvel incident dans le Comité. Puis commença une période où la fortune du général parut subir un temps d'arrêt. Il fut blessé par M. Floquet et battu dans l'Ardèche.

Sa défaite dans ce département arracha au général un mot qui, à lui seul, est tout un trait de caractère. « Ce n'est pas étonnant, dit-il, quand il connut la nouvelle, nous n'étions pas chez Durand. » Ce fut, en effet, la seule élection dont on attendit les résultats rue de Sèze pendant que le général était couché — encore malade de sa blessure — dans l'hôtel de la rue Dumont-d'Urville. C'est dans son lit qu'il apprit son échec.

*
* *

L'élection des Ardennes fut grosse d'orages. M. Thiébaud voulait être candidat. Dans une première réunion du Comité, M. Naquet posa sa candidature. Le général Boulanger s'y montra opposé. Une candidature républicaine n'avait aucune chance de succès dans un département réactionnaire. C'était diminuer, avant les élections générales, l'effet de la triple élection, et ce serait déplorable. Le comte Dillon, de son côté, dit qu'il n'avait pas d'argent. Bref, on s'ajourna au lendemain sans avoir rien décidé.

Dans cet intervalle, M. Dugué de la Fauconnerie se présentait chez M. Naquet pour lui demander de soutenir la candidature de M. Auffray, secrétaire de l'Union des Droites. M. Naquet répondit qu'il ne le pouvait pas, ce dernier n'acceptant point la République. M. Dugué de la Fauconnerie insistait, disant qu'il ne fallait pas se montrer sectaire, que le fait de demander le patronage du général était déjà un grand pas vers la République. Tout à coup M. Naquet, qui parcourait les journaux, tomba précisément sur un article de la *Presse* et bientôt sur un article de l'*Intransigeant*, tous deux très favorables à M. Auffray.

Très ému, M. Naquet se rendit au Comité, et, là, il apprit que le général avait communiqué lui-même cet article à M. Laguerre en le priant de le faire paraître en même temps à l'*Intransigeant*.

De leur côté, le *Figaro* et le *Gaulois* publiaient des interviews du général où il parlait avec faveur de la candidature Auffray.

Ceci était le commencement de l'exécution des promesses que le général avait faites à la droite, en échange des crédits d'argent qu'elle lui avait ouverts.

*
* *

Dans la deuxième séance du Comité national, on rencontra auprès du général la même opposition que la veille. Pour une fois M. Déroulède se départit de cette attitude de républicain intransigeant qu'il n'abandonna jamais par la suite. Il exposa la théorie quelque peu poétique des trois tronçons : le tronçon rouge, le tronçon blanc et le tronçon bleu, qui lui représentaient assez les trois opinions qui divisaient la France. Il fallait tenir compte de ces opinions qui toutes avaient le droit d'être représentées. M. Déroulède ne devait pas se montrer aussi accommodant quand apparurent, sans qu'il fût permis d'en douter, cette fois, les alliances avec la droite. Tous les membres du Comité ont gardé le souvenir de l'algarade terrible que le président de la Ligue des patriotes fit à Londres à M. Dillon. Déroulède avait appris par hasard que M. Dillon était en rapport avec M. le duc de la Trémoïlle. Il raconta la chose au Comité en demandant l'expulsion du comte. Les yeux de celui-ci se mouillèrent. Il jura qu'il n'avait même jamais entendu le nom de « ce duc ». Il protesta qu'il était aussi républicain que pas un membre du Comité. Il en appela au général, attendrit M. de Susini. Finalement la querelle fut apaisée. Mais M. Déroulède demeura soupçonneux.

Revenons à l'élection des Ardennes. On finit par décider qu'on ne présenterait personne. Mais lorsque tous les membres du Comité furent sortis, le général dit à M. Laguerre, qu'il avait retenu le dernier, de continuer dans la *Presse* à soutenir M. Auffray.

Le lendemain, une nouvelle réunion fut tenue chez M. Thiébaud.

MM. Lenglé, Naquet et Laisant, qui sentaient que le général était prisonnier des royalistes, cherchèrent ensemble s'il n'était pas possible de lui rendre sa liberté. Ils comprenaient bien que le seul moyen de l'affranchir d'une tutelle aussi gênante était de lui trouver l'argent dont il avait besoin. On décida de s'adresser au prince Napoléon.

Mais en attendant, ce qu'il fallait, à tout prix, c'était dissiper l'équivoque qui pouvait compromettre le général et les compromettre eux-mêmes. Il fallait organiser une grande réunion républicaine où tous viendraient. Que le général dût s'y rendre ou non, cette réunion où la politique républicaine du parti national serait affirmée aurait lieu au Cirque d'hiver. Tous ces républicains étaient fort échauffés.

Sur ces entrefaites, on apprit coup sur coup la maladie, puis la mort de M. Hude, député de la Seine. Une élection était imminente. La réunion du Cirque d'hiver n'avait plus sa raison d'être. Il y avait mieux. Le général Boulanger allait poser sa candidature à Paris en remplacement de M. Hude, et son élection serait la plus belle manifestation républicaine qu'on pût désirer.

*
* *

Après l'élection de Paris, la grande préoccupation du Comité, la préoccupation à peu près exclusive, fut l'organisation du parti. Il convenait de ne rien laisser à l'aventure après ces premières étapes, qui devaient fatalement, croyait-on. aux élections générales, aboutir à la victoire.

Le général manquait-il alors des éléments nécessaires à cette importante organisation?

Son budget peut se décomposer comme suit :

10 000 francs par mois, quoi qu'il en dise, pour ses dépenses personnelles; 20 000 francs par mois pour le budget général du parti; et, plus tard, en janvier, 20 000 francs par mois pour les affaires étrangères! En outre, toutes les autres dépenses justifiées étaient acquittées par la caisse de Droite.

Le général a donc eu à sa disposition toutes les ressources pour faire face à tout.

Que fit-il? Il aurait fallu des journaux, des comités. Il ne pouvait l'ignorer. Les membres du Comité national les lui réclamaient avec instance. On a prétendu qu'ils l'importunaient de demandes d'argent. Rien n'est moins exact. Ce qu'ils lui demandaient, c'était de leur donner cette aide qu'il leur devait, de leur mettre dans les mains quelques armes pour qu'ils pussent se défendre contre tous les pouvoirs, toutes les forces administratives liguées contre eux. Le général ne leur accorda rien ou presque rien.

Là est sa grande faute, une faute qui est une trahison. C'est cette trahison que ne lui pardonneront jamais ceux qui eurent foi en sa parole, ces modestes employés qui ont compromis pour lui leur situation et risqué le pain de leur famille, ces fonctionnaires qui ont préféré briser une carrière honorable plutôt que de faire le sacrifice de leurs opinions, et tous les autres qui, d'enthousiasme, sans vouloir considérer ce qu'ils perdraient dans cette aventure, ont suivi sa fortune.

L'événement a montré que dans les quelques endroits où l'on avait fait la moindre tentative d'organisation, on avait été récompensé par le succès. M. Maurice Barrès est envoyé à Nancy. M. Barrès est un esprit cultivé, un homme de lettres d'une rare originalité, mais il est un nouveau venu dans la politique. Il arrive dans un pays où il est inconnu. Il publie un journal hebdomadaire, et, sans autres moyens d'action, sans autres atouts que ceux qu'il se procure lui-même, il est élu, et non seulement il est élu, mais il réussit encore à faire passer avec lui un autre candidat!

Partout on aurait pu faire avec un égal succès ce que M. Barrès fit à Nancy, car partout le terrain était

admirablement préparé pour recevoir la semence
boulangiste.

La responsabilité qui incombe au général est immense dans le désastre final. Il ne fit rien, ne voulut
rien faire. L'argent, il le gaspillait dans des dépenses
inutiles. On sera stupéfait de lire plus tard que la
note de son séjour à l'hôtel Mengelle, de Bruxelles,
s'éleva à la somme respectable de 22 000 francs pour
quinze jours environ. A Londres, ensuite, il loua en
grande partie l'hôtel Bristol, et quand il entra dans
l'appartement qu'il avait fait retenir pour le prix de
260 francs par jour, il jeta un regard circulaire sur
le mobilier et, se tournant vers le maître d'hôtel, lui
dit : « Vous n'avez pas quelque chose de mieux ici? »

Il entretenait une armée de secrétaires, de cour-
riers de cabinet, de parasites. Si seulement il eût
accueilli les idées qu'on lui soumettait! Que de
plans lui avaient été proposés!

. M. Wallet, entre autres, coupait la France en
vingt régions. Dans chacune d'elles, il demandait
qu'on envoyât, dès octobre 1888, un agent supérieur.
Cet agent supérieur aurait eu sous ses ordres des
agents départementaux. Le rôle de ces sous-agents
eût été de se mettre en rapport avec les comités,
avec les journaux, de découvrir des candidats, de
constituer enfin le parti nouveau.

Ce projet fut écarté, comme tant d'autres. Non
content de ne pas travailler à cette organisation qui
eût pu tout sauver, le général empêchait ses amis

d'agir à sa place, en leur affirmant que tout était prêt.

Au mois de décembre 1888, MM. Laisant, Déroulède et Naquet firent une démarche auprès de lui pour lui demander si l'organisation que le Comité avait réclamée depuis longtemps était terminée. Et comme il répondait affirmativement, ils lui posèrent nettement cette question : « Savez-vous cela par vous-même, ou bien vous l'a-t-on dit seulement? »

— Je le sais par moi-même, répondit le général. Dillon et moi, nous travaillons tous les jours. Nous sommes prêts.

Vers la même époque, la question fut posée à nouveau au Comité, et la réponse fut : « Tout est terminé déjà dans 28 départements. » Et rien n'était commencé nulle part!

En mars, à M. Michelin qui, au Comité, faisait encore la même demande, le général dit : « Si demain la dissolution de la Chambre avait lieu, avec les délais que nous aurions forcément avant qu'on procédât aux élections nouvelles et « en mettant les bouchées doubles » nous serions complètement «bons». Mais comme la dissolution n'est pas probable, nous avons tout le temps qu'il nous faut, et au jour de la grande bataille nous serons formidables. »

Ainsi le général ne fit rien; il empêcha ses amis, les membres du Comité national, de rien faire; il les trompa, toutes les fois qu'ils lui demandaient des renseignements. L'organisation qu'il disait exister mais qu'il ne voulait pas montrer, c'était celle de la droite qui, si on eût réussi, eût été la majorité.

Et c'en aurait été fait de la République.

L'EXIL. — BRUXELLES ET LONDRES

Le général Boulanger, arrivé à Bruxelles le 2 avril, s'installa, comme nous l'avons dit, à l'hôtel Mengelle. Son départ de Paris avait été plus préparé qu'il ne voulait le faire supposer, car des quantités de bibelots, des menus objets et des tentures se trouvèrent comme par enchantement transportés, dès le jour même, de la rue Dumont-d'Urville à Bruxelles.

On sait qu'il reçut presque aussitôt la visite de plusieurs de ses amis, parmi eux MM. Naquet, Laguerre, Laisant, etc., et qu'il essaya vainement de les retenir auprès de lui en Belgique et de leur faire partager son exil.

Sa grande préoccupation était de trouver des excuses à sa fuite.

Mais il avait encore une autre pensée qui le tourmentait, c'était la nomination récente de M. Déroulède en qualité de vice-président du Comité national. Il fallait, disait-il, revenir à tout prix sur cette décision qui était fâcheuse.

Il communiqua ses craintes à M. Naquet qui ne voulut intervenir en aucune façon.

M. Naquet s'opposa à ce qu'il déclarait devoir être un affront pour Déroulède. « La Ligue, disait-il, est une des meilleures forces de notre parti, c'est un merveilleux instrument. Il faut la flatter dans son chef et ne pas la froisser. Je ne me prête pas à seconder votre projet. »

Le général résolut alors d'intervenir lui-même au cours de la réunion du Comité. Il le fit avec une grande habileté, en se servant des arguments que Déroulède lui-même avait employés fréquemment, et tout récemment encore au moment de l'incident Sagallo, pour expliquer l'initiative violente qu'il avait prise.

« Mon cher Déroulède, dit-il, vous avez déjà la « Ligue des Patriotes qui vous prend le meilleur de « votre temps. Il ne faut pas que l'on puisse croire « que la Ligue et le Parti national sont asservis l'un « à l'autre. Chacun doit garder son indépendance « comme nous l'avons toujours désiré. Le temps vous « manquera d'ailleurs pour vous occuper du Comité. « Laissez à d'autres ces soins, ce travail de bureau, « dont votre activité ne s'accommoderait pas. »

Toujours très désintéressé et très dévoué, Déroulède s'inclina :

« — J'accepte vos raisons, mon général ; je décline l'honneur que le Comité m'a fait. »

Et sur l'heure M. Vacher fut nommé vice-président.

Telle fut la cause réelle de la première séance tenue en exil.

Cependant une autre décision fut prise dans cette même réunion : M. Naquet fut désigné par ses collègues pour rester à Bruxelles et préparer les élections.

D'OU VIENT L'ARGENT

Chargé de préparer les élections, M. Naquet voulut alors se rendre un compte exact des ressources dont on pouvait disposer pour la lutte ; et son premier soin fut de demander au général d'où venait l'argent :

— Francis Laur a exprimé, dans la dernière réunion à Paris, le désir que cette question vous soit posée, et le Comité s'est rallié à son opinion, ajouta M. Naquet, comme pour s'excuser de son indiscrétion.

— Certes, vous avez raison, répliqua le général. Mais adressez-vous à Dillon, il est mieux que moi au courant de toutes ces choses.

Dans les mêmes termes, la question est posée identique à M. Dillon. Celui-ci, tout aussi ingénument, répond :

— C'est très simple et je vous donnerai tous les détails possibles, mais les malles sont encore là remplies de tous mes papiers et de tous mes comptes. Attendez quelques jours.

Les jours se passèrent : le gouvernement belge

s'effraya de la fréquence des manifestes de l'exilé, de l'ardeur et de l'âpreté de la bataille qui allait s'engager entre les boulangistes et le cabinet de Paris; le gouvernement français lui reprochait le « téléphone » qui rendait illusoires les conséquences de la fuite, puisque le « chef de la conspiration » pouvait causer avec « ses affiliés » sans courir aucun risque : bref, l'expulsion fut décidée.

Le général partit pour Londres.

M. Naquet l'y accompagna. Bientôt, en Angleterre il renouvela la question vainement posée à Bruxelles.

Le général, un peu froissé, répondit cette fois plus sèchement :

— Nous sommes d'honnêtes gens. Et nous vendons des valeurs avec 50 p. 100 de perte.

L'explication était brève : M. Naquet, à demi satisfait, retourna chez M. Dillon, qui faisait à ce moment transporter à l'hôtel Royal ses fameuses malles toujours encombrées :

— Venez me voir demain à l'hôtel Royal, dit-il à M. Naquet.

Et le lendemain, au rendez-vous indiqué, le comte déclara du ton le plus affectueux que l'argent venait de lui et de quelques amis intimes qui ne touchaient en rien à la politique et pour cette raison ne voulaient pas être nommés.

— Jusqu'ici, poursuivit le comte, nous en sommes 1 200 000 francs de dépenses !

« J'ajouterai, continua-t-il après un silence, j'ajouterai que nous n'avons même rien stipulé pour le remboursement, mon cher vice-président. Mais j'espère bien que, lorsque vous serez au pouvoir, vous n'oublierez pas ceux qui vous auront fourni les moyens d'y arriver. »

Et pour mieux convaincre son interrogateur, le comte laissa échapper cette dernière confidence :

— Cette semaine, je viens de vendre encore 300000 francs de titres qui appartenaient à ma femme !

Dès lors M. Naquet pouvait être rassuré : les deux versions du général et du comte Dillon concordaient sur tous les points : la question d'argent était enfin éclaircie, et, plein de confiance, il se remit à l'œuvre.

LE TRAVAIL ÉLECTORAL

Quand on parlait de l'organisation de la lutte, le comte Dillon répondait (comme pour l'argent) qu'il avait au fond de ses malles un travail considérable, fait à Paris avant l'exil. M. Naquet se montrait, à Londres, assez impatient de consulter ce travail, mais toujours la même réponse lui était faite :

— Laissez-moi vingt-quatre heures de répit, et je mettrai à jour tout cela. Vous verrez.

Il fallait bien que M. Naquet se contentât de cette

défaite, qui se renouvelait souvent. Il ne pouvait en appeler à personne, car le général menait une vie très occupée par des futilités mondaines. Le marquis de Breteuil l'avait présenté au prince de Galles et dans la haute société anglaise. Cette grande vie, nouvelle pour lui, était pour lui pleine de charmes. Il donnait peu de temps à la politique.

Cela dura ainsi, de dîners en réceptions et de réceptions en excursions, jusqu'au moment où on parla des élections aux conseils généraux et du plébiscite auquel ces élections pourraient donner lieu.

L'idée de ce plébiscite était tellement grandiose, tellement belle, que dans l'entourage, et même à Paris, tout le monde en réclamait la paternité! Aujourd'hui, personne ne l'accepte, et la réprobation suscitée par la défaite est tellement unanime qu'il est bien difficile maintenant d'indiquer ou de deviner l'auteur de ce malencontreux projet qui suscita tant d'admiration.

Ce qu'il y a de certain, c'est que le général prit l'idée très à cœur, et jusqu'au jour de l'échec il la présenta étant sienne.

L'entourage partageait son enthousiasme. On supputait l'effet que produirait sur le pays l'élection dans quatre-vingts cantons. Ces quatre-vingts victoires partielles frapperaient l'opinion et détermineraient le succès aux élections générales.

Malheureusement Boulanger ne fut élu que dans douze cantons. L'opinion fut frappée par cet échec;

qui détourna du boulangisme beaucoup d'indécis.
Ce fut la préface de la grande défaite de septembre.
Car par toute la France on cria que le boulangisme
était vaincu. Or les masses vont à la victoire.

Pour entamer cette lutte dans laquelle les questions de clocher devaient jouer un rôle si grand, on
s'adressa aux royalistes et on leur demanda de désigner un canton dans chaque département : dans
ce canton se porterait le général. Mais le nombre
fut bien petit des conservateurs qui consentirent à
sacrifier les bons cantons. On lui désigna de préférence les mauvais : « Là, se disaient les royalistes,
nous échouerions sans doute, mais, grâce à sa popularité, le général passera. »

Le général a eu tort de crier à la trahison. Certes
personne, parmi les conservateurs, n'avait songé à
le trahir, mais personne n'avait voulu se sacrifier
pour lui. Le mal était là.

Une conséquence bien grave de cette tentative de
plébiscite fut de montrer aux conservateurs le vide
absolu de l'organisation boulangiste : ils virent que
derrière le général il n'y avait même pas le simu-
lacre d'une organisation quelconque, et le découragement les prit à la veille de l'assaut.

Ils doutèrent dès lors des chiffres électoraux que
depuis le mois de mai le comte Dillon donnait aux
membres du Comité de la Bourse de la duchesse
d'Uzès. Le comte en effet répétait sans cesse :

« 210 circonscriptions sont *acquises* aux conservateurs ; dans ce nombre les 8 dixièmes appartiennent aux royalistes.

« 48 circonscriptions sont *probables* dans les mêmes proportions.

« Enfin, 82 boulangistes sont sûrs de passer, dont la moitié au moins à *faux nez.* »

Ce calcul était séduisant, mais il ne reposait sur aucune donnée : de tels renseignements n'avaient été contrôlés par personne : on s'en apercevait bien, maintenant qu'il était trop tard pour réparer le mal.

LE CAHIER BLEU

Cependant le travail des élections générales avait commencé.

M. Dillon s'était enfin décidé à donner quelque chose à ce pauvre M. Naquet toujours en quête de renseignements et de détails ; et ce quelque chose, c'était un petit cahier bleu dont les pages étaient par-tagées en quatre colonnes noircies.

Sur la première colonne était écrit le nom de l'arrondissement. Sur la seconde, le nom des candidats nationaux. Sur la troisième, le nom des candidats conservateurs. Sur la quatrième, le nom des candidats opportunistes.

« Voilà, dit M. Dillon, le résumé de mes travaux avec le général. Tout cela est très étudié, très con-

trôlé. Mais, ajoutait-il, en s'adressant à M. Naquet,
vous allez avoir à discuter maintenant quelques-
uns de ces noms avec M. Auffray, qui représente la
droite, car nous avons fait, mon cher président, une
alliance purement électorale avec la droite contre
notre ennemi commun qui est le gouvernement. »

M. Naquet ne fit aucune objection à cet aveu. Dans
toutes les luttes politiques, on a toujours contracté
des alliances quelconques : rien de plus simple et de
plus naturel.

« Et comme la droite est très riche, continua M. Dillon, je compte bien sur elle pour en obtenir quelque
argent. Car mes amis et moi, nous sommes au bout
de nos sacrifices. »

M. Naquet emporta chez lui le précieux cahier
bleu.

Quelques jours après, il vit arriver M. Auffray,
chargé par M. de Mackau de toutes les négociations
avec les boulangistes.

Après un échange de politesses, on parla candidature, et M. Auffray, cherchant ses notes, sortit de sa
poche un cahier pareil à celui que tenait au même
moment M. Naquet. C'était le même format, la même
couleur, le même cartonnage et, dans les feuilles ou-
vertes, on voyait les mêmes divisions de colonnes
consacrées aux mêmes indications et portant des noms
identiques.

M. Naquet en conclut, attristé, que le fameux travail du général et du comte Dillon, ce volumineux

dossier dont on parlait sans cesse, avait été fait tout simplement par M. Auffray.

Et le général, qui avait donné sa « parole d'honneur » de surveiller au jour le jour cette étude électorale, s'était borné à faire copier pour le comte Dillon les notes de M. de Mackau !

Sur ces bases, préparées par son adversaire, M. Naquet entama une discussion qui plus d'une fois fut héroïque; les discussions n'en furent pas moins vives entre M. Naquet et M. Auffray.

M. Auffray avait l'idée extraordinaire de vouloir se présenter à la Villette, se déclarant très populaire parmi les bouchers et les ouvriers des abattoirs.

Il prétendait encore que le VIe, le VIIe, le VIIIe et le XVIe arrondissement devaient être abandonnés aux conservateurs.

Irrité, M. Naquet fermait alors son registre, s'écriant :

— Non ! là, c'est Paris ! et Paris républicain est à nous !

C'est ainsi, grâce à l'énergie de M. Naquet, que M. Auffray ne fut pas candidat à la Villette et que MM. Deville, Cochin, Hervé, Calla furent battus.

Cependant, plus la lutte approchait, plus le général devenait inquiet, nerveux. L'échec des conseils généraux l'avait rendu défiant contre les conservateurs, et il les accusait toujours de trahison.

M. Naquet allait chaque soir, ainsi que M. Dillon, lui soumettre les listes formées pendant la journée avec M. Auffray. Souvent à l'appel d'un nom quelconque il entrait dans des colères :

— Quel est ce candidat ? demandait-il, irrité.

Le comte Dillon se hâtait de répondre :

— C'est un national.

Le général de reprendre :

— Qu'est-ce que c'est que ce national ? Qu'est-ce que c'est qu'un national ? Le sais-tu, seulement ?

— Oui, j'ai son dossier dans mes malles (toujours les malles ! elles ne se vidaient jamais !), je te réponds de lui.

M. Naquet, sceptique, souriait et se taisait, car il n'avait personne pour remplacer le « national » de M. Dillon.

C'est ainsi qu'avec le titre de « candidat national » on opposa au gouverneur du Crédit foncier, dans le département de l'Orne, un ancien pousse-pousse de l'Exposition. Sous la même étiquette le frère du valet de chambre dé Mme X... fut présenté quelque part.

Quand, dans ces séances, le général s'était montré trop agacé, trop irritable, M. Dillon, en se retirant avec M. Naquet, lui disait : « Tâchez de le calmer : il devient trop nerveux, trop défiant.

« Il n'a pas à s'inquiéter, cependant. Il sera Président de la République. Cela est certain. Et si ça ne dure pas, il aura toujours la plus belle place en France ! »'

Cependant M. Auffray et les royalistes, voyant que

le général n'avait pas de candidats, en avaient mis partout : le général, quand·il fut devenu soupçonneux, voulut en mettre, lui aussi, un peu partout. De là, les conflits que le public ignorait, mais qui troublaient fort le petit monde où se préparait avec tant de gravité et de peine l'écrasement du boulangisme, et qui sont facilement explicables. Certains conservateurs s'étaient mis en campagne d'accord avec le comité de la droite, quand tout à coup il leur tombait dans les jambes un boulangiste investi. C'étaient alors des querelles. L'une d'elles fut particulièrement grave. M. Conrad de Witt, conservateur, se présentait dans le Calvados, quand un boulangiste pur, M. Lefort, vint le combattre. Cet incident aurait mal tourné sans une « roublardise » de M. Dillon.

Quand M. Auffray apprit qu'il y avait un candidat contre M. de Witt, il écrivit à M. Naquet que tout était rompu et que les vivres étaient coupés.

M. Naquet envoya cette lettre au général, qui entra dans une grande fureur et dont la colère commença par retomber sur Dillon.

Le lendemain, celui-ci, après avoir subi l'orage, accourait à Portland-Place et disait à son ami :

— Mais tu es allé beaucoup trop vite hier. M. Auffray, après avoir écrit la lettre, s'en est repenti; il est allé faire des excuses à Naquet et il l'a même embrassé.

Le général devint pensif et dit : « Ah ! s'il a fait

des excuses et embrassé Naquet, je veux bien oublier
ce qui s'est passé, mais qu'il n'y revienne pas. »

L'ENTREVUE DU COMTE DE PARIS
ET DU GÉNÉRAL

Cette entrevue, que rien ne faisait prévoir et que
personne n'avait proposée, eut lieu à Londres, au
commencement du mois d'août 1889.

La duchesse d'Uzès était installée à Alexandra-
Hotel quand un jour, au cours d'une visite, le général Boulanger, lui dit tout à coup, sans autre pré-
ambule :

— J'ai une idée. Je veux voir le comte de Paris.

— Mais pourquoi? demanda la duchesse.

— J'y tiens essentiellement. et je voudrais le voir
ici même, demain.

— Dieu ! vous allez trop vite en besogne. On verra,
d'abord, si la chose est possible.

Le soir même, la duchesse d'Uzès fit part au comte
de Paris du désir du général.

— Quelle singulière idée, répondit le prince,
étonné. J'aurais compris cette entrevue il y a six
mois. Maintenant, à quoi bon? Il y a six mois, on
m'avait demandé si j'irais jusqu'à le voir? J'ai répondu
oui. Je suis toujours dans les mêmes sentiments.
Mais qu'il donne au moins une raison pour motiver

cette entrevue qui me semble inutile en ce moment.

La duchesse répondit que le Prince ne devait prendre conseil que de lui-même; elle ne voulait influencer en rien sa décision; mais le général venait de subir un échec dans l'affaire des Conseils généraux; et si l'entrevue lui était refusée, il mettrait le refus sur le compte de sa récente défaite; ce qui était certainement bien loin de l'esprit du Prince.

— Enfin, répliqua le comte de Paris, où veut-il que je le voie? Je ne peux certes pas aller chez lui, et il ne peut pas davantage venir chez moi.

— Non. Mais vous pouvez vous rencontrer dans mon salon, à Alexandra-Hotel, reprit Mme d'Uzès.

— Eh bien! acheva le Prince, je réfléchirai, je vous répondrai demain.

Le lendemain, dans la matinée, aucune réponse n'arriva. A dix heures, la duchesse et le général se rencontrèrent à cheval, à Hyde-Park.

La conversation fut courte :

— J'ai fait tout ce que j'ai pu, dit Mme d'Uzès; mais je ne crois pas avoir réussi.

— Parce que je suis battu, répliqua sèchement le général. On craint maintenant de se compromettre avec moi.

La duchesse s'efforça de le calmer et de lui prouver qu'il se trompait.

A trois heures, lettre du général, insistant encore auprès de la duchesse pour que l'entrevue ait lieu le soir même.

Au même instant arrivait le consentement du comte de Paris. L'entrevue était acceptée et fixée au lendemain soir onze heures.

Le lendemain, à l'heure dite, les appartements de la duchesse d'Uzès étaient prêts pour l'entrevue. On avait écarté tout le monde, même les amis les plus intimes et les plus sûrs : M. Bocher, par exemple, qui était à ce moment à Londres avec M. Arthur Meyer, le comte Dillon, etc., etc.

La duchesse devait seule assister à l'entretien.

Le comte de Paris arriva le premier.

Quelques minutes après, le général Boulanger fit son entrée.

Le Prince alla à lui, la main tendue, lui disant combien il était heureux de faire enfin sa connaissance après une si longue action commune.

Le général répondit quelques paroles embarrassées, presque timides. Ce n'était plus le chef du Parti national s'entretenant avec le chef du parti monarchique ; aux formules employées, on eût dit plutôt un officier parlant à son souverain.

Le comte de Paris mit la conversation sur sa carrière qu'il connaissait fort bien, disait-il, sur ses hautes qualités militaires, sur son dévouement aux intérêts du soldat qui l'avait rendu si populaire, etc. Il ajouta que si un général devait rendre à la France l'Alsace et la Lorraine, à coup sûr c'était lui.

Boulanger « buvait », muet, les paroles, s'inclinant en souriant et remerciant du geste.

Il se sentait mieux à l'aise désormais, grandi, gonflé, tandis que le Prince poursuivait, de sa voix la plus aimable et la plus chaude, l'évocation fort agréable de ses souvenirs.

Le comte de Paris rappela que, colonel territorial, il avait, pendant les grandes manœuvres, déjeuné à côté du général Boulanger, et, entraîné par son récit, il ajouta, imprudent :

— D'ailleurs, mon oncle d'Aumale m'a beaucoup parlé de vous !

La duchesse d'Uzès agita soudain les plis de sa robe, regardant, inquiète, autour d'elle, et faisant au Prince des signes désespérés : il était dangereux, en effet, de parler ici du duc d'Aumale !

Le comte de Paris s'en aperçut très vite, mais trop tard :

— Oui, continua-t-il, en augmentant encore les éloges, le duc d'Aumale vous considérait comme un des meilleurs officiers, un des chefs tout désignés sur lesquels le pays, dans les jours difficiles, pourrait compter le plus complètement et le plus sûrement.

Alors, tout à fait séduit par ces flatteries, le général Boulanger rappela, à son tour, avec force louanges, le séjour que le prince avait fait aux États-Unis, ses brillantes campagnes du Potomac, les remarquables études qu'il avait publiées sur l'Amérique, sur les *Trades Unions*, etc.

Puis la conversation s'engagea, plus intime, sur la politique française.

Le général exposa tout un plan que ne peut écrire un historien de choses contemporaines qui ne veut pas tomber dans la délation. Il s'agissait du retour en France et des concours sur lesquels on pouvait compter.

On aborda ensuite la question électorale.

Le général promit, entre autres détails, qu'il n'y aurait pas de candidat sérieux contre M. Édouard Hervé à Paris. Et comme le Prince demandait le même engagement en faveur de M. Denys Cochin, le général répondit que la chose était impossible. Il serait impuissant, après avoir fait déjà descendre de Montmartre M. Mermeix, à le décider à se retirer encore du Gros-Caillou ; le mieux était de laisser chacun courir sa chance ; la situation personnelle de M. Cochin, dans le VII° arrondissement, lui faisant d'ailleurs une chance plus grande.

Enfin on parla du lendemain des élections, de l'usage que l'on ferait de la victoire certaine, de l'appel au pays, de la réunion d'une Assemblée constituante, de l'abolition de toutes les lois d'exception et de proscription.

Cette conversation dura une heure et demie, c'est-à-dire fort avant dans la nuit.

Le comte de Paris, qui n'est pas noctambule, commençait à trouver l'entretien un peu long, quand la duchesse d'Uzès vint à son secours et lui offrit de se retirer.

C'était pour l'un et pour l'autre la planche de

salut. Ils n'avaient plus rien à se dire que les choses qu'ils voulaient ne pas dire; et les repos devenaient plus prolongés entre les phrases plus cherchées.

Le comte de Paris tendit les deux mains au général et partit.

Quand il fut seul avec la duchesse d'Uzès, Boulanger s'écria en riant :

— Mais il est beaucoup mieux que je ne le croyais !

Puis il prit congé de Mme d'Uzès sans avoir donné la moindre raison du singulier désir qu'il avait eu de cette entrevue que personne ne s'explique encore aujourd'hui.

L'ARGENT ROYALISTE

Cette entrevue resta longtemps secrète, et certains chefs royalistes eux-mêmes ne la connaissent que depuis quelques semaines. D'ailleurs, ce ne fut qu'un épisode sans grande portée et qui n'a qu'un intérêt anecdotique.

Ce qui est plus important, c'est la façon dont les royalistes conduisaient leur campagne pour obtenir la majorité dans la majorité. Rien ne fut négligé pour cela.

L'argent manquait; on en donna.

Au commencement de mai 1889 une réunion avait

eu lieu à Sheen-House à laquelle prirent part
MM. Bocher, de Beauvoir, Dufeuille, Lambert
Sainte-Croix et quelques autres hauts personnages
royalistes. On fit un travail préliminaire sur la carte
électorale. Dans cette réunion, le comte de Paris
s'engagea à faire un sacrifice pour les candidats
monarchistes quand le moment serait venu. Lorsque
les élections approchèrent, le Prince se souvint de
sa promesse, et il s'inscrivit sur une liste de souscription pour 2 500 000 francs. Cette liste circula
aussitôt chez les millionnaires du parti.

Quand ceux-ci connurent le grand sacrifice royal,
leur générosité en fut stimulée : l'exemple du prince
fut suivi : l'argent arriva de toutes parts, et on re-
cueillit 5 millions.

Ces 5 millions furent administrés par une Caisse
des Droites composée de MM. le marquis de Breteuil,
le comte Albert du Mun, le baron de Mackau, le duc
de Doudeauville, le prince de Léon et le duc de La
Trémoille.

Sur cette somme 1 300 000 francs furent prélevés
pour les candidats boulangistes, car il ne restait plus
rien dans la caisse boulangiste.

Les gaspillages du général qui avaient tout épuisé
causèrent donc à certains candidats nationaux l'humiliation douloureuse d'aller chercher leurs subsides électoraux chez le baron de Mackau.

On ne continuait à payer rue Galilée, chez le
baron Duperrier, ou rue d'Amsterdam, chez M. Mau-

rice Jollivet, que ceux dont on redoutait la clairvoyance et dont on prévoyait des interrogations em-
barrassantes.

Quant aux sommes données par la duchesse d'Uzès,
elles avaient disparu, fondues dans le gouffre des
dépenses les moins utiles. Sur les instances réitérées
du général, Mme d'Uzès venait même d'envoyer à
Londres, par M. Schmoll, le secrétaire de M. Arthur
Meyer et son courrier financier ordinaire, en qui
elle avait toute confiance, les 350 000 francs qui lui
restaient.

Ce fut la fin du sacrifice de la duchesse. Le million
liquide qu'elle avait voulu, dès la première heure,
réserver pour la période des élections avait été dissipé depuis longtemps! et des 3 millions généreusement abandonnés par elle pour la lutte, il ne restait
plus un seul centime au moment où la bataille allait
s'engager.

LE COMTE DILLON ET LA PUBLICITÉ

Nous avons vu jusqu'ici circuler, dans toute cette
histoire du boulangisme, le personnage énigmatique
du comte Dillon. C'est le moment de regarder en
face cet homme étrange qui tomba tardivement dans
la politique et qui, en s'y comportant comme dans
les grandes affaires au milieu desquelles il avait tou-

jours vécu, y prit toute suite une figure originale.

M. Dillon a des traits de caractère singuliers et qui contrastent entre eux. Ceux qui l'ont approché l'ont vu tour à tour dur comme un homme d'affaires ou attendri comme un jobard.

Il était rude ou affectueux. Mais jamais on ne savait — quand on l'avait un peu pratiqué — ce que recouvraient ces apparences changeantes. Car, pardessus tout, il était tortueux et dissimulé. Jamais homme ne connut moins que lui la simplicité. Quelqu'un a dit de lui : « Placez un encrier devant Dillon et demandez-lui : Quel est cet objet? Il ne vous répondra pas : C'est un encrier. Il prendra quelque circonlocution. »

C'est bien ainsi qu'il est, défiant de la vérité, cherchant toujours l'échappatoire et arrivant malgré tout à faire croire à sa bonne foi[1]. Il n'avait pas à trom-

---

1. Voici une anecdote où Dillon est tout entier. Un jour, à table, chez le général, il se répandit en sarcasmes amers contre M. Vergoin. Il alla si loin que Boulanger l'arrêta : « Je défends qu'on parle ainsi de mes amis. Voilà un homme dont tu vas serrer la main tout à l'heure peut-être. Je ne comprends pas que tu en parles ainsi. » Dillon se tut.

Le lendemain, M. Vergoin arrivait à Londres. En riant, Naquet lui dit : « Mon cher Vergoin, le général vous a donné hier une grande marque d'affection. » Et il lui raconta qu'il avait imposé silence à quelqu'un qui disait du mal de lui, Vergoin. Dans la journée, le député de Seine-et-Oise vit le comte Dillon. Il lui dit : « Ah! mon cher comte ! que de remerciements je vous dois! Je sais avec quelle vigueur le général et vous m'avez défendu hier contre Laguerre. » M. Dillon roula ses yeux, et répondit : « Cher ami, vous savez bien que je vous aime comme un frère. »

per le général puisqu'ils jouaient leur partie ensemble. Mais il parvint à faire de presque tous les membres du Comité national ses dupes.

Pendant qu'il servait d'ambassadeur au général auprès du comte de Paris, pendant qu'il négociait avec M. Arthur Meyer pour tirer de l'argent de la caisse royaliste, il persuadait aux républicains du Comité qu'il était bien converti à la République. Il parlait de sa conversion sans exagération. Il ne montrait point le zèle suspect des néophytes. « Il était d'origine monarchique, disait-il un jour à M. Laisant. Mais la politique n'était pas son fort. Il suivait le général son ami, et si avec lui on pouvait fonder une république habitable, il demeurerait républicain ; si l'entreprise échouait, il retournerait à ses amours monarchiques. »

C'était là le langage d'un brave homme qui parle selon sa conscience. Aussi les républicains lui accordèrent-ils longtemps leur confiance. Et ce n'est qu'à la fin que quelques-uns d'entre eux le suspectèrent.

Ces travers de caractère du comte Dillon n'empêchent qu'il n'ait été et ne demeure comme un type peu banal d'homme politique. Il a, on peut le dire, changé la politique en y introduisant des procédés nouveaux.

Il traita le boulangisme comme une affaire.

Il lança cette affaire comme une émission par des procédés de publicité et de puffisme yankee inconnus

jusqu'ici chez nous. On l'a accusé, depuis la défaite
— et le général peu généreusement a donné crédit
à l'accusation — d'avoir cherché de l'argent dans le
boulangisme, d'avoir eu, comme on dit sur les res-
pectables marches de la Bourse, de la « colle aux
doigts ».

Non.

Dillon n'eut pas cette petite friponnerie. Avant le
boulangisme, il gagnait dans les affaires au moins
100 000 francs par an. Que le boulangisme lui ait
donné autant, rien de plus naturel. Mais il voyait,
dans cette entreprise politique, une énorme affaire
au succès de laquelle il crut longtemps, presque jusqu'à la fin. Il espérait être tout, premier ministre,
chancelier, gouverneur de la Banque, que sais-je? Il
formait des plans de gouvernement, distribuait les
rôles aux hommes d'État du boulangisme. Un jour,
il dit à M. Naquet à Londres : « Cher ami, votre lot
est trouvé; aussitôt après la victoire, nous vous en-
verrons auprès du Pape en mission extraordinaire
pour négocier le désarmement universel. »

Il avait ainsi de grandes chimères et quelques
grandes idées. Il parlait de constituer, pour lutter sur
le terrain économique contre l'Amérique, un Zollve-
rein européen.

Cet homme d'une réelle intelligence et dont la
grande faiblesse était la fourberie, le manque de confiance dans la vérité, fut le véritable chef de cet or-
chestre qui assourdit la France pendant un an. Il fut

le chef de la publicité du boulangisme, et, on peut le dire, l'inventeur, l'introducteur de la publicité dans la politique.

Son génie inventif et pratique lui suggéra d'utiliser pour sa cause les moyens de la réclame industrielle. Il se lança dans cette carrière d'annoncier politique avec une prodigalité d'Américain qui fait grand pour arriver à un grand résultat. Que d'images, que de placards et surtout que de chansons il payait !

Non pas les chansons qui se chantaient, mais les autres.

LES CHANSONS

L'Iliade boulangiste n'est pas connue à Paris et on en retrouvera difficilement aujourd'hui les innombrables morceaux.

Les chants connus, tels que la *Revue*, les *Pioupious*, ne coûtaient rien. Le succès en dédommageait les auteurs. Ainsi Paulus et ses associés Garnier et Delormel gagnèrent près de 50 000 francs avec la fameuse marche : *En revenant de la Revue*. A ce propos il y a un petit intérêt à en faire l'histoire. Cette célèbre chanson ne fut pas composée en l'honneur du général Boulanger.

Les paroliers, Garnier et Delormel, soumirent à Paulus trois versions :

La première :

> Je venais acclamer
> Le brav'général Boulanger.

La seconde :

> Je venais acclamer
> Le brav'général Négrier.

La troisième :

> Je venais admirer
> Le brav'commandant Dominé.

A ce moment les soldats du Tonkin étaient très populaires.

Paulus eut à choisir entre ces trois acclamations. Son flair d'artiste en communication constante avec le public lui fit choisir la première.

« Boulanger est à la mode, répondit-il aux auteurs; je m'en tiendrai à lui. »

Mais à côté de quelques chansonniers connus qui, pour plaire à la foule, mettaient en musique la popularité du général Boulanger, il y avait la masse des chansonniers obscurs que le comte Dillon payait largement.

Les œuvres de ceux-là étaient destinées à la province; on ne les chantait pas, on les distribuait pour la propagande.

Il suffisait d'apporter quelques vers au comte Dillon : celui-ci lisait, complimentait, remerciait, s'attendrissait ; et si on ne lui demandait pas quelque subside immédiat, il ajoutait : « Faites-moi tirer ceci à 200 000 exemplaires que vous m'enverrez. » Et il payait les 200 000 exemplaires dont la moitié peut-être ne devait jamais lui parvenir.

Les ballots qui lui étaient envoyés étaient ensuite distribués par son ordre aux journaux du parti, qui les donnaient en prime gratuite ou les semaient dans les campagnes, réclame chantante qui, tombant à profusion dans toutes les contrées, séduisait les paysans.

LES PHOTOGRAPHIES

La chanson n'était pas le seul moyen de propagande. La carte de visite du général et surtout les photographies rendirent les plus grands services. M. Dillon les faisait établir, ces photographies, dans des conditions de bon marché inouï.

Le procédé employé était la photoglyptie : les plus belles épreuves ne revenaient ainsi qu'à 3 centimes la pièce, au maximum. Pour 30 centimes on avait donc 10 exemplaires et pour 1 franc plus de 30.

On a distribué 3 millions de photographies, sans dépenser beaucoup plus de 100 000 francs.

Quant aux chromolithographies, elles coûtaient plus cher ; mais elles ont été tirées en plus petit nombre.

Chromos, portraits, photographies, chansons, tout cela était donné ensuite aux camelots pendant les périodes éleetorales, et aux journaux dans l'intervalle des élections. Le camelot qui, dans le Nord, la Somme, la Charente-Inférieure, achetait par exemple au prix marchand de 2 francs 100 numéros de l'*Intransigeant*, de la *Cocarde* ou de la *Presse*, recevait gratuitement un ballot de primes de toutes sortes. Dans la Somme, on en arriva à donner au public jusqu'à 8 feuilles de papier pour un sou. Dans ce département, la distribution de papier s'éleva à 8 millions de feuilles, y compris 1 400 000 bulletins de vote.

Pour toute cette série d'opérations, de commandes et d'achats, le comte Dillon agissait seul, sans intermédiaire : nul n'était éconduit. Une image, un bibelot de propagande présenté par le plus pauvre homme était accepté, si le comte espérait pouvoir l'utiliser. Cette direction de publicité énorme l'intéressait, d'ailleurs, par-dessus tout. Il aimait ces fournisseurs de bibelots-réclames, de mauvais vers ou d'images ; et chez lui ils avaient toujours un crédit ouvert de quelques louis.

LES CAMELOTS

Le boulangisme a payé le camelot beaucoup moins qu'on ne le croit.

Le camelot prenait le « papier boulangiste » parce que ce papier se vendait, parce que l'acheteur le recherchait. Le camelot fit donc en grande partie sa réclame gratuitement parce qu'il y trouvait son intérêt.

Cet agent de propagande ne coûta cher que lorsqu'il fallut l'expédier dans les départements pour « chauffer » les tournées du général ou les élections.

Là, en effet, il était nécessaire de combattre précisément le gouvernement avec les moyens que le gouvernement employait lui-même contre les boulangistes. Aux agents de la sûreté générale, expédiés en nombre de Paris ou embrigadés dans le pays, il fallait opposer des agents boulangistes salariés, amenés de Paris ou recrutés dans la ville. Ceux-là « donnaient le premier cri », rendaient expansifs et bruyants les zèles timides et silencieux des bonnes gens de province; ils étouffaient les sifflets « officiels » quand ils ne les enlevaient pas de la bouche des siffleurs pour les revendre un bon prix ensuite aux représentants du comte Dillon. A Amiens, pour chaque sifflet pris sur « l'ennemi », on donnait aux camelots 25 centimes.

Tel était le rôle du camelot : il ne faisait pas la manifestation, il « l'encadrait ».

L'utilité de l'agent salarié pour les partis d'opposition est incontestable. On le vit bien à Doullens, dans la Somme, pendant l'élection du général.

Le sous-préfet, à l'arrivée du général, fit arrêter

à la gare les quinze camelots qui descendaient du train derrière le candidat anti-gouvernemental.

La chose était imprévue ; un désarroi se produit aussitôt, et Boulanger, montant en voiture, est accueilli par une bordée de sifflets, tandis que la masse des curieux reste muette. Les agents de la Sûreté, les instituteurs, les cantonniers sifflaient par ordre, et la contre-partie des camelots manquait. Le général se croyait battu dans cette circonscription : il eut, au contraire, 8 000 voix de majorité.

Si les quinze camelots étaient entrés dans la foule, ils auraient entraîné les timides et changé en ovation la manifestation hostile organisée par l'administration.

LES ÉLECTIONS

Toutes les élections du général Boulanger, à partir de la triple élection, ont été payées par la duchesse d'Uzès.

La première élection, celle de l'Aisne, a coûté 25 000 francs.

Celle de la Dordogne, 7 000 ou 8 000 francs.

Ce fut la moins onéreuse, grâce au concours des bonapartistes et grâce à l'action personnelle de M. Thiébaud.

M. Thiébaud était persuadé que les frais électoraux étaient uniquement supportés par le comte Dillon et il s'employait à diminuer les dépenses.

La première élection du Nord coûta 200 000 francs. Ce fut la première des grandes orgies électorales.

L'Ardèche, 50 000 francs.

Quant à la triple élection de la Charente, du Nord et de la Somme, elle montra le gaspillage poussé à ses dernières limites.

La Charente-Inférieure. coûta 170 000 francs. Le Nord, 230 000. francs. La Somme, près de 270 000 francs. Pour l'élection - de Paris on dépensa 450 000 francs.

La lutte d'affichage qui amusa tant Paris en janvier 1889, se renouvelait en province pendant toutes les élections dans de moindres mesures, mais suffisamment encore pour « étonner » les bons villageois.

L'organisation électorale boulangiste était fort bonne. Elle répondait exactement à l'organisation officielle.

Au préfet, le comte Dillon opposait, dans chaque département où se présentait le général, un agent supérieur, qui était surtout le trésorier. Cet agent supérieur était le plus souvent doublé d'un agent politique chargé de rédiger les affiches, les proclamations et de soutenir les polémiques locales.

Dans chaque sous-préfecture, on expédiait un sous-agent, qui recrutait à son tour dans chaque canton l'agent « cantonal », lequel choisissait dans chaque commune, un agent « communal ».

Dans chaque commune, et à la tête de chaque canton, se trouvait donc un homme, né dans le pays, connu de tous, incarnant et personnifiant le boulangisme.

Quant à l'agent supérieur et aux directeurs d'arrondissement, ils avaient, bien qu'étrangers, le prestige et l'autorité des représentants, des secrétaires du général. Ils étaient les émanations de l'homme populaire.

Telle était l'organisation boulangiste, calquée sur l'organisation préfectorale, qui fit les élections contre le gouvernement, partout où le général se présenta.

Malheureusement, ces organisations ne furent pas établies en permanence dans toute la France en vue des élections. On les improvisait à la veille des batailles. Ensuite on laissait le personnel se disperser.

C'est là une des causes de la défaite.

L'ILIADE

Le général Boulanger a inspiré bien des poètes. Il n'a pas trouvé précisément Homère ni Hugo. Mais la quantité de ses chanteurs est grande.

Nous avons fait le relevé des œuvres de ces chansonniers, dont beaucoup en célébrant Boulanger n'ont fait qu'œuvre commerciale de fournisseurs du comte Dillon, mais dont quelques-uns ont écrit sous l'inspiration de cet enthousiasme que le général excita dans le pays.

Cette liste est évidemment incomplète. Les chercheurs trouveront certainement bien d'autres parties de l'Iliade qui nous ont échappé. Telle que nous avons pu l'établir, la voici :

CHRISTIAN ET VINBOURG

L'Œillet rouge.

L. DE LARMANDIE

Le Pied d'nez.

CHARLES MORDACQ

Prépare-toi, soldat de France.

J. B.

La Voix de Baudin.

GARNIER ET BY

Le voir et mourir.

DELORMEL ET GARNIER

En revenant de la Revue.
Les Ministres en voyage.
Les Mémoires du brav' général Barbenpoire.
J'ai fait un'tête.
Le Boulanger a des écus.

Il reviendra, mon petit Ernest.
Ce n'était pas lui!
Ernest, ne parle pas!
Le Cheval du municipal.

VILLEMER

La Marseillaise de Boulanger.

Boulanger à la tombe de Marceau.

A bas Bismarck... et vive Boulanger.

Polyte chez le général Boulanger.

Le Parrain de la petite Alsasienne.

Boulanger maître d'école en Alsace.

Gambetta, Skobeleff, Boulanger.

Gloire au soldat d'Auvergne.

Le général proscrit.

Le général Revanche.

Le général Revanche.

Le Rêve du général Boulanger.

Le Général Victoire.

L'Épée brisée.

ANTONIN LOUIS

Les Pioupious d'Auvergne.

Les Sapins de Paris.

A bas la Chambre !

Marche boulangiste.

Ah! quel malheur de s'appeler Jacques !

Le chéri d'la bande à Ferry.

GABILLAUD

C'est Boulanger qu'il nous faut.

Pauvre Jacques !

Il reviendra !

R'viendra ! R'viendra pas.

Déclaration du général Boulanger : son opinion — ses idées — son but.

Proclamation du général Boulanger à ses électeurs.

Nous avons des cartouches.

La Résurrection de Boulanger.

Il n'est pas là.

L'Militaire de chez nous.

Honneur au général Boulanger.

L'Opinion du colonel Ramollot sur le général Boulanger.

Le Retour de la Revue.

Pioupiou français.

Vive Boulanger !

Tout est rompu, mon gendre.

Il serait trop long et d'un intérêt médiocre de publier intégralement toutes ces poésies.

Quelques extraits seulement donneront une idée suffisante du génie des poètes populaires qui chantèrent l'homme populaire :

Le Boulanger a des écus.

Le boulanger de notr'quartier
Est l'plus bel homm' du monde,
Il a z'un œil bleu singulier
Avec un' barbe blonde.
Il doit gagner des milliers d'francs,
Et même davantage.
Car des farceurs depuis quéqu'temps
Répèt'nt sur son passage :
Le boulanger a des écus
Qui ne lui coûtent guère,
D'où viennent-ils? v'là le mystère.

Les Mémoires du brav' général Barbenpoire.

Puis il partit d'Clermont comme un tonnerre,
Boitant par devant, boitant par derrière.
Sa jambe droit' qui clochait un p'tit peu
Aux Clermontois disait : Adieu, adieu.
— Vous allez, lui d'mand'son planton,
Où donc? où donc? où donc?
Mais Ernest tout bas lui répond :
— Pas d'potin,
Je m'en vais prendr'le train
Le premier train.

Polyte chez le général Boulanger.

Au r'voir, mon général ! Hein, Pitou quéqu' t'en penses ?
      T' faut-il encor ma lettr' d'audience ?
Tiens ! v'là tes gants, pas b'soin d'ça pour crier :
      « A bas Bismarck et vive Boulanger ! »

La « Marseillaise » de Boulanger.

    Entendez-vous les cimetières
    Frémir au cri de Boulanger ?
    Ce sont nos pères et nos frères,
    Tous les martyrs qu'il faut venger !

A bas Bismarck !... Et vive Boulanger !.

Par tout le sang de la France meurtrie,
Par le passé, par les morts à venger,
Avec le tzar, pour Dieu, France ! pour la Patrie !
Mort aux Prussiens et vive Boulanger !

Le Général proscrit.

    Il reviendra, gardez votre espérance.
    Oui, tous ici, nous le verrons vainqueur.
      En attendant la délivrance,
       Bénissons son ardeur
    Et réclamons le sauveur de la France !

Gloire au soldat d'Auvergne.

    Gloire au soldat que l'avenir réclame,
    Qui, du passé, pourra seul nous venger !
    Condamnez-le, mais la France l'acclame :
    Honte sur vous et gloire à Boulanger !

Gambetta, Skobeleff, Boulanger.

Et depuis lors songeant aux heures sombres,
Cherchant le bras marqué pour la venger
Comme un écho de l'appel des deux ombres,
La France chante, acclamant Boulanger.

Boulanger maître d'école en Alsace.

Mes chers petits, à l'espérance
Plus que jamais il faut songer,
Car celui-là, c'est Boulanger,
Qui rendra l'Alsace à la France !

Le Rêve du général Boulanger.

Rends-nous l'honneur ! Rends-nous l'Alsace et la Lorraine.
Reviens en ramenant les deux sœurs par la main.
Alors, tu seras tout ! tu seras l'aube blanche
Que le pays attend sur le vieux Rhin en feu ;
Tu seras plus qu'un Roi, tu seras plus qu'un Dieu,
Car tu seras la France, ô général Revanche !

A bas la Chambre !

A bas la Chambre et les opportunistes !
Viv' la revision,
La dissolution.
La République a trop de ces fumistes !
Pour les fustiger,
Rallions-nous à Boulanger !

Marche boulangiste.

On peut braver tout danger,
Quand on a pour chef Boulanger !

Il reviendra.

Il reviendra
Quand le tambour battra,
Quand l'étranger m'naç'ra
Notre frontière.
Il sera là,
Et chacun le suivra.
Pour cortège il aura
La France entière!

R'viendra, r'viendra pas.

Un fils de la France chérie,
Que nous aimons tous, n'est plus là.
Mais quand on m'naç'ra notr' patrie,
Il reviendra!

Nous avons des cartouches.

Vous ne trouverez plus nos poudrières vides,
Ni nos jeunes soldats par des traîtres conduits.
La haine a su forger des guerriers intrépides
Prêts à vaincre ou mourir pour venger leur pays!
Ainsi que nos aïeux morts en quatre-vingt-treize,
Ils marcheront gaîment vers les rives du Rhin,
Ils suivront Boulanger, chantant la *Marseillaise;*
De la gloire ils sauront retrouver le chemin.

Le Parrain de la petite Alsacienne.

A celui-là gardez la place,
Vous le reverrez en Alsace
Tôt ou tard triomphant.
Gardez son nom pour l'apprendre à l'enfant,
Car c'est le nom qui prêche l'espérance,
C'est Boulanger, le rédempteur de France.

La plus curieuse de toutes les parties de cette épopée est l'œuvre d'un rapsode qui signe « Jean Gamin ». Jamais on n'a vendu, croyons-nous, une poésie telle que celle-là, qui fut achetée par le comte Dillon. Nous ne résistons pas au désir de publier cette légende du général, écrite avec une naïveté recherchée. C'est là le type de la poésie de propagande politique en cette fin de siècle, de la poésie que les paysans et les illettrés apprennent par cœur, épinglent au mur de leur chaumière. Avec ces choses on ne fait pas une popularité. Mais la popularité produit ces choses. Elles en sont comme les champignons :

Boulanger.

POÈME POPULAIRE

A la promotion Crimée-Sébastopol !
A l'armée !
Au peuple !
A la France !

I

Boulanger ! La France répète
Ce nom-là, comme un saint espoir
De revanche, après la défaite,
De victoire, au jour du devoir !
Boulanger ! c'est le synonyme
De France, de gloire, d'honneur ;
C'est le soldat simple et sublime,
Qu'on acclame en futur vainqueur !
L'exemple des grands sacrifices,

Aux cœurs vaillants, il l'a laissé ;
Et, dans ses états de services,
L'avenir lira son passé !

II

Boulanger vit le jour à Rennes,
Dans ce mâle pays breton,
Où les familles plébéiennes
Lèguent la force au rejeton.
En trente-sept, il vint au monde,
Le matin du 29 avril ;
La terre était déjà féconde ;
Le siècle était déjà viril.
Devant la nature fleurie.
Son père, d'amour transporté,
Le nomma Georges-Jean-Marie
Vaillance, enthousiasme, bonté.

III

Saint Georges, ce preux héroïque
Terrassa jadis le dragon.
Et, devant l'hydre germanique,
C'est de bon augure ce nom.
Saint Jean, autrefois, sur la terre,
Du salut fut le précurseur ;
De notre salut militaire
Boulanger fut l'ensemenceur.
Marie est la douceur de l'âme,
C'en est une incarnation,
Et Boulanger prit à la femme
L'amour, mais l'audace au lion.

I V

Il fit ses études à Nantes;
Puis il sentit, à dix-huit ans,
Vibrer, aux notes entraînantes
Des clairons, ses nerfs haletants.
Il entre à Saint-Cyr, rude École
Où se façonnent les héros...
La maladie arrive et colle
L'apprenti soldat sur le dos...
Il voit passer la mort sinistre;
La sœur l'écarte du chevet
De celui qui, plus tard, ministre,
A ce poste la retrouvait.

V

Après la guerre de Crimée,
Boulanger sortit de Saint-Cyr;
La vie est bien dure à l'armée,
Mais il ne veut pas l'adoucir.
Il part pour l'Afrique; intrépide,
Entre aux tirailleurs algériens,
Où, d'un avancement rapide,
Les dangers sont les sûrs moyens.
Ces turcos s'étaient de bravoure
Acquis un renom peu commun;
Une légende les entoure
Dès mil huit cent quarante et un.

VI

La Kabylie est soulevée :
Et les Arabes sont nichés
Dans une montagne élevée :

Les Turcos grimpent aux rochers.·
On rampe... En zigzag effrayant,
Le long serpent monte... Il s'accroche,
Sous la muraille, au sol fuyant....
Jamais la guerre n'est finie...
Chaque roc est un long combat...
Boulanger et sa compagnie
Prirent d'assaut Souk el-Arbah.

VII

Puis la lutte, dans la montagne,
Autour du fort Napoléon;
Puis la périlleuse campagne
Des Chapuis, Youssouf, Mac-Mahon;
Puis la vie au camp, vie affreuse
Dans le pays non pacifié;
La fatigue, la faim qui creuse;
La mort qui glane sans pitié...
Le danger trempe l'âme neuve
Du héros qui n'est pas frappé;
Boulanger sortit de l'épreuve
Plus fort, comme l'acier trempé.

VIII

Cinquante-neuf! En Italie,
L'âpre vent de la liberté
Souffle! Et la France s'allie
A ces beaux rêves d'unité.
On demande des volontaires
A nos régiments algériens,
Et nos plus braves militaires
Vont combattre les Autrichiens.
Boulanger quitte donc l'Afrique :

Le Tessin est passé; bientôt,
Le jeune homme tombe, héroïque,
Au combat de Robechetto.

IX

« En avant! à la baïonnette! »
Les chasseurs marchent en avant.
La fusillade aiguë et nette
Éclate et siffle dans le vent.
Quatre officiers restent en route :
Ils marchent toujours, les chasseurs...
Boulanger, en tête, n'écoute
Ni les râles ni les clameurs.
Une balle, en pleine poitrine,
L'atteint. Il tombe et crie encor :
« En avant! » et ce cri domine
La mêlée, où fauche la mort!

X

Il paie, en ce jour, son audace,
Le sous-lieutenant Boulanger,
Au champ d'honneur on le ramasse
Expirant, et, de l'étranger,
Sa mère accourt; elle le soigne
Comme une mère sait soigner;
Petit à petit, elle éloigne
Le trépas, prêt à l'empoigner...
Après des angoisses sans trêve,
Des jours et des nuits de douleur,
Sauvé, — le blessé se relève
Avec la Légion d'honneur.

XI

Il avait vingt-deux ans à peine :
Blessé, décoré, lieutenant!
Souffrant, au Maroc il se traîne.
A la fin, prodige étonnant!
Tant l'affection est puissante,
La guérison se décida :
Il put, en mil huit cent soixante,
Regagner son poste à Blidah.
Dans les monts de la Kabylie,
Il est, pour un an, transporté :
Malgré son humeur il se plie
A ce temps d'inactivité.

XII

La campagne de Cochinchine
Se décide. Le prisonnier,
Que l'existence oisive mine,
Demande à partir le premier.
Il abandonne l'Algérie
Et s'embarque pour Saïgon;
Il brave la mer en furie,
Et la tempête et le typhon.
Par le fleuve Vaïco, l'on monte
Jusqu'à Tray Kat, où s'est rué,
Par une marche sûre et prompte,
Le flot des bandits de Hué.

XIII

Pendant une semaine on traque
Les ennemis, de point en point :
Mais ceux-ci évitent l'attaque...

Enfin Boulanger les rejoint.
Il fond sur la bande annamite ;
C'est un effrayant corps à corps
Où toute résistance irrite,
Où l'on ne compte plus les morts.
Boulanger sur le chef s'élance,
Il le saisit... En ce moment,
Il est frappé d'un coup de lance...
Les pillards fuient éperdument.

XIV

La blessure se cicatrise ;
Mais le climat est meurtrier :
C'est la fièvre jaune, qui brise
Les plus endurcis au métier ;
C'est la rizière, qui dévore ;
C'est la jungle — tombeau mouvant !
C'est la lutte et la lutte encore ;
La faim toujours ; la mort souvent !
C'est la fatigue surhumaine :
Trois mois, l'arme au poing, sac au dos...
Jusqu'à Cholen, c'est avec peine
Qu'on parvient, cherchant le repos.

XV

C'est dans cette ville lointaine,
Qu'en soixante-deux, Boulanger
Eut ses galons de capitaine,
Lui toujours premier au danger,
Et son nouveau grade il l'étrenne,
Presque aussitôt, car les bandits,
Qu'à sa suite Quan-Dinh amène,
Menacent Cholen, enhardis.

Plus de repos! les escarmouches.
Tantôt ici, tantôt là-bas!
Le crépitement des cartouches.
Les embuscades, les combats!

XVI

Une autre année ainsi commence
Dans le pillage et dans le sang.
Et toujours Boulanger avance :
Il a la victoire à Binh-Lang...
De Whin-Toï, sa muraille est haute;
Elle résiste vaillamment :
« A l'assaut! » et Boulanger saute
Dans le premier retranchement.
Mais la fièvre, alors, le terrasse,
Le tord, le broie, anéanti...
Sans un amis qui le ramasse,
La jungle l'aurait englouti.

XVII

Enfin ils reviennent, ces braves!
Pourquoi ces fronts sont-ils hâlés,
Ces traits maigris et ces yeux caves,
Ces membres cassés, mutilés?
Ce sont les enfants de la France.
Les Africains, les tirailleurs,
Que trois ans de dure souffrance
Ont faits glorieux et meilleurs!
Il leur faut l'air de la patrie,
L'air qu'ils ont respiré jadis...
Trois cents sont partis d'Algérie :
Il en reste soixante-dix!

XVIII

L'heure du recueillement sonne ;
C'est encor l'heure du labeur
Pour Boulanger, que l'on s'étonne
De toujours trouver à l'honneur.
Il va rentrer, l'ancien élève,
Comme capitaine instructeur,
A Saint-Cyr, où monte la sève
Du patriotisme. Tuteur,
Après avoir donné l'exemple,
Il sème de fortes moissons ;
Et la moisson sera plus ample,
Grâce à ses fertiles leçons.

XIX

Lui que, si souvent, la bataille
A placé parmi les vainqueurs,
Il va vous grandir à sa taille,
Jeunes gens, allons ! haut les cœurs !
Il va vous donner son courage,
Son esprit droit, son poing d'acier ;
Il va vous faire à son image,
Le bel et vaillant officier.
Trente ans ! Sa poitrine se pare
Des insignes de sa valeur :
Il a Saints Maurice et Lazare,
Isabelle et la croix d'honneur.

XX

Boulanger travaille, il façonne
Des soldats pour les jours maudits...
Mais, tout à coup, le tocsin sonne :

C'est mil huit cent soixante-dix.
Dans son œuvre utile et modeste,
La guerre interrompt Boulanger...
Une ère débute, funeste,
Et la Patrie est en danger...
La nouvelle lugubre vole...
Les Saints-Cyriens sont en carré,
Dans la cour d'honneur de l'école ;
Tous tressaillent d'espoir sacré.

XXI

L'arme au pied, en grande tenue,
Ils attendent. Le tambour bat.
Aujourd'hui, c'est une revue ;
Demain, ce sera le combat !
Cissey paraît et sa voix brève,
Sur le lourd silence planant
Vibrante, annonce à chaque élève
Qu'il est promu sous-lieutenant.
Boulanger à sa compagnie
Commande : « Front ! » puis, élevant
Son épée en l'air, il leur crie,
Superbe : « Officiers, en avant ! »

XXII

Autour du drapeau tricolore,
Le peuple se presse... A Berlin !...
On croit à la victoire encore,
Tant d'enthousiasme le cœur est plein.
On sent bouillonner dans l'armée
Les patriotiques élans
Dont la Patrie est animée...
Voilà les casques des uhlans !

C'est l'invasion, l'Allemagne
Sur nos villages débordant !
Dès le début de la campagne,
Boulanger fut fait commandant.

XXIII

Dans le 28ᵉ de ligne,
Il revient à Paris... Alors,
Comme toute attente l'indigne,
Il est joint au 13ᵉ corps.
Mais après une marche vaine
Sur Mézières, nos bataillons
Se replient à travers la plaine :
Les Prussiens sont sur nos talons.
La partie est trop inégale !
Nommé lieutenant-colonel,
Boulanger, dans la capitale,
Retourne au moment solennel.

XXIV

On défend la Marne, au passage...,
En avant du fort de Rosny,
Le 30 novembre, s'engage
La bataille de Champigny ;
Les Prussiens gardent les issues,
Les plateaux et les petits bois.
Boulanger mène des recrues
Au feu pour la première fois ;
Il leur insuffle le courage,
L'ardeur et l'intrépidité...
Le mont Avron tonne avec rage...
L'adversaire est-il culbuté ?

XXV

Non ! la bataille recommence
De nouveau, dans l'après-midi ;
Et c'est comme un effort immense,
Du pays, par son deuil grandi.
Dans cette mêlée infernale,
D'où notre salut peut sortir,
Boulanger reçoit une balle ;
Il semble ne pas la sentir,
Et reste, malgré sa blessure,
Toujours à la tête des siens ;
Bientôt la victoire s'assure ;
On a refoulé les Prussiens.

XXVI

Toutes les crêtes furent prises
Et l'Allemagne recula.
Sur les positions conquises
Nos troupes couchent ce soir-là.
La nuit tombe, le froid intense
Pèse, au loin, sur les champs glacés ;
Boulanger parcourt l'ambulance,
Rendant le courage aux blessés.
La Marne s'écoule argentée ;
Le mont Avron est endormi ;
Et l'ombre est toute pailletée
Des feux du bivouac ennemi.

XXVII

Le lendemain — triste corvée —
Nous ensevelissons nos morts.
Notre victoire est entravée ;

L'ennemi reçoit des renforts.
C'est le 2 ! Et la fusillade !
Les Prussiens envahissent Bry :
Chaque mur sert de barricade ;
Chaque tronc d'arbre est un abri ;
A chaque coin de rue, on lutte ;
Du haut des maisons, nous frappons ;
Ils reviennent... on les culbute...
Nous gardons la Marne et les ponts.

XXVIII

Là-haut tonne l'artillerie ;
L'obus éclate et rebondit ;
La mitraille siffle en furie ;
Villiers bombarde sans répit.
Vive la France ! à Bry l'on charge,
A Champigny, de tous côtés...
On chasse les Prussiens au large,
Tous leurs postes sont emportés.
Hélas ! leur ligne est trop épaisse
Pour la trouer, en avançant :
La France ne veut pas qu'on laisse,
Sur ce terrain trop de son sang.

XXIX

Oui ! la trouée est impossible !
Ducrot et Vinoy l'ont compris,
Jusqu'au dernier jour invincible,
La France s'enferme à Paris ;
Et Boulanger, pour sa conduite
Aux trois combats de Champigny,
A la croix d'officier. — Ensuite
C'est le Bourget, puis Bobigny.

L'on campe en plein air sur la neige ;
Il faut se lever dans la nuit
Et la marche seule protège
Du froid, qui terrasse sans bruit.

XXX

Boulanger partout se prodigue,
Toujours gai, vaillant et dispos ;
Et, le premier, à la fatigue,
Il est le dernier au repos.
Il fait un régiment modèle
Narguant les Allemands surpris...
A son poste, il reste fidèle
Quand la force étrangle Paris.
Lui qui riait, dans les batailles,
Des boulets, criant : « Mal lancé ! »
Dans les combats devant Versailles
Au coude gauche il est blessé...

XXXI

C'est sa quatrième blessure
S'il souffre, ce n'est pas au bras,
C'est au cœur... la patrie endure,
Elle, sa souffrance tout bas.
Boulanger quitte avec des larmes
Ceux qu'il a conduits aux combats.
Le régiment est sous les armes.
Sur la poitrine des soldats
Il attache des croix, rappelle
Les exploits des plus méritants
Et dit qu'après l'heure cruelle
Brilleront des jours éclatants.

XXXII

Dès lors, cette pensée unique
S'empare tout entier de lui,
Et dans son deuil patriotique
Le soutient encore aujourd'hui.
Il a vu tomber la patrie,
U   glante plaie au front;
I' de   :t la France meurtrie
Se jura de venger l'affront.
Patriote, il connaît la faute
Que nous payons si chèrement
Et va commencer, tête haute,
Son œuvre de relèvement.

XXXIII

Au 133e de ligne,
A Belley, nommé colonel,
En organisateur insigne
Il.prépare au jour solennel.
Il se consacre à cette tâche
F: i...dant cinq ans et demi
    à devoir noble s'attache,
Pensant toujours à l'ennemi.
Général de cavalerie,
A Valence, en mai quatre-vingt,
Il voit tout, compare et varie
Ses travaux, dont aucun n'est vain.

XXXIV

Il sait prouver à sa brigade
Qu'il est aussi bon cavalier
Que bon et brave camarade,

Qu'élégant et bon officier.
Aux États-Unis d'Amérique,
En mil huit cent quatre-vingt-un,
Des soldats de la République
Qu'il va représenter, aucun
N'obtint par sa belle tournure
Et son savoir plus de succès.
Sa grâce et sa martiale allure
Faisaient dire : « C'est un Français. »

XXXV

Dans l'allégresse populaire,
Il applaudissait à deux mains
A ce glorieux centenaire
De l'avant-garde des humains.
Il visite cette autre France,
Le Canada, qu'un passé fier
Entretient dans cette espérance
Que *demain* doit venger *hier*.
Puis il revient à ses études,
Dans le régiment qu'il chérit,
Mais à ses rares aptitudes
Un champ bien plus vaste s'ouvrit.

XXXVI

Le général Billot le prie
De l'aider et le fait nommer
Directeur de l'infanterie.
Il trouve tout à réformer.
Il perfectionne, transforme
Sans cesse, infatigable, actif ;
Et montre, en ce travail énorme,
Son génie administratif.

De son personnel il exige
Que son zèle soit imité,
Et fait des bureaux qu'il dirige
Des chantiers pleins d'activité.

XXXVII

Une autre tâche le demande :
Général de division,
Dans la Tunisie, il commande
Nos troupes d'occupation.
Nous étions en quatre-vingt-quatre ;
Boulanger, après nos succès,
Vient fortifier — sans combattre —
Notre protectorat français.
Dans tout le pays qu'il inspecte,
Son humanité, sa douceur
Font que l'indigène respecte
Le drapeau de son défenseur.

XXXVIII

Boulanger entre au Ministère,
Le sept janvier quatre-vingt-six.
Le relèvement militaire
Qu'il n'a pu que rêver jadis,
Il le rend facile et pratique.
Au plus haut poste du devoir,
Il reste un soldat fanatique
Sachant récolter et prévoir.
Il apporte la confiance,
Le jeune et brillant général,
Et ses trente ans d'expérience
Et le réveil national.

XXXIX

A l'armée, il rend le prestige ;
Il rend le courage au pays ;
La force au peuple qui s'afflige ;
L'espoir à nos drapeaux trahis.
Et cette France qu'il éclaire,
Qu'il ramène à la dignité,
Salue, en l'homme populaire,
Ce début d'immortalité !
La Patrie est calme et sereine
Elle prend un nouvel essor
Pendant que l'Alsace-Lorraine
Se sent réespérer encor !

XL

C'est l'aurore, après la défaite,
C'est la revanche ; c'est l'honneur :
Et déjà la Patrie est prête ;
Et déjà l'Allemagne a peur ;
Les patriotes ont leur homme
Et la France a son général... :
Mai quatre-vingt-sept, on le somme,
Lui le soldat brave et loyal,
D'abandonner son œuvre immense.
Boulanger rentre dans le rang...
Le semeur de bonne semence,
On l'exile à Clermont-Ferrand.

XLI

Clermont-Ferrand ! Dans ces jours ternes
Nous nous souvenons qu'autrefois

Surgit, au pays des Arvernes,
Vercingétorix, le Gaulois ;
A Gergovie, il retint Rome,
Resta debout devant César...
Le général n'est pas un homme
Qu'un parti ligotte à son char.
Et quand une haine tenace,
Dit qu'elle frappe un dictateur,
Devant l'ennemi qui menace,
C'est la France qu'on frappe au cœur.

LE SAUCISSON

L'interpellation du saucisson fut une des erreurs du Boulangisme. Elle commença la guerre au couteau entre lui et M. Constans.

Elle fut résolue dans un déjeuner le lendemain du faux départ du général. A ce déjeuner assistaient : Boulanger, Rochefort, Laguerre et Dillon.

Quelques jours auparavant, M. Laguerre, informé qu'un procès allait être plaidé à Nancy où M. Constans serait mis en cause, avait envoyé un de ses collaborateurs copier les pièces qui intéressaient le ministre de l'intérieur.

Il avait ces pièces quand il alla déjeuner. Il les communiqua, demandant quel usage on voulait en faire.

— Il faut interpeller, dit sans plus réfléchir, d'un

premier mouvement, M. Rochefort. Ce sera un nouveau scandale Wilson.

— Non, dit Dillon. J'ai des amis qui connaissent
M. Constans. L'un d'eux m'a répété un propos du
ministre de l'intérieur qui a dit : « Après le procès
de la Ligue, je m'arrêterai. » Ne l'exaspérons donc
pas, à quoi bon ?

Mais le général reprit l'avis qu'avait exprimé Rochefort.

— Il ne fallait pas compter que le gouvernement
ferait merci aux boulangistes. Puisqu'on pouvait
déshonorer Constans, il n'y avait pas à hésiter. Oui,
il fallait interpeller, et le jour même, sur « l'indi-
gnité du ministre de l'intérieur ».

— Jamais on n'aura été aussi loin, mon général,
interrompit Laguerre, réfléchissez-y ; après une telle
interpellation, c'est la guerre à mort.

— Eh bien, soit !

— Je n'irai à la tribune que si vous me l'ordonnez.

— Ne fais pas cela, reprit M. Dillon, c'est une folie.

— Si, Laguerre, allez-y.

— C'est un ordre ?

— Oui, si vous le voulez.

C'est ainsi que fut décidée cette interpellation sans
précédent dans l'histoire parlementaire, qui souleva
tant de colères et qui ne servit à rien, car la majorité
était si affolée qu'elle ne voulait rien entendre.

L'interpellation accrut la confiance des députés
dans le ministre de l'intérieur et n'eut qu'une con-

séquence, celle de fournir aux Parisiens gouailleurs un nouveau cri, celui de *Saucisson!* que, dans les manifestations, on chantait sur l'air des *Lampions*.

POUR LE RETOUR

Il ne faudrait pas croire qu'après le départ du général Boulanger, ses partisans se soient résignés à son absence. Au contraire, les tentatives pour le faire revenir furent nombreuses, pressantes; mais elles furent vaines.

- Cependant, le général aussitôt après sa fuite avait déclaré qu'il rentrerait en France avant les élections. A l'entendre, il avait songé, en s'en allant, à se mettre seulement à l'abri jusqu'à ce que l'organisation électorale fût parfaite.

Peut-être était-il sincère quand il parlait ainsi : il y en a au moins une apparence.

Un soir, à minuit, M. Arthur Meyer arriva à Bruxelles, à l'hôtel Mengelle. Il trouva tout sens dessus dessous.

Les malles étaient faites. Que se passait-il donc?

— Nous rentrons en France, lui dit-on.

— Oui, dit le général, que l'on venait de réveiller, je repars demain par le premier train. J'ai appris que la droite du Sénat avait fait contre la constitution du Sénat en haute Cour une protestation publi que. L'opinion ne peut manquer d'être impressionnée par cette manifestation. Elle me décide à retourner à Paris.

— Mais, répondit M. Meyer, quoique je souhaite ardemment votre rentrée, je dois vous dire que vous avez mal compris les dépêches ; j'arrive de Paris. Il ne s'est rien passé de semblable à ce que vous me dites.

Aussitôt les malles furent défaites et le projet de réintégrer le sol de la patrie fut abandonné par les fugitifs.

Ce fut la première et la dernière fois que le général Boulanger montra des velléités de retour. Une fois arrivé à Londres, il afficha une résolution arrêtée de rester en exil « jusqu'à ce que le suffrage universel le délivrât ».

A tous ceux qui firent des démarches auprès de lui pour qu'il se décidât à comparaître devant la haute Cour ou, après sa condamnation, à relever sa contumace, il répondait par des phrases comme celles-ci : « Les conseilleurs ne sont pas les payeurs... Constans ne me donnerait pas d'autre conseil, etc. »

C'est surtout au mois de septembre que les efforts des boulangistes et des alliés de droite du général se multiplièrent en vue du retour.

Chacun sentait bien que la partie était perdue si le général ne relevait ses chances par un coup d'audace.

Qu'il demeurât en exil et tout était fini ; qu'il revint au contraire en France et c'était le salut de la cause, car le sentiment public se fût immédiatement retourné en faveur du prisonnier qui se serait bravement livré.

La légende, atteinte par le départ, aurait été relevée par un retour inopiné. Voilà ce que tous sentaient, excepté le général.

On essaya de le lui faire comprendre.

Les royalistes présents à Paris, après s'être concertés, dépêchèrent vers le 15 ou le 16 septembre, M. Arthur Meyer à Londres pour faire un dernier effort. Le directeur du *Gaulois* se rencontra dans le train avec MM. Laguerre, Vacher, Turquet, Saint-Martin, qui allaient à Portland-Place pour traiter la même question que lui. Il entra en conversation avec eux et les trouva, surtout M. Georges Laguerre, dans des dispositions identiques aux siennes.

A Londres, le matin, avant que le Comité se réunît, M. Meyer vit M. Dillon. Lui était partisan du retour, comme le comte de Paris. Mais connaissant les dispositions du général, il conseilla à M. Meyer de s'abstenir d'une tentative qui serait inutile.

Mais M. Meyer n'était pas venu à Londres pour suivre de pareils conseils. Il se rendit donc chez le général Boulanger et lui fit connaître l'objet de sa visite, les sentiments qu'il partageait et que tous ses amis politiques l'avaient chargé de lui exprimer. Le général se récria. C'était désirer sa perte. C'était un crime que de vouloir sa rentrée. Ses vrais amis ne lui donneraient pas un tel conseil.

— Mais, mon général, répondit M. Meyer, quel est
donc ce crime? Est-ce qu'à Bruxelles je ne vous ai
pas vu un jour prêt à sauter dans le train de Paris? Il
a fallu, pour vous retenir, que loyalement je réta-
blisse le texte d'une dépêche qui vous avait été mal
transmise. A ce moment, vous m'avez dit: « Vous voyez
que mon départ est une simple manœuvre politique et
que je suis prêt à faire mon devoir. » Je ne crois pas
commettre un crime en vous conseillant de faire ce
que vous-même, il y a si peu de temps, vous considé-
riez comme un devoir.

Le général reprit que les temps étaient changés,
mais il refusa de s'expliquer et de dire en quoi consistait ce changement qui lui faisait trouver crimi-
nels les projets qu'il avait eus lui-même quelque
temps auparavant.

Après cette conversation, il se tint une séance du
Comité. On y agita, bien entendu, la question du
retour. Laguerre parla avec force et éloquence, et en
faveur de la rentrée. Mais le général avait gardé une
grande autorité sur les membres du Comité. Tous,
d'ailleurs, n'étaient pas absolument convaincus qu'en
se livrant il relèverait les affaires du parti. Beaucoup
jugeaient déjà la situation irrémédiablement compromise.

e Comité vota donc une résolution qui ne signi-
fiait rien, puisqu'elle disait qu'on s'en remettait à la
sagesse et au patriotisme du général pour lui inspirer les résolutions les plus utiles à la cause. C'était

donner à cet homme, qui ne voulait pas rentrer, l'autorisation de rester où il était.

Cependant M. Arthur Meyer ne se tenait pas pour battu. La duchesse d'Uzès était à Londres. Il voulut qu'elle intervînt dans sa cause. Elle s'y refusa, car elle n'avait plus aucune illusion. M. Dillon, dont le directeur du *Gaulois* rechercha aussi l'alliance, le dissuada de renouveler ses efforts. Les membres du Comité national qu'il vit ensuite l'écoutaient, hochaient la tête, déclaraient qu'il n'avait pas tort, mais se jugeaient impuissants à fléchir la volonté du général.

M. Meyer découragé se décida à partir.

Il alla prendre congé du général.

Dans l'antichambre de Portland-Place, il rencontra M. Naquet.

Il lui confia ses craintes.

M. Naquet les partageait toutes. Lui, il était uu partisan résolu du retour.

La conversation, très attristée, durait encore au moment où le général ouvrit la porte.

— Voilà Naquet et Meyer qui conspirent, dit-il. Entrez donc tous les deux, et venez me dire ce que vous complotez.

— Ma foi ! mon général, répondit très calme M. Naquet, Meyer est comme moi un peu... noir.

— Il me revient, en effet, reprit le général, que M. Meyer est très pessimiste ; il manque de confiance ; et quand on veut inspirer la foi aux autres, il ne faut pas semer la défiance partout.

— Mais, répliqua alors le directeur du *Gaulois*, je vous ferai remarquer, mon général, que vous vous trompez absolument: je ne suis pas défiant ; je crois simplement que vous vous trompez ; j'ai un autre but...

— Oui certes ! je le connais, parbleu ! interrompit le général ; on veut que je passe dans des cerceaux ! que je saute comme au Cirque ! Ce sont les royalistes qui demandent tout cela ! Et ils me jettent dans l'aventure stupide des conseils généraux ; ils me jouent avec leurs quatre-vingts sièges ! et il faut ensuite que je répare les fautes des autres !

Et, sur ce ton aigre et violent, la conversation, dura près d'un quart d'heure, M. Naquet s'efforçant à chaque minute de calmer son chef.

M. Naquet rappela les conseils de M. Laguerre : — celui-là du moins n'était pas suspect de tiédeur ! — et cependant il avait à toute heure conseillé la rentrée à Paris, il l'avait conseillée avant et après le procès de la haute Cour : c'était, à ses yeux, la victoire assurée. Le général appréhendé au corps, traîné en prison, conduit devant le Sénat ridiculisé, pour répondre à des accusations sans preuves et pour attendre un jugement sans justice : combien cette odieuse parodie de justice indignerait le peuple ! La foule n'aurait pas assez d'acclamations ni d'amour pour son héros et son martyr rentrant dans sa prison !

On rappela que MM. Millevoye, Mermeix, que tous les boulangistes restés en France, que tous ceux que la rentrée du général compromettrait, ferait englober dans les poursuites, partageaient l'avis de M. Laguerre.

Tout cela fut dit par MM. Naquet et Meyer. Ils ajoutaient que les temps étaient proches, que l'hésitation n'était plus permise; que la pression officielle, chaque jour plus scandaleuse et enlevant chaque jour plus de voix au parti, rendait douteuse la victoire autrefois certaine.

— Eh bien! reprit le général, si la France ne veut pas être sauvée, tant pis pour elle!

Et il marchait à grands pas dans son cabinet, l'œil irrité, la voix sourde, répétant par instants:

— J'ai fait tout mon devoir! Que les autres fassent le leur!

Puis il déclara que les conservateurs devaient « donner un nouveau coup de fouet à la toupie » (ce sont ses expressions mêmes que je rapporte). Et on discuta de nouveau sur les prévisions des uns et des autres.

— Si vous ne rentrez pas, général, nous sommes perdus, déclara à la fin M. Arthur Meyer.

— Je vous défends de me tenir un pareil langage, répliqua le général du ton le plus furieux. Je vous défends de parler ainsi. Il n'y a que des royalistes ou les complices de Constans qui puissent donner de pareils conseils! Les royalistes parce qu'ils veulent ma mort morale pour en profiter. Ils voudraient bien qu'on m'embarquât pour la Nouvelle-

Calédonie afin de n'avoir pas à compter avec leur hôte. Quant à Constans, c'est ma vie qu'il veut.

« Non ! rien ne fera changer ma résolution ! Dieu lui-même descendrait sur la terre qu'il ne me ferait pas rentrer ! »

M. Arthur Meyer répondit au général « qu'il avait le droit de se tromper, mais qu'il en abusait, car il n'était pas seul en cause ».

— Je vais sortir si vous continuez sur ce ton, s'écria le général, furieux.

— Oh ! c'est à moi de me retirer, mon général.

M. Naquet, pâle comme un linge, fit un dernier effort pour calmer Boulanger. Celui-ci reprit un peu de sang-froid. Lui et M. Meyer se touchèrent la main.

Après cette scène violente, il y eut encore quelques tentatives également inutiles. On fit lire au général une lettre pressante de M. de Cassagnac qui conseillait la rentrée immédiate si on ne voulait pas être battu. M. Laguerre un peu plus tard discuta deux heures, soutenant la même thèse que M. Arthur Meyer et que tous les boulangistes clairvoyants.

Mais il ne put obtenir qu'une réponse :

— Je sais qu'il faut faire quelque chose, trouvez-le ; moi, je le ferai ; mais que ce ne soit pas le retour.

Le général était prêt à tout, excepté au sacrifice de sa personne. Et seul ce sacrifice pouvait lui donner la victoire !

LE PEUPLE

S'il y eut intrigue en haut, il n'y eut que confiance et enthousiasme en bas, dans le peuple. Il fut admirable, ce peuple. Il s'était engagé derrière le général Boulanger par patriotisme. Il le suivit aveuglément quand il entra dans la politique. Depuis longtemps un chef de parti n'avait pas été autant aimé de ses partisans que le fut le général. Il avait fanatisé et on avait fanatisé pour lui l'élite militante de la population.

C'est surtout dans la Ligue des Patriotes que se trouvèrent ces dévoués qui auraient suivi le général jusqu'au bout. Tandis que des comités socialistes et revisionnistes, ceux qui devaient plus tard suivre M. Andrieux, acclamaient le général comme moyen d'imposer la revision et de faire triompher le programme des radicaux anti-parlementaires, la Ligue au contraire le prit comme chef pour lui-même. La Ligue fut boulangiste pour Boulanger, boulangiste comme les partisans d'un prétendant sont ses partisans, moins par raisonnement et par politique que par sentiment, par entraînement. Elle aima Boulanger parce que Paul Déroulède l'aimait et comme l'aimait Paul Déroulède, parce qu'il était soldat, parce qu'il était brave, parce qu'il avait fait reculer l'Allemagne dans l'affaire Schnæbelé, parce qu'il serait le général-Réforme à l'intérieur et le général-Revanche au dehors.

Ces ligueurs, dont Boulanger aurait fait ce qu'il aurait voulu, qu'il pouvait jeter dans la rue, et qu'il eut toujours tant de peine à contenir[1], lui rendirent les plus grands services.

Déroulède les avait pliés dès longtemps à une discipline militaire qui était dans leurs goûts. Ils furent donc autour de Boulanger comme des soldats. Ils veillaient sur lui dans la rue, faisaient, les jours de vote comme au 27 janvier, au 22 septembre et au 6 octobre, la police des salles de scrutin. Certes ils n'étaient pas seuls. Les comités socialistes et les comités plébiscitaires rivalisaient avec eux. Mais ils étaient au premier rang; sinon devant les autres, au moins ne se laissant devancer par personne.

Une autre cause de force de la Ligue, c'est qu'elle

---

1. Le général fut toujours contraire aux manifestations par lesquelles Paul Déroulède et ses ardents amis voulaient tenir en haleine le public. Deux fois seulement il voulut que la Ligue manifestât. C'était après son exil. Il demanda formellement à Paul Déroulède de troubler l'ouverture de l'Exposition. Le patriote directeur de la Ligue refusa. La scène fut d'une grande violence de la part du général, qui n'obtint rien.

La seconde fois, c'était avant la rentrée des Chambres. Le général s'était montré favorable à une démonstration bruyante sur la place de la Concorde, le jour où les nouveaux députés prendraient séance. Il y eut une réunion nombreuse de délégués de comité rue de Lancry. MM. Naquet, Laguerre et Mermeix parlèrent de la manifestation projetée et parvinrent à la faire avorter. Voilà les deux seules circonstances dans lesquelles le général se montra favorable à l'action dans la rue.

était composée d'hommes nouveaux dans la politique. Les ligueurs à l'origine ne devaient s'occuper
que de préparer la Revanche. Quand Déroulède comprit que l'émancipation à l'extérieur devait être pré-
cédée de la libération à l'intérieur, sa Ligue fit une
conversion vers la politique !

Les hommes qui y étaient toujours demeurés
étrangers y apportèrent leur ponctualité, leurs habitudes de sous-officiers réguliers, méticuleux, soumis à la règle. C'est l'honneur de Paul Déroulède
d'avoir réuni une pareille élite d'employés, de com-
merçants, d'ouvriers, de les avoir su garder autour
de lui, sans défaillances. La Ligue des Patriotes et
son chef, malgré tout leur dévouement et malgré
tous les services qu'ils rendirent, causèrent quelquefois, par trop d'ardeur, des mouvements d'impatience chez le général.

M. Déroulède, membre du Comité national, avait
une théorie : c'est que la Ligue était indépendante du
Comité et que ce qu'on ne voulait pas qu'il fît comme
membre du Comité il avait le droit, sans engager
que lui-même, de le faire comme président de la
Ligue. Cette théorie servit un jour au général — on
l'a vu — pour écarter M. Déroulède de la vice-présidence du Comité. Mais elle était dangereuse, car le
président de la Ligue était un personnage trop important pour que ce qu'il faisait n'engageât pas tout
le parti.

C'est ainsi que dans l'affaire de Sagallo, quand il fit

contre le bombardement des Russes par la flotte française cette protestation virulente qui détermina les premières poursuites, il crut sincèrement n'agir que comme ligueur.

Mais sa bonne foi n'empêcha pas qu'il ne compromît le Comité national. On lui fit même, dans une réunion tenue chez M. Le Hérissé, les plus vifs reproches.

Ces erreurs de Paul Déroulède, son autoritarisme un peu exagéré, ne diminuent pas son personnage. Il a été grand dans toute cette bataille du boulangisme, grand par l'audace, l'éloquence, l'activité et par la confiance et la bravoure qu'il communiquait à tous. Ce poète, qui se guide par des impressions sentimentales, restera un type d'agitateur politique très original. Car dans la mêlée ardente où il se jeta, il sut rester irrréprochable au point de vue moral. Il a toujours été sincère et sans arrière-pensée. Ceux-là mêmes qu'il a froissés, qu'il a combattus, lui ont gardé leur estime et, dans un coin du cœur, un sentiment affectueux, car il est bon autant que brave, imprudent et inconsidéré. Nul plus facilement que lui né reconnaît une erreur et bravement s'en excuse.

* *

Les comités socialistes ne partagèrent jamais l'enthousiasme personnaliste des ligueurs pour le général Boulanger. Si le boulangisme fut pour ces

derniers une religion dont Déroulède était le saint
Jean, pour les socialistes ce fut comme un sentier
qui coupait à travers champs pour conduire plus
vite au but.

Ardents et dévoués aussi longtemps que le général leur parut devoir réaliser la réforme démocratique, les comités socialistes eurent la perspicacité
qui manqua au Comité national de ne vouloir excom-
munier personne quand le général entra dans la
voie des anathèmes.

Lorsqu'on exclut des revisionnistes très sincères,
sous prétexte qu'ils n'étaient pas personnellement
pour Boulanger, les socialistes se mirent du côté des
excommuniés. Ils suivirent M. Andrieux quand,
sans raison, on le chassa. Et c'est là une des causes
principales de l'échec boulangiste aux élections du
conseil municipal, car les exclus, trop faibles pour
faire passer aucun des leurs contre un investi, assu-
rèrent dans plus de vingt quartiers la défaite des
investis.

COMITÉS RÉPUBLICAINS PLÉBISCITAIRE

Ils furent créés en 1883, après le manifeste du
prince Napoléon, par M. Lenglé.

Ils ont eu leur siège rue de Duras, 3, puis aux bureaux du *Peuple*, puis rue Thérèse, rue de la Mi-

chodière, aujourd'hui aux bureaux de la *Souveraineté nationale*.

Ils sont ainsi constitués :

Un Comité directeur, dont M. Maurice Richard a été le président jusqu'à sa mort et composé aujourd'hui de MM. Lenglé, président; Georges Poignant; Gauthier de Clagny, député de Versailles ; Guillaume Silvy, avocat, et Marcel François (ce dernier est le gendre de M. Durangel);

Un Comité central, composé de vingt membres, dont chacun représente un des arrondissements de Paris; il est présidé par M. Taillard, ancien président du syndicat des débitants de vin de Paris et candidat aux dernières élections municipales; son très actif secrétaire général est M. Pierre Deville ;

Vingt Comités d'arrondissement, composés chacun de cinq membres : le membre du Comité central président et un membre représentant chacun des quatre quartiers de l'arrondissement;

Quatre-vingts Comités de quartier, présidés par le membre du comité d'arrondissement représentant le quartier.

Ces Comités sont chargés de la propagande, organisation de réunions, distribution d'imprimés, etc., dans chaque quartier.

La même organisation existe dans la banlieue.

Depuis la fin de 1883, les Comités plébiscitaires ont fait de nombreuses et importantes réunions de propagande. Il faut rappeler :

1° La réunion du 17 février 1884 au cirque d'Été. 6 000 personnes. Présidence de Maurice Richard; orateurs : E. Pascal et Lenglé y posent la *politique revisionniste*.

2° Le banquet du 18 décembre 1884 à Belleville. — Quinze cents couverts. Discours de Pascal, Maurice Richard, Lenglé, Georges Poignant, Guillaume Silvy. On fait acclamer la République par les bonapartistes.

3° Plusieurs importantes réunions en 1885 avant les élections, notamment à la salle Levis, à la salle Favié et à la salle Wagram, dans lesquelles les mêmes orateurs protestent contre l'équivoque de l'alliance avec les royalistes et recommandent de voter pour les républicains plutôt que pour les monarchistes.

4° Organisation d'un Club au café Américain place de la République, où s'opère, pendant tout l'hiver 1885-1886 et plus tard 1887-1888, la fusion des forces démocratiques. Les bonapartistes y rencontraient chaque semaine les républicains. Chaque séance était présidée par un président élu; tout le monde pouvait y prendre la parole. C'est dans ces séances que MM. Lenglé, Georges Poignant, G. Silvy, etc., ont fait définitivement pénétrer les idées républicaines parmi les bonapartistes.

C'est dans une des réunions de ce club qu'a été prononcée cette parole qui est toute la philosophie du mouvement boulangiste et qui a été si critiquée

à la tribune par M. Floquet, président du Conseil :
« Oubliez le 4 septembre, nous oublierons le 2 décembre. »

C'est là aussi que, le 29 décembre 1888, a été proposé par M. Guillaume Silvy et voté à l'unanimité l'ordre du jour qui posa la candidature du général Boulanger, dans la Seine, à la succession de M. Hude.

Le rôle joué par les républicains plébiscitaires dans l'élection du 27 janvier a été des plus importants.

Admirablement disciplinés par M. Lenglé, ils ont pris part à toutes les réunions.

Ce sont eux notamment qui ont fait échouer la réunion de Jacques dans son quartier à la salle des Mille-Colonnes ; M. Guillaume Silvy, suivi de ses amis, s'installa au bureau, dont MM. Émile Richard, Sabatier, député ; Pichon, etc., furent obligés de disparaître, quand les Jacquistes eurent éteint le gaz.

Ils ont *donné* d'une façon remarquable, à la rue d'Alésia, à Neuilly, etc.

Ils ont aidé la Ligue à surveiller le scrutin ; dans une réunion, tenue le 25 janvier au café Américain, M. Lenglé avait présenté les chefs d'arrondissement et les chefs de quartier à M. Paul Déroulède, etc.

Le 27 janvier au soir, les principaux chefs, MM. Lenglé, Georges Poignant, Guillaume Silvy, Marcel François, Edmond Lambert, se trouvaient avec les chefs d'arrondissement dans un cabinet du

café Durand; les chefs de quartier attendaient rue
de la Michodière.

Depuis cette époque, les républicains plébiscitaires n'ont cessé de défendre la politique de la
République nationale, qui était la leur depuis dix
ans. Ils ont, immédiatement après l'élection de
Paris, pris la direction du *Pays* et de la *Souveraineté*.

Ils ont changé le sous-titre du *Pays* en *Journal
quotidien de la République nationale* et ajouté au mot :
Souveraineté, le mot : NATIONALE.

Le *Pays* a blâmé le départ du général dans un
article intitulé : *Pas d'émigration*, et fait ses réserves
au sujet du discours de Tours dans un autre article
intitulé : *Patte blanche*.

Les républicains plébiscitaires ont, le 13 juillet
1889, fêté l'anniversaire de la prise de la Bastille
dans un grand banquet à Belleville auquel assistaient
Laguerre, Deroulède, Ménorval.

Aux élections législatives, ils présentèrent la candidature Lenglé contre Lanessan dans le V⁰ et celle
de Guillaume Silvy à Charenton. Ces deux candidats
obtinrent d'imposantes minorités.

Guillaume Silvy devait être candidat à Courbevoie
où son élection était assurée; il est propriétaire du
château de Nanterre, qui est dans sa famille depuis
1808. Il avait une promesse du général ; mais Déroulède ayant menacé de se retirer si on ne choisissait
M. Boudeau, c'est ce dernier qui reçut l'investiture

19

pour Courbevoie. Il y fut élu contre MM. Boussod et
Longuet.

LE MONDE ET LE BOULANGISME

Pendant toute la durée du boulangisme, la société
parisienne, dans son ensemble, a été partagée en
deux grands courants, en deux catégories principales,
ayant chacune sa couleur distincte et son but séparé, se mêlant à l'occasion, se confondant presque
à certains jours, mais n'en conservant pas moins
leur autonomie et leurs intimes aspirations.

L'un de ces groupes se composait de royalistes,
d'individualités plus ou moins saillantes du faubourg Saint-Germain, de tous ceux qui avaient en
vue le rétablissement, immédiat ou non, de la monarchie. Il gravitait dans l'orbite de Mme la duchesse
d'Uzès.

L'autre, formé par les impérialistes, les jérômistes, ralliés, pour la plupart, à une république
non parlementaire, les césariens, les plébiscitaires
de toute provenance et les républicains désabusés,
avait son centre de réunion chez M. Dugué de la
Fauconnerie, un vrai rallié celui-là, qui ne conspirait pas contre la République dans le boulangisme.

L'hôtel d'Uzès était un foyer de propagande mon-
daine, et ses soirées réunissaient toutes les forces
vives de l'opposition anti-opportuniste.

Ce fut surtout dans le dîner de vingt-quatre couverts, suivi de raout, que la duchesse offrit le
7 mars, — c'est-à-dire quelques jours avant le
premier départ, — en l'honneur du général Boulanger, qu'elle donna la mesure de son influence et
de son savoir-faire.

Il n'allait pas tout seul, ce dîner, tant s'en faut.
Longtemps avant la date fixée, on en parlait dans le
noble faubourg, qui s'en montrait fort troublé. Irait-
on ? N'irait-on pas ? Telle était la question qui s'agitait dans tous les salons.

Les grincheux étaient d'avis de s'abstenir. Beaucoup hésitaient, tout en mourant d'envie d'accepter.
On prétendait que quelques-uns des plus récalci-
trants avaient essayé de se faire forcer la main en
haut lieu, afin de se couvrir vis-à-vis de leurs amis,
et que ça n'avait pas réussi...

Toujours est-il que, malgré quelques absences, le
projet eut un plein succès, et il suffit de se reporter à
la liste des convives pour juger du tour de force accompli par la duchesse : le comte d'Harcourt, M. Louis
de Crussol, fils cadet de la duchesse, Mlles Simonne
d'Uzès, la fille de la duchesse, et Mathilde de Crussol,
sa belle-sœur, le prince et la princesse de Léon, le
marquis d'Hervey de Saint-Denys, membre de l'In-
stitut, et la marquise d'Hervey de Saint-Denys, née
baronne de Ward, une des plus jolies femmes de
Paris ; le vicomte et la vicomtesse de La Rochefoucauld, le prince de Tarente, le comte et la comtesse

de Chevigné, le comte de Mareuil, le marquis de Breteuil, le comte Hallez-Claparède, le comte de Caraman, le baron et la baronne de Maragues, le comte Dillon, M. A. Meyer, etc., furent, ce soir-là, les commensaux du général Boulanger, qui se fit présenter à toutes les dames, causa assez longuement avec une ou deux d'entre elles, et fit une excellente impression.

Mᵐᵉ la duchesse d'Uzès portait l'œillet rouge au corsage. Elle avait fait graver sur les menus, non pas la liste des mets, mais celle des fanfares sonnées au commencement de chaque service.

ÉQUIPAGE DE BONNELLES
FANFARES SONNÉES LE 7 MARS 1889

Le Lancé.
Le Débuché. — Le Changement de forêt.
Le dix-cors (ou la Royale).
L'Hallali.
Les Honneurs. — La Saint-Hubert.
Les Adieux de Paimpont.
La Retraite des Veneurs.
Marche de vénerie.

A neuf heures on se rendit dans les salons. La réception commença bientôt après.

MM. le comte de Gramont, Mᵐᵉ Hochon, la duchesse d'Albuféra, le marquis et la marquise de Massa, la baronne Finot, le marquis de Juigné, le prince de Polignac, M. Le Hérissé, député d'Ille-et-

Vilaine, le comte de Beaufort, le comte et la comtesse de Monti, le marquis et la marquise de Vibraye, M. Laguerre, le comte et la comtesse Jean de Montebello, le marquis et la marquise de Juigné, le marquis et la marquise de Sesmaisons, le marquis et la marquise de Berulle, le comte et la comtesse de Talhouët, le comte de Fitz-James, le comte et la comtesse d'Espeuilles, le prince de Broglie et la princesse, née d'Armaillé, Dugué de La Fauconnerie, le duc de Vallombrosa, le baron de Mackau, Feuillant, le comte de Gontaut, M. et Mme O'Connor, le comte et la comtesse de Lévis-Mirepoix, etc., etc.

Quant à M. Dugué de la Fauconnerie, il avait inauguré, dès le commencement de l'année, des réceptions hebdomadaires précédées de dîners, auxquelles le général assistait régulièrement, où il tenait, en quelque sorte, officiellement ses assises mondaines et qui eurent tout de suite une vogue immense.

Quoique les invitations fussent très nombreuses et d'un éclectisme en rapport avec les relations étendues, la tournure d'esprit, la notoriété du maître de la maison, qui inspirait, en outre, une sympathie générale, on en demandait encore constamment et de tous côtés.

Aussi rencontrait-on à peu près tout Paris dans les salons de l'hôtel de la rue Fortuny. Ce qui y était le plus clairsemé, c'était l'état-major royaliste.

Toutefois, à la soirée mémorable qui eut lieu aussitôt après l'élection du 27 janvier, et à laquelle

assistèrent, défilant devant l'élu du peuple parisien,
plus de quinze cents personnes, il y fut plus représenté que de coutume. M. de Mackau lui-même fit
son apparition, vers onze heures, et quand l'huissier
l'annonça d'une voix de stentor, ce fut un événement.

Ce soir-là, également, les victoriens, M. Jolibois et
le marquis de la Valette en tête, vinrent en masse,
escortés par quelques glorieuses épaves du second
Empire. Ce qui faisait faire la grimace à un jérômiste
endurci, lequel grommelait entre ses dents :

— Tout cela ne présage rien de bon. Il y a trop de
têtes sinistres ici ce soir !

La grande majorité des assistants, d'ailleurs, était
dans le ravissement. On s'épanouissait, on débordait
de joie ; il semblait que l'on vînt de sauver la France.
On s'abordait sans se connaître, on faisait des plai-
santeries à tout propos, des mots qui circulaient de
bouche en bouche ; entre autres celui d'un diplomate
connu qui, aux applaudissements de la galerie, avait
appelé le boulangisme : *le dégoût collecteur*.

Puis, en dehors de ces réunions grandioses, de
ces grandes concentrations du high-life, il y avait,
de côté et d'autre, celles que l'on peut appeler fan-
taisistes. Celles-là avaient, plus que toutes les autres,
le général pour objectif et étaient organisées par des
amateurs peu répandus dans le brillant monde,
ayant une position relativement modeste et voulant
se donner du chic ou se créer des titres à la bien-

veillance du futur dictateur, qu'ils assaillaient de pré-
venances, d'assiduités et d'invitations.

Lorsqu'une fois ils le tenaient, ils engageaient le
ban et l'arrière-ban de leurs amis et connaissances,
en ayant soin de recruter autant de jolies femmes
que possible. Ils y ajoutaient, outre les amis personnels du général Boulanger, un lot de politiciens, un
ou deux princes en disponibilité, des étrangers de
distinction, des rastaquouères, des déclassés, et la
petite fête était complète.

D'un aspect disparate et pittoresque, mais gai et
souvent même élégant, ces sortes de réceptions, qui
présentaient des oppositions et des contrastes très
amusants, ne manquaient ni de charme ni d'entrain.
Elles avaient, dit le *Gaulois*, en tout cas, le mérite de
l'originalité. On aperçut, à l'une d'elles, le prince
Roland Bonaparte — le propre fils de celui qui a tué
Victor Noir — causant familièrement avec M. Henri
Rochefort, qui ignorait sans doute qu'il était le fils
du prince Pierre et qui, comme on le lui faisait remarquer, dit :

— Ma foi, il est charmant, ce prince ! Et il a de
très bonnes idées...

Cette dernière anecdote ne doit pas être authen-
tique, mais elle est bien trouvée, en ce sens qu'elle
donne une idée de l'étrange macédoine que, dans le
monde comme partout, avait faite le général Boulanger, avec le cortège d'espérances qui le suivait.

L'ARGENT

JERSEY

Quand les opérations du second tour de scrutin eurent rendu plus définitive et plus complète encore la déroute du boulangisme, M. Naquet alla à Londres.

Il trouva le général très découragé, très abattu :

— C'est fini, dit-il à M. Naquet, je n'ai plus qu'une seule chose à faire : m'exiler en Amérique. Je pars.

M. Naquet l'encouragea dans ce projet.

Le lendemain, M. Laguerre et M. Élie May arrivèrent en toute hâte et, avec l'appui de M. Rochefort, ils empêchèrent le voyage d'Amérique. Il fut décidé que le général se retirerait à Jersey.

A Jersey, une nouvelle démarche, encore inconnue du public, fut faite peu après l'installation de Boulanger à l'hôtel de la *Pomme d'Or*.

M. Naquet, parlant au nom du Comité, dit au chef du Parti national vaincu :

— Nous ne sommes pas riches, mon général, mais vous êtes encore plus pauvre que nous ; et, d'accord avec tous, je viens, au nom de tous, vous prier de vouloir bien accepter une sorte de liste civile à laquelle chacun contribuera dans la mesure de ses forces.

« C'est un dernier témoignage de reconnaissance

pour ce que vous avez tenté de faire avec nous. »

Le général refusa très nettement, répondant qu'il n'avait besoin de rien.

· En effet, c'est lui qui paya les frais des élections municipales, au mois de mai suivant.

*
* *

M. le général Boulanger a adressé la lettre suivante à un de ses amis, probablement au personnage qui le représente actuellement, à M. Pierre Denis :

Saint-Brelade, 18 octobre 1890.

Mon cher ami,

Vous m'avez fait connaître le désir de plusieurs de nos amis de me voir répondre aux allégations publiées touchant les dépenses faites pour une cause politique à laquelle je me suis consacré. J'ai hésité avant de satisfaire à votre désir, parce que je ne veux pas faire à certains reproches l'honneur de les réfuter.

Mais comme nous appartenons à un pays démocratique où le peuple a le droit de tout savoir quand il s'agit d'hommes jouant un rôle public, je prends le parti de répondre, ne serait-ce que pour donner un exemple, espérant que l'on sera désormais aussi exigeant pour tous les autres hommes politiques, pour les ministres que pour les proscrits.

Je dois commencer par dire qu'il est des sommes dont je ne puis rendre compte, parce que je ne les ai pas reçues, parce que je ne sais pas exactement comment elles ont été versées et dépensées. Ces sommes sont celles qui ont été directement ou indirectement remises au trésorier du

Comité national pour les besoins de celui-ci, ceux de son personnel et des opérations telles que, par exemple, l'acquisition de la *Cocarde*, dans lesquelles je ne suis pas intervenu.

Le seul compte que je puisse fournir, c'est le mien, qui prouvera que je n'ai pas vécu sur les subsides du Comité et que j'ai, au contraire, perdu dans la politique le peu que j'avais. Encore ne puis-je donner que des indications générales, puisque, à la suite de poursuites et d'une expulsion, mes comptes ont été en partie saisis, volés ou dispersés. Seulement, je ne crains pas qu'on oppose à mes indications ou affirmations des pièces et des chiffres authentiques qui les démentent.

Après trente ans de vie militaire et près de deux ans de commandement en Tunisie, j'avais à peu près 30 000 francs d'économies. En dix-sept mois, au ministère de la guerre, ayant touché 85 000 francs à titre de traitement, et ayant dépensé pendant ce temps 45 000 francs, il me restait donc en tout 70 000 francs, sur lesquels je prélevai 60 000 francs pour payer les dettes que mon père avait laissées à sa mort.

Quand je fus mis à la retraite, Dillon, alors directeur de la Société des câbles transatlantiques, en qui j'avais la plus amicale confiance et qui n'a peut-être eu que le tort de se mêler à une campagne politique pour laquelle il n'était pas fait, malgré ses aptitudes financières, offrit de mettre à ma disposition la somme nécessaire pour entreprendre cette campagne politique, dans le succès de laquelle il avait foi.

A ce moment d'ailleurs, et depuis, il me fut adressé spontanément par des partisans enthousiastes, généreux et plus ou moins riches, des sommes diverses, souvent très importantes, dont les donateurs me demandaient pour la plupart de leur garder le secret, que je n'ai pas le droit de violer, et en ce moment moins que jamais. Il en est dont les envois ou les dons étaient en quelque sorte réguliers. L'administration des postes, qui n'était pourtant pas la seule intermédiaire, sait combien de lettres chargées j'ai reçu rue Dumont-d'Urville, et ce n'est pas elle qui me démentira. Des notes qui me sont restées, il résulte que j'ai reçu ainsi une somme totale de 260 000 francs.

Dans le courant du mois d'avril 1888, un éditeur parisien, M. Rouff, me proposa d'écrire, pour être publié, un ouvrage sur la guerre de 1870. J'hésitai d'abord ; mais ayant consulté d'anciens camarades de l'armée qui me promirent de me fournir des renseignements exacts et intéressants sur les faits d'armes auxquels ils avaient pris part, je me décidai à accepter et je m'engageai, par un traité fait en double, à fournir l'*Invasion allemande* pour le prix de 100 000 francs, qui me furent comptés par M. Rouff dans ma chambre de l'hôtel du Louvre.

L'ouvrage est en cours de publication et j'en corrige encore en ce moment les épreuves. Il est assez étrange que lorsqu'on invente tant de romans pour expliquer comment j'ai pu vivre, privé de mon traitement de général, on oublie si facilement ce fait qui est de notoriété publique.

Je ne parlerai pas de mes appointements de député, que j'ai bien peu touchés. Je l'ai été d'ailleurs si peu de temps !

Dès ma première nomination, Dillon crut qu'il était utile au succès de la campagne politique entreprise que j'habitasse un hôtel où, étant seul locataire, j'aurais toute liberté et où je pourrais recevoir les innombrables visiteurs qui se présentaient alors. Ma maison de la rue Dumont-d'Urville était de verre ; c'était presque la place publique : ouverte depuis neuf heures du matin jusqu'à sept heures du soir aux visiteurs qui y passaient par centaines.

Je ne crois pas qu'il y ait beaucoup d'hommes politiques

qui aient eu si peu à cacher et dont on ait pu mieux connaître la vie. En dehors des frais nécessités par ces réceptions publiques, tous les autres étaient fatalement très limités, d'autant plus que j'étais très fréquemment invité au dehors et que je ne pouvais satisfaire à toutes les invitations.

Mes dépenses pour ma maison, mon personnel et moi-même, dans ces conditions, étaient d'environ 50 000 francs par an. Les frais de secrétariat étaient de 25 000 francs.

En tout, du mois d'avril 1888 au mois d'août 1889.	75 000 fr.
Mes premiers frais électoraux, tout personnels.	25 000 »
Mes dépenses personnelles à Bruxelles et à Londres, de 10 000 fr. par mois, furent, pour 7 mois, de	70 000 »
Enfin, payé pour les dettes de mon père, comme il a été dit.	60 000 »
	230 000 fr.

J'ai dit que mes ressources étaient :

Mes économies jusqu'au ministère de la guerre.	30 000 fr.
Mes économies pendant mon ministère. . . .	40 000 »
Ma pension de retraite et mon traitement de grand officier de la Légion d'honneur pendant un an.	12 500 »
Les dons adressés par divers.	260 000 »
Le prix de mon ouvrage, payé par l'éditeur M. Rouff.	100 000 »
	442 500 fr.

La différence est donc de 212 500 francs, que je n'ai pas gardés, il n'est pas besoin de le dire.

Voilà avec quoi et comment j'ai vécu, sans avoir eu recours aux subsides obtenus de Mme la duchesse d'Uzès, ni de ceux fournis par le comité que représentaient MM. de Mackau et Auffray.

Il est nécesssire de savoir que souvent les donateurs m'envoyaient les sommes qu'ils mettaient à ma disposition avec une affectation spéciale. C'est ainsi que, par exemple, quelqu'un, qui est aujourd'hui député, me fit parvenir, pendant mon séjour à Londres, une somme de 40 000 francs destinée à l'un des membres du Comité, et député également, que je n'ai pas besoin de désigner autrement. Je lui comptai, à son premier voyage à Londres, ces 40 000 francs que n'eut pas à débourser la caisse du Comité.

Le reste des ressources dont je disposais a été, ainsi que les fonds versés au Comité national ou à son trésorier, dépensé, on dit même gaspillé, mais non par moi, en des allocations à des membres du Comité, à des journaux, en des frais de propagande électorale pour des candidats.

Pour donner une idée de ce qu'étaient ces allocations à des membres du Comité, je ne citerai qu'un exemple, me réservant, si on m'y oblige, de dire les noms et d'en citer d'autres avec preuves à l'appui.

Pendant un séjour à Bruxelles et à Londres de sept mois, l'un de ces membres a été, outre ses appointements, défrayé de tout, non seulement lui personnellement, mais sa belle-sœur, la mère, la sœur et le fils de cette belle-sœur, en tout cinq personnes. Et ce n'est pas encore celui-là qui coûtait le plus cher.

Voilà la vérité, du moins en ce qui me concerne, sur la question d'argent.

Homme public, j'ai cru ne pouvoir me soustraire à ce que mes amis et le public attendaient de moi. Je ne crois pas que, depuis la grande époque révolutionnaire, cet exemple ait été donné. Je le donne bien moins pour me défendre que pour apprendre au peuple à exiger qu'on lui rende des comptes. J'attends maintenant que mes proscripteurs et accusateurs m'imitent. J'attends qu'ils viennent dire au pays quels biens ils possédaient en arrivant à la députation ou au pouvoir, comment ils ont vécu, comment ils se sont enrichis, comment ils ont fait face aux dépenses qu'on leur connaît.

J'ai pu commettre des fautes. Quel homme n'en commet pas? J'ai voulu, à l'aide de la revision, établir en France une République plus tolérante, plus honnête, plus démocratique. J'ai accepté dans ce but des concours et des dons; mais l'argent qui a été dépensé pour une œuvre politique était celui de particuliers et non celui du pays, et qui devait pourtant servir au bien du pays.

J'avais droit, après trente ans de service militaire et après avoir versé mon sang pour la France, à une pension de retraite de 12 500 francs, dont je suis frustré par un jugement monstrueusement inique rendu, non par des juges, mais par des ennemis politiques. J'avais touché 100 000 francs pour prix d'un ouvrage auquel je travaille encore, et qui ont été dépensés pour le succès de la campagne revisionniste.

Enfin, on m'a offert, pour des conférences aux États-Unis, un million que j'ai refusé, au moment où M. Naquet m'engageait tant à partir pour l'Amérique, parce que je voulais rester près de ceux qui opéraient une dernière tentative électorale. Quels sont donc, parmi mes accusateurs, ceux qui ont fait à leur cause les mêmes sacrifices?

On a porté l'accusation devant le pays. J'attends maintenant qu'il juge.

A vous avec confiance et cordialement.

. GÉNÉRAL BOULANGER.

A cette lettre si pleine d'invraisemblances et d'insinuations, M. Alfred Naquet a fait la fière et péremptoire réponse que l'on va lire :

Monsieur le directeur politique de l'*Éclair*,

Vous reproduisez ce matin une lettre de M. le général Boulanger qui nécessite une réponse.

Il ne m'appartient pas de discuter les chiffres que donne, si tardivement, le général, et qui sont peu d'accord avec le luxe princier que ce dernier déployait tant à Londres que dans la rue Dumont-d'Urville.

Mais il y a dans sa lettre une affirmation grave que je ne puis laisser passer sans la relever. La voici :

« Pendant son séjour à Bruxelles et à Londres de sept mois, l'un de ces membres a été, *outre ses appointements*, défrayé de tout, non seulement lui personnellement, mais sa belle-sœur, la mère, la sœur, le fils de cette belle-sœur, en tout cinq personnes. Et ce n'est pas encore celui-là qui coûtait le plus cher. »

Ici je suis visé personnellement, car moi j'ai habité Londres en famille, et je réponds au général que ce qu'il dit est faux. Je me sers de cette expression pour ne pas en employer une plus dure qui était sous ma plume.

Qu'il me permette de lui dire d'abord que ma belle-sœur, sa sœur, son fils et sa mère n'ont rien à voir en tout ceci. Ces dames ont une fortune absolument indépendante de la mienne, et même supérieure à la mienne ; et elles sont venues à Londres comme elles étaient cet été en Suisse, comme leur mère est en ce moment à Nice, parce que leur fortune le leur permettait.

Quant à moi, je n'ai jamais reçu d'appointements — est-il nécessaire de le dire ? — ni même d'indemnité.

Il est bien vrai que lorsque, à Bruxelles, le général me

demanda de le suivre, je lui donnai entre autres causes
d'hésitation des motifs d'ordre pécuniaire.

La fortune que mon père m'a laissée est plus que modeste, et la politique ne l'a pas accrue. Je prévoyais l'obli-
gation d'avoir un double appartement, de nombreuses
invitations des membres du Comité et même des candidats qui viendraient à Londres, et je trouvais le sacrifice
lourd.

Le général me répondit qu'il m'imposait de venir, mais
que je n'avais pas à m'inquiéter de l'argent et que le
Comité m'allouerait une indemnité de déplacement. Il
ajouta même, ce qui ne s'accorde guère avec ses affirmations d'aujourd'hui : « *Je fais bien appel moi-même aux
ressources du Comité ; je n'en suis pas déshonoré et vous
n'en serez pas déshonoré davantage.* »

Je lui répondis que lui savait d'où venait l'argent, que
je l'ignorais et que cela établissait entre nous une différence fondamentale. C'est même à ce propos que s'échangèrent entre lui et moi les premières conversations sur les
origines de l'argent, conversations dont j'ai déjà raconté
les suites. J'ai refusé, malgré tout, sa proposition et j'ai subi
le sacrifice que mon parti exigeait de moi.

Le général paraît avoir mauvaise mémoire. Il ne se
rappelle plus avoir fait appel au comte Dillon pour ses
dépenses personnelles. Ses souvenirs le portent, par
contre, à prendre les propositions qu'il m'a faites, et dont
je l'ai remercié, pour des faits réalisés.

Tant pis pour lui.

Quant à moi, le boulangisme m'a coûté ma situation
politique, et m'a profondément entamé dans ma situation pécuniaire.

J'ajoute qu'il a failli m'atteindre dans ma liberté, car,
*le jour où le chef se dérobait à son devoir en fuyant la
France, je répondais, avec plusieurs de mes collègues, devan*

la police correctionnelle, d'un prétendu délit de société secrète.

Je ne permettrai pas à l'homme qui nous a perdus de chercher en outre à nous atteindre dans notre honneur.

Or, c'est ce qu'il fait manifestement.

Le passage de sa lettre que je viens de reproduire a un caractère calomnieux qui ne peut échapper à personne.

Si même — ce qui n'est pas — j'avais accepté l'offre du général à Bruxelles; si j'avais reçu une indemnité justifiée par ce que l'on exigeait de moi — et si cela était je le dirais hautement, *car ce serait absolument honorable* — c'est, je le répète, une indemnité que j'aurais reçue et non des appointements.

Or, le général parle d'appointements et ajoute que j'ai été défrayé de tout.

A moins qu'il ne veuille dire par là qu'en effet il a réglé les dépenses d'hôtel pendant les quelques jours que nous avons passés à l'hôtel Mengelle ou à l'hôtel Bristol — et où j'étais seul, sans ma famille — je ne puis voir dans cette expression, qui est doublement mensongère, que le désir de me faire passer pour un stipendié.

C'est à cela que j'oppose des dénégations indignées.

Le général avait l'habitude de faire signer de petits papiers toutes les fois qu'il rendait un service.

S'il avait fait pour moi ce qu'il prétend, il aurait des petits papiers. Qu'il les montre. Je les attends de pied ferme.

Le général croit se laver des révélations qui l'écrasent en essayant d'entraîner ses amis dans sa chute honteuse.

Il n'y parviendra pas.

Il peut nous avoir entraînés dans sa chute politiquement; les services que nous lui avons rendus peuvent avoir eu pour conséquence notre ruine financière — ou à peu près. Quant à l'honneur, il demeure intact; et, si quelqu'un est atteint de ce côté, ce n'est certainement pas nous.

Vous m'obligerez, monsieur le directeur, si vous voulez bien publier cette réponse.

Veuillez agréer, en attendant, l'assurance de ma considération la plus distinguée.

A. NAQUET.

PIÈCES JUSTIFICATIVES

L'auteur des *Coulisses du Boulangisme* n'a pas reçu un seul démenti.

Il lui a été adressé trois lettres qui confirment tout ce qu'il a avancé.

Voici ces lettres; la première est de M. de Martimprey, chez qui le général Boulanger rencontra M. de Mackau dans la nuit du 29 au 30 novembre :

Lac de Genève, 1er septembre 1890.

Monsieur,

J'ai l'honneur de vous connaître, puisque j'ai reçu votre visite; mais je ne trahirai pas votre incognito.

Vous comprendrez, en face de la publication que vous poursuivez dans le *Figaro*, que je tienne à ce que tout le

monde sache que rien de ce que vous révélez ne vous a
été appris par moi.

Lors de notre entrevue, je vous ai trouvé minutieusement
instruit de faits que je croyais ignorés de tous; vous m'en
avez fait le récit et je me suis abstenu de rectifier les erreurs de détail, extrêmement minimes d'ailleurs, que vous
commettiez.

Je n'ai répondu qu'à deux de vos questions. Vous m'avez
demandé si j'étais allé au-devant de M. Le Hérissé ou s'il
était venu à moi. Je vous ai dit que j'étais allé au-devant
de lui et vous ai expliqué comment j'en avais eu la pensée.

Vous m'avez demandé ensuite si M. le général Boulanger
avait été très explicite dans ses engagements de la nuit
du 29 novembre.

Je vous ai répondu que l'origine de vos renseignements
vous était une sûre garantie de leur valeur.

Laissez-moi attendre de votre courtoisie et de votre
impartialité la publication de cette lettre.

Veuillez agréez, Monsieur, l'assurance de ma considération distinguée.

COMTE DE MARTIMPREY.

La seconde de ces lettres est signée de Mme la duchesse d'Uzès :

Monsieur,

J'ai lu avec étonnement, ce matin, dans le *Figaro*, le
récit d'une entrevue qui a eu lieu chez moi, au mois d'août
1889, entre le comte de Paris et le général Boulanger.

Je n'ai pas à nier cette entrevue, mais je pourrais discuter la véracité de ce récit, car vous prêtez à Mgr le comte

de Paris un langage qu'il n'a pas tenu et qui pourrait étonner en France et hors des frontières.

Vous me feriez plaisir, Monsieur, de demander à M. Magnard, toujours si obligeant, l'insertion de cette lettre, et vous prie de croire à mes sentiments distingués.

DUCHESSE D'UZÈS.

Samedi soir, 18 octobre 1890.

On remarquera que Mme la duchesse d'Uzès n'indique pas en quelle partie le récit de l'entrevue du comte de Paris et du général Boulanger est inexact. Elle parle d'un « langage prêté à M. le comte de Paris et qui pourrait étonner en France et hors des frontières ».

Mais, cette réserve faite, la duchesse reconnaît que l'entrevue a eu lieu et ne proteste pas contre la narration considérée dans son ensemble.

Sous la forme d'une rectification timide, la lettre de la duchesse d'Uzès est une véritable confirmation.

*
* *

La troisième lettre est de M. le marquis de Beauvoir :

Mon cher monsieur Magnard,

Je n'ai voulu jusqu'ici demander aucune rectification à l'auteur des *Coulisses du Boulangisme*, à propos de certains récits, qui sont inexacts en ce qui me concerne.

Mais je dois relever — parce que je n'y suis pas seul

intéressé — un passage de l'article publié ce matin :

« Pour soutenir la lutte électorale, dit l'auteur de l'article, l'argent manquait; — j'aurais été à Londres demander à Mgr le comte de Paris des subsides pour le parti, je lui aurais présenté les chances comme beaucoup plus grandes qu'en 1885, la victoire comme certaine : les subsides n'auraient été accordés qu'après de longues hésitations. »

Dans tout cela, il n'y a rien de vrai : je n'ai pas été à Londres solliciter le concours financier de Mgr le comte de Paris; — je n'ai pas eu à lui exposer une situation sur laquelle il était exactement renseigné et qu'il connaissait mieux que personne.

Les sacrifices considérables que le prince a faits, sans hésiter, en 1889 comme en 1885, dans l'intérêt des candidats du parti monarchique, ont été absolument « spontanés » : ce n'est pas à ma sollicitation qu'ils ont été accordés.

Je vous serais obligé de le dire à vos lecteurs et je vous prie, mon cher monsieur Magnard, de croire à mes sentiments les plus distingués.

MARQUIS DE BEAUVOIR.

Paris, 18 octobre 1890.

M. de Beauvoir ne s'est pas en effet seul trouvé auprès du comte de Paris quand celui-ci voulut faire pour son parti un sacrifice.

Il est tout naturel qu'il ne veuille pas accepter un rôle dont l'importance diminuerait celui de son prince. Mais ce que M. de Beauvoir ne nie pas, c'est que le comte de Paris ait donné un puissant concours financier à ses candidats aux élections de septembre 1889.

CONFIRMATION PAR LE GÉNÉRAL

Mais la pièce justificative péremptoire est fournie à l'auteur des *Coulisses* par le général Boulanger lui-même.

Voici la conversation que le général a eue avec un rédacteur du *XIXᵉ Siècle*, le 16 octobre 1890.

On va voir que le général, tout en rejetant, contre toute vraisemblance, la responsabilité de son alliance avec la Droite sur ses amis et en plaidant l'innocence, l'ignorance, avoue tout ce que les *Coulisses* ont révélé :

Je me suis présenté à Sainte-Brelade, j'ai reçu le plus bienveillant accueil, écrit le rédacteur du *XIXᵉ Siècle*. Abordant presque aussitôt l'objet de ma visite, j'ai fait remarquer au général Boulanger que la « Défense » qu'a publiée le *XIXᵉ Siècle*, quel qu'en fût le ton de sincérité, n'avait pas paru concluante pour le public, parce qu'elle se bornait à des affirmations ou à des explications générales, sans aborder ni préciser aucun fait.

— Mais, interrompit le général, je ne vois pas quel fait je pourrais préciser, parce qu'on n'a relevé contre moi aucun fait donnant quelque vraisemblance aux intentions qui me sont prêtées, comme vous dites. On se borne à dire, comme M. Naquet, que j'avais fait aux monarchistes la promesse de les favoriser, même d'aider à une restauration; mais tout cela en l'air, sans preuve, sans citer aucun fait que je puisse démentir, expliquer ou réfuter. Je ne suis pas un romancier ou un journaliste, et je ne vais pas passer mon temps, à moins que mes ennemis ne m'y forcent, à écrire le récit anecdotique de tout ce que j'ai vu en trois ans de relations avec des hommes politiques.

— Pourtant, mon 'général, il est des faits qui ont été invoqués : ce sont l'entrevue avec M. de Martimprey, celle avec le prince Napoléon et celle avec le comte de Paris, dans lesquelles les engagements dont on parle auraient pu être pris. Il est bien certain qu'il y a eu des négociations avec les chefs de la Droite, puisque M. Naquet reconnaît les avoir poursuivies...

— Et il sait mieux que moi ce qu'elles étaient, interrompit brusquement le général, car il ne m'en rendait pas compte.

— Mais, à côté ou en dehors de ces négociations, qui se passaient entre les chefs des deux comités, on prétend que vous en avez noué d'autres, toutes secrètes, ignorées du Comité national, et dans lesquelles auraient été faites les promesses en question. J'étais donc venu vous demander si vous pouviez ou vouliez raconter ce qui s'est passé dans les entrevues que je viens d'indiquer.

L'ENTREVUE DE MARTIMPREY

— C'est bien simple. Dans l'entrevue chez M. de Martimprey, il ne s'est rien passé que ce qui a été dit, si ce n'est qu'il est faux que j'aie donné ma parole de soldat ; je défie bien MM. de Martimprey, de Mackau et Le Hérissé, seuls présents, d'oser l'affirmer. Je n'avais pas à m'étonner à ce moment-là des propositions absurdes que me faisait M. de Mackau et auxquelles je n'ai pas répondu ; j'en avais déjà entendu et j'en entendais bien d'autres tout aussi insensées. C'est même là ce qui m'a donné une piètre idée des parlementaires.

— Mais comment êtes-vous allé chez M. de Martimprey ?

— Tout le monde alors était en l'air, il se tenait des conciliabules dans tous les coins. M. Le Hérissé, en qui j'avais confiance comme républicain et comme homme loyal, me dit que les conservateurs ne demandaient qu'à s'entendre avec moi pour empêcher l'élection de Ferry à la présidence et qu'ils nous attendaient pour cela chez M. de Martimprey.

Il fut entendu que je l'accompagnerais. M. de Martimprey m'exposa ses opinions sur la crise que l'on traversait, qui déconsidérait et affaiblissait la République et qui lui paraissait pour cette raison favorable à une restauration monarchique. Je n'ai pu bien comprendre comment il comptait opérer cette restauration pour laquelle il paraissait désirer mon concours sans me dire quelle forme il pourrait prendre.

Comme je l'avais écouté sans répondre, il alla dans une pièce voisine chercher M. de Mackau dont je ne soupçonnais pas la présence, qui me déclara qu'il fallait à tout prix que Ferry ne fût pas élu et que les membres de la Droite voteraient soit pour Floquet, soit pour Freycinet, à la condition que l'un ou l'autre s'engageât, une fois président de la République, à me prendre pour ministre de la guerre. Puis M. de Mackau tira de sa poche une lettre du comte de Paris qu'il me lut et qui lui donnait tous pouvoirs ; il ajouta que je n'aurais qu'à demander tous les titres et tous les honneurs, si je voulais aider à lui rendre le trône. Je trouvais tout cela trop bouffon et ne pouvais dissimuler un sourire, et quand je partis avec M. Le Hérissé, j'ai bien pu dire : « Quels imbéciles ! » parce que je le pensais.

L'ENTREVUE DE PRANGINS

— Pouvez-vous raconter de même l'entrevue de Prangins ?

— Vous me laisserez ne pas vous répondre. On a prétendu que je voulais restaurer, non pas l'Empire, mais la Monarchie, et il serait trop absurde de pré-

tendre que je voulais restaurer les deux à la fois. Si
j'étais allé à Prangins, ç'aurait été seulement en
obéissant à une imprudente curiosité, comme un
militaire, fût-il républicain, désireux de connaître
quelque chose de Napoléon, qui reste un grand capitaine quoi que l'on puisse penser de son rôle politique. Le réquisitoire de M. de Beaurepaire a affirmé
que j'avais commis cette imprudence, en avouant qu'il
n'en avait aucune preuve. Vous comprenez bien que
ce n'est pas à moi à lui en fournir, d'autant plus, je
le répète, que cela est étranger à l'accusation de
connivence avec les monarchistes, et même de complot. Si j'étais allé, sous l'Empire, rendre visite en
Suisse à un proscrit, est-ce que les républicains ose-
raient dire qu'alors je complotais? La magistrature
impériale elle-même ne l'aurait pas dit. N'en parlons
donc pas.

L'ENTREVUE AVEC LE COMTE DE PARIS

— On a prétendu que vous aviez eu une entrevue
avec le comte de Paris. Celle-là est-elle vraie et pouvez-vous la raconter?

— Pour ceci, c'est autre chose. Les chefs des deux
comités s'étaient entendus pour dresser une liste,
dont la confection fut très laborieuse et dont personne ne peut dire que je m'en suis mêlé autrement
que pour essayer d'apaiser les conflits entre les can-

didats. Il avait été entendu que les candidats inscrits
sur cette liste feraient voter en faveur de leurs
alliés dans les circonscriptions où ils avaient quelque
influence, et qu'ils accepteraient, comme hors de
cause, la forme républicaine.

Mes renseignements au commencement de septembre me démontraient que, dans un certain
nombre de départements, les conservateurs résis-
taient aux conventions établies et aux instructions
qu'on m'assurait avoir été données ; que dans leurs
professions de foi ils ne prononçaient pas le mot de
République et que beaucoup annonçaient qu'ils ne
voteraient pas pour la liste du comité républicain
national.

Je résolus de voir le comte de Paris pour lui présenter des observations à ce sujet et l'inviter à donner à ses amis des instructions précises. J'en parlai
à Mᵐᵉ la duchesse d'Uzès, alors à Londres, qui en
parla au duc de Chartres. Celui-ci assura qu'il s'en
était expliqué avec son frère, lequel, craignant que
le secret ne fût pas gardé, se montrait peu partisan
d'une entrevue.

J'insistai d'autant plus, et j'écrivis à ce propos, à
Mᵐᵉ la duchesse d'Uzès, une lettre assez vive dans
laquelle je ne me gênais pas pour lui dire qu'il fallait qu'on craignît assez peu une rupture, pour que
le comte de Paris ne se rendît pas à mon désir alors
qu'il y aurait acquiescé quelques semaines auparavant avec empressement.

Ceci se passait à peu près du 4 au 7 septembre 1889.
Le résultat de ma lettre fut que le jour même, à
neuf heures et demie du soir, je me rencontrai avec
le comte de Paris, à Alexandra-Hotel, chez Mme la
duchesse d'Uzès qui assista à l'entretien. Le comte
de Paris était arrivé avant moi et il partit le premier, après une conversation de trois quarts d'heure.

Je lui fis d'abord part de mes observations dans le
sens républicain que je viens d'indiquer, et nous
passâmes l'examen de la carte électorale d'après
les renseignements que nous avions l'un et l'autre,
puis on parla des chances de quelques candidatures
dans certains départements. Je demandai au comte
de Paris qu'il donnât des instructions à ses amis
pour que l'entente ne fût pas compromise par les
résistances dont je viens de parler; on envisagea
alors la possibilité de ma nomination comme président de la Chambre si nous avions la majorité, et
enfin je promis formellement, dans ce cas, la rentrée en France pour tous les proscrits. Il n'y eut pas
autre chose. Pas une allusion ne fut même faite à
la forme du gouvernement ni à la possibilité d'une
restauration monarchique. Nous nous quittâmes en
nous serrant la main.

L'ACTION PARALLÈLE

J'avais cru à une loyale entente sur le terrain élec
toral, et je m'y tenais. J'avais eu certainement tort,
je le reconnais, d'accepter cette entente avec les conservateurs qui semblaient poursuivre un même but
immédiat, puisque, loin de nous apporter un appoint
de forces, ils nous en faisaient perdre, et puisqu'ils
étaient incapables de résister à une défaite électorale.
Quels étaient les projets intimes du comte de Paris
et quelles intrigues s'agitaient autour de lui, ce n'est
pas à moi qu'il faut le demander, car il ne m'en a
rien dit. Il a prétendu qu'il avait voulu diviser les
républicains. C'est une opinion qu'il s'est faite après
coup et qui est d'ailleurs fausse, car il n'a fait que les
réunir. Beaucoup m'auraient suivi si j'avais été seul,
qui se sont retournés contre nous en voyant les monarchistes opérer leur « action parallèle ». Aussi est-
ce là une faute que je ne commettrai plus; je ne
veux désormais avoir avec moi que des républicains.

— Mais croyez-vous qu'il se trouve des républicains qui veuillent venir à vous ?

— Je ne compte pas que le personnel de l'état-
major républicain y viendra; mais j'ai l'espoir que
les sympathies des citoyens me reviendront quand
ma conduite aura prouvé que les méfiances républicaines à mon égard étaient injustes et que je ne
songe qu'au bien et à l'avenir de notre pays.

LA QUESTION D'ARGENT

— Avant de vous quitter, mon général, n'avez-vous rien à dire sur ce qu'on appelle la question d'argent?

— Rien pour le moment. Le public sait tout ce qu'il pouvait savoir. Il sait que les frais de la propagande du comité ont été payés avec les 3 millions que MM. Arthur Meyer et Dillon ont obtenus de Mme la duchesse d'Uzès, et que les frais électoraux ont été couverts par les fonds que le comité de la Droite a mis au service du Comité national à la suite des négociations de M. Dillon et de M. Naquet. Ce que j'ai à dire encore une fois, c'est que je ne suis pas intervenu dans ces arrangements et ne m'en suis pas mêlé.

Tout ce qui s'est fait à cet égard s'est fait en dehors de moi, sans qu'il me fût rendu véritablement des comptes. C'était l'affaire des comités. Ce que j'aurais peut-être à dire, c'est avec quelles ressources j'ai satisfait à mes besoins personnels, pour prouver que je n'ai pas eu recours aux subsides alloués au Comité. J'espère le faire prochainement, car je réunis en ce moment les éléments qui me permettront de m'expliquer sur ce sujet sans crainte d'être démenti.

— Ce sera, je crois, dis-je au général, la révélation la plus intéressante, et, lui ayant serré la main, je le quittai après lui avoir promis de lui soumettre la rédaction de notre entretien avant de l'expédier.

On voit que le général Boulanger n'a pas une réserve à faire sur le fond du récit des *Coulisses*.

Il commet peut-être quelques erreurs de détail. Ainsi l'entrevue du comte de Paris a eu lieu à la fin d'août et non vers le 7 septembre. En racontant cette entrevue, par exemple, le général se trompe. Voici, en effet, la déclaration que Madame la duchesse d'Uzès a faite à un journaliste, M. Fernand Xau :

« Il est puéril de prétendre que le général ne se soit engagé qu'à ouvrir l'entrée du territoire français aux princes, si les événements le portaient au pouvoir. Entre deux proscrits, il eût été bien inutile de faire une telle entente : leur situation réciproque l'imposait tacitement. »

DÉCLARATION DE M. ALFRED NAQUET

Interrogé par un rédacteur de l'*Éclair* le 8 octobre dernier, M. Alfred Naquet lui a fait les déclarations suivantes qui confirment tout le récit de l'auteur des *Coulisses du Boulangisme* :

Dans la première période de mes rapports avec le général Boulanger, c'est-à-dire dans cet intervalle qui va de l'élévation du général au ministère à son départ pour Clermont, j'ai considéré le général Boulanger comme le chef possible du parti radical et j'ai espéré arriver par lui au triomphe de ce parti. Il n'était nullement question alors d'alliance avec la droite.

Le discours du café Riche.

D. — Mais, lors de votre entrée dans le boulangisme proprement dit, il y avait déjà des signes non équivoques qui démontraient les alliances.

R. — Lorsque je suis allé au café Riche, en effet, l'ancien parti impérialiste avait commencé à faire campagne pour le général ; mais ce parti, qui n'avait plus aucun espoir de restauration impériale, dont un certain nombre de membres ont même perdu le désir d'un tel retour au passé, venait franchement à la République. Ennemis du parlementarisme bien plus que de la forme républicaine, les impérialistes acceptaient avec joie une constitution plébiscitée, basée sur la séparation des pouvoirs.

L'alliance avec ces anciens partisans de l'Empire me paraissait de tous points désirable. D'abord elle renforçait les troupes revisionnistes ; ensuite, et surtout, elle accroissait l'importance numérique de l'armée républicaine et brisait l'union conservatrice.

C'est dans ce sens que j'écrivis mon discours du café Riche et celui du général, je puis le dire aujourd'hui, puisque ce dernier, dans le but de rejeter sur moi la responsabilité — responsabilité dont je m'honore — du programme de Tours, a fait avouer par la *Voix du peuple* qu'il n'écrivait pas ses discours lui-même.

Je croyais alors que les partis allaient se déclasser, que les orléanistes, dont les tendances sont parlementaires, livreraient bataille côte à côte avec les opportunistes pour la conservation du parlementarisme, et qu'ainsi nous aurions la lutte entre deux armées : l'une revisionniste, l'autre antirevisionniste, appelées toutes deux à évoluer sur le terrain de la République.

J'y voyais deux grands avantages : la République mise hors de cause et les partis plus logiquement classés.

D. — Mais vous avez dû vous apercevoir assez vite que vous vous étiez trompé et que les royalistes cherchaient à livrer l'assaut à la République en se servant de vous.

R. — J'ai commencé à en avoir la perception lors de la triple élection. Je pensais alors que le général, vaincu dans l'Ardèche, obligé de prendre une éclatante revanche ou de disparaître, avait dû prendre des engagements électoraux dans les trois départements où il avait posé sa candidature. Mais l'idée ne se présentait même pas à mon esprit qu'il en eût pris de plus étendus.

Cela est si vrai que je lui écrivis d'Ems, où j'étais alors, une longue lettre dans laquelle je le mettais en garde contre de nouvelles tentatives électorales qui, en augmentant le nombre des points sur lesquels il aurait à prendre des engagements, le lieraient pour l'avenir.

Le général me répondit en deux lignes que je me méprenais sur l'importance des engagements contractés par lui, qu'il partait et que nous parlerions de cela quand nous serions rentrés l'un et l'autre à Paris.

Ces affirmations, je l'avoue, ne me convainquirent qu'à demi, et mes doutes devinrent plus manifestes lors de l'élection Auffray dans les Ardennes. A ce moment, je faillis me séparer du Comité, et je fis passer dans la *Presse* un article violent contre l'orléanisme, article qui fut accepté, d'après le conseil du général, sur la menace de ma démission. Cet article était intitulé : *l'Ennemi.*

L'action parallèle.

D. — Ultérieurement vos soupçons sont devenus des certitudes. Comment êtes-vous resté ?

R. — J'espérais que l'élection du 27 janvier serait un fort coup de barre à gauche. Puis vinrent les poursuites contre la Ligue des Patriotes, l'exil, la haute Cour. En eussé-je conçu le désir, se séparer dans ces conditions eût été une désertion. J'ajoute que je n'en avais pas le désir.

Je voyais bien l'action parallèle des monarchistes ; et je crois même avoir été le premier à me servir de ce mot dans le discours de Tours. Mais pourvu que ce ne fût qu'une action parallèle, une coalition momentanée, elle m'apparaissait sans danger.

J'ai eu, par la suite, bien souvent à négocier avec M. Auffray et M. de Mackau en vue des élections. La situation était nette, je leur disais à eux ce que j'écrivais dans mes articles, ce que je répétais dans les réunions pu bliques :

« Il y a deux étapes à franchir pour nous: La première consiste à battre les républicains parlementaires qui se refusent à convoquer une Constituante, la seconde consistera à constituer.

« Sur le premier point, nous pouvons marcher ensemble. Sur le second, c'est autre chose. Une fois la convocation d'une Constituante conquise sur les républicains opportunistes ou radicaux, quand il s'agira d'élire la Constituante nous changerons notre fusil d'épaule, et nous ferons voter partout pour des républicains quels qu'ils soient, contre les adversaires de la République d'où qu'ils viennent. »

Ces messieurs n'élevaient aucune objection et se déclaraient prêts à se rallier à la République si elle avait la consécration de la souveraineté nationale.

Dans tous les cas, rien n'était plus net, plus avouable qu'une action parallèle ainsi définie, et non seulement le général Boulanger m'autorisait à la définir ainsi, mais il m'y incitait. J'ai des centaines de lettres de lui, comme il a des centaines de lettres de moi. Toutes, sans exception, de part et d'autre, sont conçues dans l'esprit le plus républicain.

Adhésions à la République.

D. — Vous en étiez donc venu à croire que les royalistes accepteraient la République volontiers ?

R. — Je ne vais pas jusque-là, mais je suis convaincu qu'ils s'y seraient ralliés si elle était sortie victorieuse — comme la chose était certaine pour moi — de l'épreuve de la Constituante. Il ne m'est même pas démontré que, pour quelques-uns, la République ne fût acceptée d'avance, les réserves qu'ils faisaient n'ayant qu'un but, but très honorable, celui de ne pas rompre sans de graves motifs avec tout leur passé.

Dans tous les cas, si la question peut faire doute en ce qui concerne les états-majors royalistes, elle ne fait aucun doute à mes yeux en ce qui concerne les troupes conservatrices, et surtout en ce qui concerne les états-majors catholiques.

D. — Vous avez cru à la sincérité du clergé ?

R. — J'y crois encore. Le clergé s'est depuis longtemps aperçu que les princes se servent de lui plus qu'ils ne le servent... Lorsque les prêtres ont entrevu une république libérale, à laquelle ils ne demandaient pas l'intolérance en leur faveur, mais la tolérance pour tous, ils se sont précipités dans le mouvement avec joie et avec patriotisme.

Ah ! je vous l'avoue, ce que j'ai vu à cet égard après l'admirable banquet de Tours, après l'adhésion si franche, si loyale, si sincère, de M. Delahaye, était si grand et si beau que j'en avais été ébloui.

A ce moment-là, j'ai réellement cru que la forme républicaine allait être mise hors du débat, que nous allions jouir enfin de ce bien suprême : une forme de gouvernement universellement consentie. J'ai entrevu vraiment la réconciliation de tous les Français dans la République. Cette éclatante vision m'avait enthousiasmé, et m'en-

thousiasme encore rétrospectivement après tous nos re-
vers.

La candidature Auffray.

D. — Puisque vous parlez des catholiques, me permet-
triez-vous de vous demander ce qu'il y a d'exact dans la
collaboration que l'on vous prête au *Rosier de Marie?*

R. — Voici les faits dans leur exactitude :

Je connaissais depuis longtemps le commandant Lantier, qui est Marseillais et qui, à ce titre, est presque mon
compatriote.

Dans les jours qui précédèrent l'élection du 27 janvier
1889, M. Lantier vint me voir. A ce moment-là les catholiques étaient encore hésitants, et M. Lantier venait me
demander quelle serait l'attitude du Parti national eu
égard à la religion. Je lui donnai des réponses qui le
satisfirent et il me promit de faire un effort pour amener ses amis à accorder leurs suffrages au général Boulanger.

Il me pria alors de lui soumettre quelques idées sur la
forme à donner à sa campagne. Je les lui soumis en lui
indiquant comment je comprenais que cette campagne
fût conduite. Il tint compte de mes avis. Ma prétendue
collaboration n'a pas été au delà.

D. — Mais que promettiez-vous donc aux catholiques?

R. — La tolérance, une liberté égale pour tous. Rien
de plus. Ultérieurement, lorsque M. Delahaye vint conférer avec moi à propos du banquet de Tours, je précisai
davantage. Je déclarai que j'irais volontiers jusqu'à demander que les décrets relatifs à l'expulsion des religieux
fussent rapportés, et que la question de la séparation des
Églises et de l'État dont, pour ma part, j'ai toujours été
et je demeure le partisan convaincu, fût soumise au
referendum. C'est sur ces bases que l'accord intervint.

D. — Fut-il question entre M. Delahaye et vous de la loi scolaire ?

R. — Oui! Mais sur ce point je refusai de m'engager à quoi que ce fût. J'ai toujours été pour la neutralité de l'école. Je pense, il est vrai, que cette neutralité doit être réelle, absolue, et qu'elle ne doit pas couvrir une guerre à la religion. Mais pour rien au monde je ne serais allé plus loin; c'eût été contraire à mon sentiment. M. Delahaye, d'ailleurs, se contenta de ce que je lui promettais, et j'ai rarement rencontré un homme plus ferme, plus droit et plus sincère que lui. Sur le terrain de liberté que je lui offrais, nul n'a crié avec plus de bonne foi : « Vive la République ! »

L'argent.

D. — Mais enfin, vous avez accepté sciemment de l'argent des états-majors royalistes. Comment accordez-vous cela avec l'indépendance républicaine que vous dites avoir conservée vis-à-vis d'eux?

R. — C'est bien simple.

Jusqu'à l'exil, je n'ai absolument rien su des origines de l'argent.

A Londres, M. le comte Dillon m'affirma que les ressources avaient été exclusivement fournies par lui et quelques amis non politiques dont il ne pouvait me dire les noms parce qu'il leur avait promis le secret; mais il ajouta qu'aucun engagement, même financier, n'avait été pris vis-à-vis d'eux. Puis il me dit :

« Maintenant, je ne vous cache pas que, à la veille des élections générales, je me propose de demander quelques subsides aux conservateurs. Puisque, en vue de la Constituante, et jusqu'au jour où cette assemblée sera convoquée, nous marchons parallèlement avec eux, je trouve naturel que chacun donne ce qu'il a pour concourir à la

victoire commune. Ces messieurs ont des ressources supé-
rieures aux nôtres. Dans les départements où une alliance
électorale sera conclue, là où nous aurons des candidats
et où ils en auront aussi, il est naturel que ceux qui ont
de l'argent en fournissent à ceux qui n'en ont pas assez. »

La chose ainsi comprise ne modifiait en rien les bases
de l'action commune telle que le général l'avait conçue,
telle que je l'avais acceptée. Je m'y prêtai. Les conservateurs promirent de nous venir en aide jusqu'à concur-
rence de 1 300 000 francs. Je n'en ai jamais fait un mystère, et les plus avancés, les plus républicains de nos
candidats ont su ce qu'il en était et ne s'en sont pas for-
malisés.

Les trois millions de la duchesse d'Uzès.

D. — Vous ignoriez donc les 3 millions donnés par
Mme la duchesse d'Uzès.

R. — Je n'en ai eu connaissance que bien après les
élections du 22 septembre. Je me hâte de dire que, en
aurais-je été informé, cela n'aurait en rien modifié mon
attitude, pourvu que les choses demeurassent sur la base
de l'accord intervenu.

D. — Qu'avez-vous donc appris depuis lors qui ait pu
modifier vos sentiments?

R. — J'ai appris les faits, absolument inconnus de moi
jusqu'alors, qui m'ont été révélés depuis par les *Coulisses
du Boulangisme* : le Comité de droite opérant dans l'ombre
à côté du Comité de gauche, les visites du comte Dillon
et du général lui-même au comte de Paris, les faits qui
se sont passés pendant la nuit historique ; la promesse,
faite aux conservateurs, de mettre, en consultant le pays,
la force gouvernementale au service d'une restauration
monarchique : en un mot tout ce qui était la négation
absolue de l'entente ostensiblement avouée, tout ce qui

était la violation des engagements pris vis-à-vis des républicains du Comité.

D. — Vous croyez donc que le général voulait rétablir la monarchie ?

R. — Je ne le crois pas. Je crois plutôt que le général exprimait sa pensée vraie lorsqu'il disait à M. Le Hérissé en parlant des royalistes : « Les imbéciles ! me suis-je assez f...ichu d'eux. »

Il n'en reste pas moins que s'il voulait rétablir la monarchie il nous trahissait et que, s'il ne la voulait pas rétablir, il trompait les royalistes pour obtenir leur concours. Or, je n'admets la duplicité vis-à-vis de personne.

Celui qui promet ce qu'il ne veut pas tenir ne saurait inspirer confiance à qui que ce soit ; et peut-être si le général avait triomphé, aurions-nous été tous déçus. Quand j'ai eu la connaissance de tous ces faits, j'en suis arrivé à me dire que notre triomphe, au lieu d'être cette aurore de la réconciliation générale et de la liberté que j'en attendais, aurait pu devenir un grand malheur. J'ai tout perdu personnellement à la défaite de notre parti ; mais j'aime encore mieux une défaite qui m'atteint dans mes intérêts personnels qu'une victoire qui, peut-être, aurait lancé mon pays dans des événements de nature à faire regretter ce qui existe, quelque détestable que ce qui existe soit.

La rupture.

D. — Vous avez cependant rompu avec le général après les élections d'avril 1890 — c'est-à-dire avant les *Coulisses* — et, d'après vous, vous ignoriez cependant encore à ce moment-là les faits qui ont été portés depuis lors à votre connaissance.

R. — Après le 22 septembre, j'ai vu la partie perdue, et j'ai pensé que, dans l'intérêt même de la cause que nous avions défendue, il était sage de discontinuer la lutte.

Je l'ai dit au général. Je l'ai engagé à se retirer en Amérique en lançant un manifeste pour déclarer que, vaincu par le suffrage universel, il se retirait de la lice, ne voulant pas devenir une occasion de trouble pour la France ; qu'il attendait du suffrage universel seul, quand il serait mieux informé, le redressement de l'erreur commise par les électeurs.

D. — Que répondait le général ?

. R. — Il parut d'abord accepter mon conseil, mais le lendemain, sur les avis opposés, venant de quelques-uns de nos amis, il revint sur son opinion et se détermina à fixer sa résidence à Jersey.

. J'acceptai par discipline la continuation de la lutte. Pourtant, après mon invalidation, je ne voulais pas me représenter. Je pourrais vous montrer dix lettres du général, me représentant cette abstention comme une défection.

Je cédai, mais j'allai le voir à Jersey et je lui tins ce langage :

« Mon général, vous voulez que je me représente. Je me représenterai. Élu ou non élu, je ferai campagne jusqu'aux élections municipales. Mais je vous préviens que je n'ai aucun goût pour la vie de garnison. Je m'engage pour la durée de la guerre. La dernière bataille, selon moi, aura lieu aux élections municipales. Si cette bataille est perdue, je me retire de la lutte. »

Le général ne fit aucune objection.

Après le premier tour de scrutin des élections municipales, je revins à Jersey avec MM. Déroulède, Laguerre, Laisant et Le Hérissé.

. Nous déclarâmes au général que, à moins qu'en rentrant en France il ne nous donnât un nouvel élément d'agitation féconde, nous ne voyions plus le moyen de continuer le combat. Le général s'étant refusé à suivre

21.

cet avis, et ne nous ayant rien indiqué qui pût remplacer
le moyen que nous lui proposions, nous nous retirâmes,
et à mon retour je publiai mon article : « la Défaite ».

D. — A partir de ce moment vous fûtes brouillé avec
le chef du parti ?

R. — Telle n'était pas mon intention. Et, dès mon retour, j'écrivis à l'exilé de Jersey une lettre de huit pages
dont j'ai gardé le double. Je lui réitérais dans cette lettre
l'expression de mes sentiments d'affection personnelle et
de dévouement qui n'avaient pas à être modifiés par l'attitude politique que les circonstances m'imposaient.

Le général ne daigna pas me répondre. A quelque
temps de là, il faisait paraître la *Voix du peuple*. Ce journal, rédigé sous son inspiration par M. Pierre Denis, cherchait à rejeter sur le Comité la responsabilité des actes
propres du général, de l'alliance avec la Droite, etc.

J'avoue que cette polémique m'a indigné.

A l'heure qu'il est, je n'ai plus à émettre des opinions
rétrospectives. Ce qui est fait est fait. Mais étant de ceux
qui ont toujours considéré l'orléanisme comme notre
principal ennemi, de ceux qui l'auraient combattu même
sous l'Empire s'il avait eu chance de réussir alors, de ceux
qui considèrent la plus mauvaise des républiques comme
supérieure à la meilleure des monarchies, je ne puis laisser dire que j'ai abandonné le général pour aller aux
d'Orléans.

Or, c'est là ce que le général a dit et écrit dans des
lettres que j'ai lues. C'est là ce qu'il répétait encore dans
une interview récente, en affirmant qu'à l'exception de
Rochefort, il n'y avait aucun républicain dans le Comité.

Ce sont là des affirmations contre lesquelles je m'élè-
verai toujours avec indignation. Libre à mes collègues de
l'ancien Comité de les accepter, moi je les repousse. Que
l'on m'ait trompé, passe encore ! Mais qu'après m'avoir

trompé on me dénonce comme coupable de ce que je n'ai pu empêcher, parce que je l'ignorais, jamais!

Le général est dans l'erreur s'il croit reconquérir sa popularité par de pareils moyens, et, pour moi, tout ce que je puis et veux dire de lui à cet égard, c'est que je le plains.

D. — Ainsi vous regrettez de vous être donné au Parti national?

R. — Celui dont le but a été grand et les intentions pures n'a rien à regretter. Je gémis sur mes espérances déçues, sur mes affections brisées dans les deux camps; mais si, dans les mêmes conditions, et sans être mieux éclairé que je ne l'étais, j'avais à recommencer, je recommencerais.

Le bilan du boulangisme.

Au demeurant, nos deux ans de luttes n'ont pas été inutiles.

La plus grande partie des troupes impérialistes qui ont combattu pour la République, sous la bannière du général Boulanger, sont restées fidèles, quoique l'idée revisionniste soit devenue impersonnelle.

Il en est de même pour la majorité des membres du clergé et des catholiques.

La politique d'intolérance a été frappée à mort. Les sectaires de cette politique sont au moins aussi vaincus que nous.

La République, que nous aurions faite de granit par notre victoire si notre chef avait été ce que nous pensions, a gagné du terrain grâce à nous, même par notre défaite, et la revision elle-même, momentanément oubliée, a poussé d'assez profondes racines pour qu'on puisse être certain qu'elle aboutira finalement.

Avoir occasionné de tels résultats, ce n'est pas avoir été inutile à son pays.

Comme hommes, nous pouvons être disqualifiés et insultés. C'est le sort des vaincus. Mais qu'importent les hommes si les idées triomphent! Danton disait : « Périsse notre mémoire et que la République soit sauvée! » Reprenant le vers que Victor Hugo a écrit à propos de Marc-Aurèle, je dis à mon tour, en l'appliquant à cette sublime apostrophe de Danton :

Je ne suis qu'un atome et je fais comme lui.

TABLE DES NOMS CITÉS

E

F

G

M

TABLE DES MATIÈRES

Paris. — Typ. G. Chamerot, 19, rue des Saints-Pères. — 26638.

www.ingramcontent.com/pod-product-compliance
Lightning Source LLC
Chambersburg PA
CBHW071618270326
41928CB00010B/1674